적과 함께
사는 법

적과 함께 사는 법
오늘을 살리는 과거청산의 현대사

지은이	김지방
초판 1쇄 인쇄	2013년 10월 24일
초판 1쇄 발행	2013년 10월 31일
발행처	이야기나무
발행인 · 편집인	김상아
기획 · 편집	선민정, 이주영, 김정예
홍보 · 마케팅	오성훈, 한소라, 김영란
디자인	스튜디오 기글스
인쇄	(주)이펙피앤피
등록번호	제25100-2011-304호
등록일자	2011년 10월 20일
주소	서울시 마포구 서교동 398-7 마이빌딩 5층 (121-840)
전화	02-3142-0588
팩스	02-334-1588
이메일	book@bombaram.net
홈페이지	www.yiyaginamu.net
페이스북	www.facebook.com/yiyaginamu
블로그	blog.naver.com/yiyaginamu

ISBN 978-89-967528-7-5
값 20,000원

이 도서의 국립중앙도서관 출판시도서목록(CIP)은 서지정보유통지원시스템 홈페이지(http://
seoji.nl.go.kr)와 국가자료공동목록시스템(http://www.nl.go.kr/kolisnet)에서이용하실 수
있습니다. (CIP제어번호: CIP2013021277)

적과 함께 사는 법

오늘을 살리는 과거청산의 현대사

김지방 지음

이야기나무

차례

인간과 시대가 빚어내는 드라마, 그 아름다운 결말을 위하여

"나폴레옹이 생베르나르 산맥을 넘을 때 탔던 말의 이름은?"

미국의 TV 퀴즈쇼 〈휠 오브 포춘The Wheel of Fortune〉에 이런 문제가 나왔다. TV를 보며 '나는 별 쓸데없는 문제도 다 있네' 하며 혼잣말을 했다. 말 이름 따위 알아서 뭐하겠냐, 누가 그런 것까지 알겠냐, 생각하는 순간 한 출전자가 단번에 말 이름을 맞췄다. 깜짝! 어떻게 알고 있었을까? 궁금증은 한참 뒤 풀렸다.

미국 어느 고등학교에서 한 학기 동안 역사 수업 시간에 피츠버그 전투만 공부하는 모습을 우연히 보았다. 피츠버그 전투를 둘러싼 정치적 논란과 사회경제적 배경, 당시의 군사 전략, 무기, 장군과 병사들의 개인적인 이야기까지 탐구하는 것이 역사 공부였다. 인상적이었다. 내가 학창시절 경험한 입시용 역사교육과는 달랐다. 역사가 '

태정태세문단세'하는 연표의 나열이나 '고려청자—조선백자' 식으로 한 줄에 요약할 수 있는 것이 아니라 인간과 시대가 빚어내는 드라마인 것을 알게 해 주는 교육이었다.

21세기 초 대한민국에서는 역사 전쟁이 벌어지고 있다. 역사를 둘러싼 논란이야 자연스러운 일이다. 문제는 자료나 고증, 논리를 바탕으로 상대를 설득하려 하기보다는, 일방적인 주장을 정치적인 힘으로 관철하려는 태도다. 입시용 역사 교육처럼 자신들이 단 한 줄로 정리한 역사를 그냥 외우기만 하라고 온 국민에게 강요하는 것 같다.

그런 공방 속에 정작 역사를 살아온 이들의 땀, 눈물, 숨결은 증발해 버렸다. 역사의 피해자들에게서 눈물을 닦아주자는 과거사 청산까지도 이념 논란에 휩쓸리며 몇몇 사건에 생존자와 유족에게 정부가 보상금을 지불하는 수준에서 그쳐버렸다. 정의감에 불타는 사람들이 쓰는 역사는 이제 싫다. 대결과 분열을 조장하는 역사가 아니라, 이해와 화합을 빚어내는 역사는 불가능할까? 사랑과 정의가 입을 맞추는 순간을 바라는 것은 헛된 일일까? 인간이 저지른 죄악과 고통, 참회와 갈등을 정면으로 바라보지 않고서는 이 질문에 답할 수 없다.

문화부 기자 시절 예쁜 연예인들 만나고 다니며 헤벌쭉해 있는 나에게 "아픔을 모르는 사람은 깊이가 없다."고 가르쳐 준 정철훈 문학전문기자를 비롯한 국민일보의 선후배들, 회복적 정의를 한국 사회에서 실현하기 위해 애쓰는 평화교육훈련원 이재영 원장과 한국 아나뱁티스트 선생님들, 고통스러운 역사의 현장을 찾아가 그 이야기를 기록한 수많은 언론인과 평화운동가, 역사학자가 있었기에 이 책을 쓸 수 있었다. 특히 세계의 과거사 청산 연구 자료를 공개한 서울대학교 인문학 연구원 '역사와 기억'팀과 여수 · 순천사건을 연구한 여수지역사회연구소, 5·18 광주민주화운동 생존자들을 섬기는 광주트라우마센터, 이 책에 인용된 남아프리카공화국, 캄보디아, 아르헨티나, 프랑스, 미국의 언론인과 역사가들에게 경의를 표한다.

저술지원작으로 선정해 준 한국언론진흥재단 관계자와 출간을 결정한 스토리텔링 미디어 그룹 봄바람, 이야기나무의 김상아 대표, 정성껏 책을 만들어 준 선민정 실장과 이주영 팀장, 김정예 대리를 비롯한 출판사 관계자들과 스튜디오 기글스의 신경숙 아트디렉터, 허윤정 디자이너에게도 깊은 감사를 드린다. 이 책을 위해 기도해준 많은 분과 사당역 일대 카페의 친절한 직원들께도 고마운 마음이다.

아빠 없는 주말을 견뎌 준 두 딸 주안, 주랑이와 늘 응원해주는 아내 조수영, 나를 회개와 용서의 신앙으로 이끌어준 누님과 어머님께도 사랑한다는 말을 전하고 싶다.

나폴레옹이 탔던 말의 이름은 마렝고Marengo라고 한다.

2013년 가을

김지방

기억의
정원에
꽃을 바치다

이 책의 주제는 죄악 · 청산 · 용서 · 화해 · 공존이다. 안다, 듣기만 해도 졸리는 낱말이라는 거. 살인 면허를 가진 첩보원 007 제임스 본드의 이야기로 시작하면 좀 덜 지루할지 모르겠다.

스무 편이 넘는 007 시리즈 중에 2012년 개봉한 〈007 스카이폴 Skyfall〉에 관한 이야기다. 제임스 본드의 직장은 알다시피 영국 정보기관인 MI6. 이곳이 해킹을 당한다. MI6의 우두머리인 M의 노트북 모니터에 이런 문구가 뜬다.

너의 죄를 생각하라 Think on your sins.

MI6의 죄는 무엇일까? 영국이라는 국가의 이익을 위해 수많은 사람을 속이고 죽이고 빼앗고 훔치고 전쟁을 일으켰다. 때로는 자신들을 위해 일한 정보원들마저도 내버렸다. 그 죄악의 대가를 묻는 것이 〈007 스카이폴〉의 줄거리다.

〈007 스카이폴〉은 007 시리즈의 50주년 기념작이다. 50주년을 기념해 이런 테마를 다루다니 흥미롭지 않은가. 더 거대하고 더 무시무시한 외부의 적을 등장시키는 대신, MI6 안에서 괴물이 등장했다. MI6의 정보원이었으나 조직의 배신으로 중국에 넘겨졌던 실바라는 인물이 바로 그 괴물이다. 그가 M의 노트북을 해킹해 MI6의 죄악을 묻는 문구를 띄우고 MI6을 폭파한다. 실바는 테러범이자 MI6 조직의 죄악을 고발하고 벌하는 심판자다.

영화의 한 장면. 실바가 붙잡혀 MI6에 끌려왔다. 과거 그의 직속상관이었던 M이 직접 심문한다. 대화 내용은 이렇다.[1]

실바 당신, 내 기억보다 훨씬 작아졌군요.

M 네가 좀 컸던 걸로 기억해.

실바 이상하게도 난 어제처럼 느껴져요. 놀랐죠?

M 그다지. 넌 늘 사고뭉치였잖아.

---

1) 이해를 돕기 위해 번역문에는 영화에 생략된 일부 주어를 실렸다.

실바 그래서 날 많이 좋아했잖아요.

M 착각하지 마.

실바 어휴, 후회도 안 하네요. 생각했던 대로지만.

M 프로는 후회하지 않아.

실바 크흐흐. 프로는 후회하지 않는다고? 난 다섯 달 동안 사방이 막힌
방에서 고문을 당하면서도 당신의 비밀을 지켰어요. 당신을 지켰던
거죠. 그들은 날 괴롭히고 또 괴롭혔어요. 내가 깨달을 때까지 괴롭
혔지요. 당신이 바로 날 배신한 사람이라는 것을요. 내 선택은 하나
뿐. 왼쪽 어금니에 있던 청산가리 캡슐. 기억하죠? 그 캡슐을 삼켰
죠. 내장이 다 타버렸어요. 죽진 않았죠. 삶은 질병 같아요. 내가 살
아남은 이유, 마지막으로 당신의 눈을 한 번 더 보고 싶었어요.

M 이제 됐겠네. 미스터 실바, 넌 벨마쉬 교도소로 이송, 수감되었다가 재
판부가 판단하기에 네가……

실바 내 이름을 말해. 내 진짜 이름을. 기억하잖아.

M 네 진짜 이름은 MI6 본부 추모벽에 새겨져 있었지. 내가 지울 거지
만. 곧 네 과거도 네 미래처럼 사라질 거다. 다시 보지 말자.

실바 당신이 내게 무슨 짓을 했는지 알아요? 그 청산가리……. (틀니를
뺀다.) 잘 봐요. 당신 작품에요, 마더.

M (제임스 본드에게) 그의 본명은 티아고 로드리게스. 유능한 요원이었
지만, 허가 없이 중국 전산망을 해킹했어. 체포당한 그를 포기하고 다

른 요원 6명을 구했지. 평화로운 협상이었어.

M은 자신의 죄와 맞닥뜨려서도 "프로는 후회하지 않는다."며 사과를 거부했다. 결국 영화 속에서 M은 비극적인 결말을 마주한다.

미국 첩보 영화에도 같은 테마를 다룬 작품이 있다. 〈007 스카이폴〉보다 딱 10년 앞서 나온 〈본 아이덴티티The Bourne Identity〉란 영화다. 〈본 아이덴티티〉의 주인공 제이슨 본(제임스 본드와 이름도 비슷하다.)은 미국 정보기관의 비밀공작을 위해 특별히 양성된 첩보원이었으나, 기억을 상실했다. 제이슨 본이 자신의 정체성을 찾아가는 과정에서 미국 정보기관이 과거에 저지른 불법 공작이 드러난다. 정보기관은 과거를 덮으려 하지만, 기억을 되찾은 제이슨 본은 희생자에게 자신의 잘못을 고백하고 책임자를 고발한다. 로버트 러들럼의 1980년 소설이 원작이지만, 소설과 달리 영화는 미국 정보기관 내부를 적으로 상정해 탈냉전 시대 첩보물의 새로운 구도를 만들어 냈다. 주인공의 이름이 '제이슨 본'이라는 것부터가 제임스 본드를 비꼰 것으로 받아들여진다. 아이러니하게도 제임스 본드의 007 시리즈도 2006년 〈007 카지노 로얄Casino Royale〉부터 〈본 아이덴티티〉시리즈의 구도를 차용하기 시작했다. 〈007 스카이폴〉이 MI6의 과거를 소재로 삼은 것도 그 영향으로 보인다.

20세기, 치열했던 냉전의 시대가 지난 뒤 정보기관들이 자신의 죄악을 고발하고 용서를 비는 이 영화들은 세계적으로 크게 히트했다.

한국은 어떤가. 예전엔 중앙정보부라 불렸던 국가정보원에는 〈007 스카이폴〉이나 〈본 아이덴티티〉 같은 스토리가 없을까? 〈이중간첩〉[2] 같은 극화는 물론이고, 실화를 바탕으로 한 〈남영동 1985〉[3] 같은 작품도 있었다. 정보기관의 추문을 다룬 이 영화들이 전하는 메시지는 한결 같다. 과거를 직시하고 이를 청산해야만 미래로 나아갈 수 있다는 것이다.

〈007 스카이폴〉이 개봉된 2012년은 영국 여왕 엘리자베스 2세의 즉위 60주년이었다. 영국 왕실은 이 해를 다이아몬드 주빌리Diamond Jubilee[4]라 불렀다. 다이아몬드 주빌리의 하이라이트는 여왕의 아일랜드 방문이었다. 영국과 아일랜드는 800년 가까이 지배와 피지배의 관계로 서로 증오해 온 역사를 가지고 있다. 불과 십여 년 전까지도 전쟁과 테러로 서로를 공격했다. 여왕은 더블린 성에서 열린 만찬에

---

2) 2003년 개봉 영화. 남북한 양측을 오가며 정보원으로 활동한 남자의 이야기다.

3) 2012년 개봉 영화. 1980년대 민주화 운동가들을 체포해 고문한 안전기획부의 실태를 고발했다.

4) 주빌리는 구약성경 레위기와 민수기에 나오는 용어로 희년(禧年) 즉 기쁨의 해라 번역한다. 희년은 7년마다 돌아오는 안식년이 일곱 번 지난 다음 해 즉 50년마다 한 번씩 모든 빚을 탕감하고 노예를 해방하고 빼앗긴 땅과 집도 원래 주인에게 되돌려주는 해다. 즉위 60년이 되는 여왕보다는 탄생 50주년이 되는 제임스 본드에게 더 잘 어울리는 말이다.

서 "과거를 존중하되 얽매이지는 말자."면서 이렇게 연설했다.

두 섬(영국과 아일랜드)이 평범하지 않은 번민과 격동과 상실의 역사를 겪어 온 것은 슬프고 후회스러운 사실입니다. 우리 모두 이런 일을 겪었고, 많은 이들은 개인적인 아픔을 당했습니다. 고통스러운 유산입니다. 상처 받고 세상을 떠난 이들과 그 가족을 우리는 잊지 못할 것입니다. 우리의 험난한 과거 때문에 고통을 겪은 모든 분들께 저는 진심으로 깊은 유감을 표합니다. 역사의 교훈에 힘입어 우리는 이런 일들이 다르게 이뤄졌거나 없었어야 했다는 점을 깨달았습니다.

엘리자베스 여왕은 즉위 60주년이 되기 1년 전에도 아일랜드 수도 더블린을 방문했었다. 2011년의 방문은 영국 왕으로서 100년만의 아일랜드 방문이었다. 아일랜드를 방문한 여왕은 공식 행사를 마친 뒤 가장 먼저 '기억의 정원'을 찾아 꽃을 바쳤다. '기억의 정원'은 아일랜드 독립 투쟁을 위해 희생된 이들을 추모하는 곳이다. 이 정원 한가운데에는 십자가 모양의 연못이 있다. 연못 바닥에는 부러진 창과 방패가 그려져 있다. 부러진 창과 방패가 연못 바닥에 버려진 듯한 구도는 투쟁과 적대의 시대가 끝났음을 상징한다. 〈007 스카이폴〉 속에서 MI6의 M은 과거를 직시하길 거부했지만, 현실에서 아일랜드와 영국은 과거의 적대감을 극복하고 화해와 공존의 새로운 역사를 만들기 위해 노력하고 있다.

책임을 부인하는 M과 아일랜드에 꽃을 바친 엘리자베스 여왕의 태도를 비교하면, 무엇이 용서와 화해를 가능케 하는지에 대한 통찰을 얻을 수 있다.

영화 속에서 M은 과거를 기억하길 거부했다. 후회하지 않는다고 했다. 잘못된 행동이지만 프로의 세계에서는 어쩔 수 없는 것이라고 주장했다. 자기 앞에 나타난 과거의 인물 실바에게 적대적이었다. 여전히 실바 위에 군림하는

더블린 '기억의 정원' 연못 바닥의 그림

태도로 대했다. 반면 엘리자베스 여왕은 스스로 아일랜드를 찾아갔다. '기억의 정원'을 찾아가 꽃을 바쳤다. 슬프고 후회스럽다고 했다. 겸손하면서도 기품있는 태도로 사과의 뜻을 밝혔다. 아일랜드의 지도자들과 함께 식사를 했다. 1년 뒤 다시 아일랜드를 찾아갈 정도로 지속적인 관심을 표시했다.

M과 여왕의 대조적인 태도 속에서 우리는 과거의 죄악을 어떻게 청

산하고 미래로 갈 수 있는지 중요한 키워드를 찾을 수 있다. 바로 기억하기, 찾아가기, 인정認定하기다.

대한민국 이야기를 하기 위해 영화 007과 여왕 이야기를 했다. 우리는 어떤가. 불과 30여 년 전에 있었던 5·18 광주민주화운동을 두고도 기억이 엇갈린다. 불과 30여 년밖에 지나지 않아서, 이해관계가 얽힌 사람들이 생생하게 살아 있어 그런지도 모르겠다.

그렇다면 60여 년이 지난 6·25 전쟁은 어떤가. 기억은 더 크게 엇갈린다. 서로가 상대방의 양민 학살을 규탄하면서 자기가 기억하는 대로 역사를 인정하라고 윽박지르고 있다. 빨갱이, 좌파, 수구, 꼴통, 종북이니 독재의 하수인이니 하는 딱지를 상대에게 붙이고는 세상을 내 편과 네 편으로 쫙 갈라놓는다.

역사의 트라우마가 우리를 갈라놓고 있다. 상처와 고통을 극복하는 것은 그렇게나 어려운 일일까. 우리는 21세기에 와서도 상처를 다시 헤집고 아파하며, 스스로 가해자를 찾아 헤매는 분노의 피해자가 되는 일을 되풀이하고 있다.

2009년 5월, 노무현 전 대통령이 사망했을 때, 그 5월의 햇볕을 당신은 기억하는지. 유난히도 밝고 뜨거웠던 그 햇살 아래 서울시청 앞 덕수궁 대한문에 노무현 전 대통령의 분향소가 차려졌다. '내 마음의 대통령'이라고 쓰인 노란 모자를 쓴 시민들이 흰 국화꽃 한 송이를 바치려 줄을 섰다. 조문객 중에는 그의 죽음이 "최후의 정치적 승부수였다."고 말하는 이들도 있었다. 전국에서 500만 명이 모였다는 장례식 날의 추모 열기를 정권에 대한 분노로 이어가야 한다는 이야기도 기억난다.

그 추모의 열기에 동참하지 못하고 조문조차 두려워했던 이들도 있었다. '원망하지 마라.'는 노 전 대통령의 유언 한 구절을 앞세워 '편히 보내드리자.'라고 애써 말했던 이들이었다. 장례식이 있던 다음 날인 2009년 5월 30일의 각 신문 1면들이었다.

사실 노무현 전 대통령이 검찰 수사를 받을 때 비판하고 조롱했던 것은 한겨레와 경향신문, 조선일보와 중앙일보가 다르지 않았다. 그런데 장례식 날 한겨레와 경향은 '이 추모의 민심은 무엇인가.', '당신의 스러진 꿈 일으켜 세우렵니다.'라며 추모객들을 향해 스스로 깨닫고 일어서라고 말했다. 반면 조선과 중앙은 편히 쉬라고, 원망하지 말라고 달랬다. 1면의 헤드라인에서 누가 피해자의 입장에 서 있는지, 또 가해자의 처지에서 말하는지 너무나 뚜렷이 드러났다.

2009년 5월 30일 각 신문 1면

석 달이 채 지나지 않아 나는 김대중 전 대통령의 서거 소식을 보도해야 했다. 조문객들은 또 눈물을 흘렸고 서러움에 떨었고 잊어선 안 된다, 심판해야 한다고 다짐했다.

석 달 전 애써 달래는 태도를 보였던 이들은 이번엔 좀 더 노골적이었다. 두 대통령이 이 땅에서 목숨을 거둔 것처럼 지난 10년을 거둬들이려 했다. 죽은 이들을 실패한 통치자, 철부지, 역사를 뒤집으려한 역적이라 조롱했다. 이제 자신들의 세상이 (돌아)왔다고 즐거워하는 듯했다.

대한민국이 가해자와 피해자로 나뉘어 서로를 향해 돌을 던지는 꼴이었다. 사람들은 모세의 지팡이 앞에 갈라진 홍해처럼 양편으로 서로 나뉘어 섰다. 스스로 역사의 피해자가 되고 상대를 가해자로 올려놓았다. 서로를 향해 복수와 심판의 칼을 휘두르거나 갈고 있다. 30년 전, 60년 전의 그 엇갈린 기억과 응징의 정서를 다시 한번 되살리고 있었다. 노무현이라는 남자가 그 갈라진 틈 사이로 자기 몸을 던졌다. 김대중이라는 인물이 그렇게 스러져 갔다.

그러나 사람들은 바뀌지 않고 오히려 두 대통령의 장례식에서 도돌이표처럼 분열과 나뉨의 역사, 가해자와 피해자의 역사를 재현하고 있었다.

그 뒤로도 마찬가지였다. 광주민주화운동을 두고, 북방한계선NLL을 두고, 국가정보원을 두고, 말뚝 하나를 세워 두고도 우리는 갈라져 증오하고 저주했다. 저주의 끝을 지나온 역사에서 겪은 두려움과 상처를 드러냈다.

　너는 친일파와 군사독재의 앞잡이, 그 후손.

너는 동족상잔의 전쟁을 일으킨 빨갱이 뒤만 졸졸 따르는 종북 간첩.

뮤지컬의 이중창처럼, 양쪽의 목소리는 어느새 합창이 되어 버리곤 했다.

나는 너를 용서할 수 없다. 나를 속이고 나를 죽이려 한 너에게 한 치의 허점도 보일 수 없다. 네가 없어져야만 정의가 세워지고 내가 비로소 평화를 누릴 수 있다.

가만히 들어 보면, 상대방을 향한 저주의 목소리는 상처받은 자의 신음소리였다. 상처받은 사람은 자신이 피해자였다. 나에게 상처를 준 저쪽을 당장 처벌하라며 정의를 요구했다. 자신들의 방식으로 역사를 기억해야 한다고 주장했다. 역사의 어떤 장면에서는 자신들이 피해자이지만, 또 다른 장면에서는 상대방이 피해자라는 사실은 인정하지 않았다. 아직도 아물지 않은 상처를 가지고 괴로워하며 시시때때로 그 상처를 헤치며 신음소리를 내고 울부짖었다. 이 아픔을, 이 신음소리를 어떻게 해야 할 것인가.

그 무렵 청어람아카데미라는 기독교계의 교육기관 대표를 맡고 있는 양희송 씨를 만났다. 그에게 이런 질문을 던졌다.

노 전 대통령은 유서에서 '원망하지 마라.'고 했다. 삶과 죽음이 모두 자연의 일부라고 했다. 김 전 대통령은 자신을 죽음으로 몰아넣었던 박정희 전 대통령의 딸 박근혜와 생전에 화해를 시도했고 용서를 베풀었다. 그런데 지금은 그분들이 살아 있을 때 그렇게 그분들을 비난하고 공격했던 이들이 거꾸로 화해와 용서를 말한다. 그분들을 추모하는 이들은 두 전 대통령이 이야기한 용서와 화해를 외면하고 원망과 복수를 말한다. 역사를 뛰어넘는 화해와 용서, 적과의 공존은 어떻게 가능한가.[5]

그의 답변은 내가 이 책을 쓰게 된 동기가 되었다.

화해하고 용서하자는 것은 좋은 말이지만, 누가 누구에 대해서 무엇을 두고 화해하자는 것인지 주어와 목적어를 찾아 문장을 완성해야 한다. 이 부분이 빠진 채로 돌아다니는 화해와 용서라는 말은 아주 기형적인 슬로건이란 생각이 든다. 누가 그 용어를 쓰느냐에 따라 의미가 얼마든지 달라질 수 있다. '용서하자.'는 문장을 완성하는 것, 이것이 한국 사회가 제대로 가는 사회냐 아니냐를 평가하는 기준이 될 것이다.[6]

---

5) 양희송 씨를 만나 인터뷰한 것은 노무현 전 대통령 서거 정국 당시였다. 그에게 던진 질문은 이랬다. "노 전 대통령은 유서에서 '원망하지 마라.'고 했다. '삶과 죽음이 모두 자연의 일부'라고 했다. 그런데 그가 살아 있을 때는 그를 공격했던 이들이 지금은 화해와 용서를 말하고, 그를 추모하는 이들은 원망과 복수를 말한다. 화해와 용서는 어떻게 가능한가." 본문의 질문은 이 책을 읽는 독자들을 위해 김 전 대통령의 서거 상황을 같은 취지의 질문에 보낸 것이다.

6) 국민일보 2009년 5월 30일 23면 "고인 삶 비추어 겸손히 자신 돌아보자" 김지방

그러고 보니 용서 혹은 화해라는 말이 참 아득하게도 잊혀져 있었다. 심지어 십자가 앞에 날마다 "우리에게 죄 지은 자를 사하여 준 것처럼 우리 죄를 용서하여 주옵소서."라고 기도하라 가르치는 기독교 안에서도 그러했다. '정의', '심판', '승리'라는 말이 '죄', '용서', '화해'라는 말을 덮어 버리고 기억에서 지워 버린 듯했다.

늦어 버린 것일까, 용서와 화해라는 잊힌 낱말을 현실에서 살아 움직이는 낱말로 만들기에는. 너무 먼 길을 와 버린 것일까, 갈라진 길이 다시 엇갈려 서로 만나기에는.

007 시리즈의 50주년 기념 작품에서도 실패했던 과거청산. 대한민국의 현실에서 우리도 해낼 수 없는 것일까. 어떻게 '용서하자.'는 문장을 완성할 수 있을 것인가.

놀라운 일인지 놀랍지 않은 일인지, 가해자와 피해자로 나뉜 역사를 청산하려고 한 사례는 너무나 쉽게, 너무나 많이 찾을 수 있었다. 군부독재를 겪은 아르헨티나, 칠레, 파라과이 등 남미의 국가들이 과거를 청산하기 위해 다양한 시도를 했고, 좌익 독재를 경험한 캄보디아, 미얀마, 라오스 등 몇몇 동남아시아 국가도 마찬가지였다. 2차 세계대전을 겪은 유럽의 독일과 프랑스, 내전을 경험한 스페인, 민족

분쟁의 보스니아, 르완다에서는 국제형사재판소ICC 같은 국제법적인 차원의 접근도 있었다.

이 밖에도 우리처럼 혹은 MI6나 엘리자베스 여왕처럼 청산하고 넘어서야 할 역사의 아픔을 겪은 이들은 지구 위에 살아왔던 사람 숫자만큼이나 많았다. 이들은 저마다 답을 구했고 일부는 나름대로 그 답을 찾아내고 실천했다는 것을 알게 되었다.

역사적 상처를 치유하고 극복하고자 시도했던 나라들이, 혹은 정치세력이나 개개인들이 모두 온전히 성공한 것은 아니었다. 성공적인 사례로 알려진 경우도 사실은 완전히 극복한 것이 아니었다. 그래도 심판과 응징의 도돌이표에서 벗어나기 위한 노력은 그 자체로 엄숙했다. 그 안에서 과거를 극복하기 위해 필요한 조건과 태도를 찾을 수 있었다. 그 속에 미래가 꿈틀대고 있었다. 남아프리카공화국(이하 남아공)의 '진실과화해위원회'를 이끈 데스몬드 투투 성공회 대주교는 이렇게 말했다.

우리가 우리의 최근 역사를 대면하지 않고서는 갈등과 불의, 억압, 착취로 얼룩진 과거로부터, 인권을 존중하는 민주적인 제도로 옮겨 가기란 불가능하다. 누구도 그것을 부인하지 않는다. 견해 차이는 단지 우리가 그

과거를 어떻게 다루어야 하는가, 과거를 매듭짓기 위해서 우리가 어떤 노력을 해야 하는가에 대해서다.[7]

가해자와 피해자로 갈라진 역사를 거둬들이려는 노력을 과거청산이라 부른다면, 여기에 모범 답안은 없다. 남아공이나 아르헨티나, 프랑스나 독일처럼 우리 역시 다양한 방법으로 과거의 어두운 역사를 정리하고 새로운 시대로 나아가고자 했었다. 반민족행위특별조사위원회(이하 반민특위), 광주민주화운동진상조사 특별청문회, 5공비리특별위원회, 의문사진상규명위원회, 진실·화해를위한과거사정리위원회(이하 진실화해위원회), 수많은 특별검찰과 청문회가 지금도 이어지고 있다.

여러 사례가 남긴 각각의 성과와 한계는 그 시대의 역량 범위 안에 있었다. 시대의 역량이라는 것은 단순히 그 당시 정치권력의 지형만 뜻하는 것이 아니다. 그 시대를 살았던 이들이 공유했던 역사적 경험과 열망, 가치관이 모두 역량이라는 말 안에 녹아 있다.

과거청산은 우리의 역사를 규정하고 정리하는 작업이기에, 우리 자

---

7) 남아공 진실과화해위원회 보고서 제1권 위원장 데스몬드 투투의 발문 중 20번 항목. 서울대학교 인문학 연구원 역사와 기억 홈페이지 참고. http://past.snu.ac.kr/02_document/SouthAfrica/SouthAfrica.html

신의 정체성을 결정하고 미래의 방향을 제시하는 역할을 한다. 과거 청산 작업을 통해 우리는 우리의 경험을 새롭게 대면하고, 더 나은 사회를 만들기 위해 무엇을 극복해야 하는지 과제를 발견할 수 있다. 그리고 이러한 기억과 다짐을 과거청산 작업을 통해 같은 시대의 사람들과 공유할 수 있기 때문이다.

그런 점에서 인류의 역사, 특히 현대사 속에서 시도된 여러 나라의 수많은 과거청산 작업, 그들이 내놓은 해법이 우리에게 참고가 될 수 있으리라. 그런 생각에서 이 책을 엮게 되었다. 몇 나라의 사례를 선별해, 그들은 어떻게 과거를 극복하고 용서와 화해 혹은 응징과 통합의 길을 찾아냈는지 살펴보았다.

기존에도 이런 주제를 다룬 책들이 있었지만, 역사적 사건을 다룬 책들은 대부분 역사학자들이 딱딱한 논문 형식으로 서술해 일반인이 접근하기에는 한계가 있었다. 또 주로 논리적 혹은 사법적인 접근에 치우쳐 사건 속의 인간에 대한 심층적인 탐구가 이루어지지 않아 아쉬웠다.

반면에 용서와 화해 그 자체를 주제로 다룬 일반적인 책들은 정의의 구현과 상처의 회복이 어떻게 가능한지 세심하게 묘사하긴 했지만 지나치게 개인적이고 심리적인 차원에서만 다뤄 역사적이고 집단적인 차원에서는 어떻게 적용이 가능한지 답을 찾기 어려웠다.

이 책에서는 가급적 이야기하듯 쉽게 그들의 경험을 전하고자 했다. 역사적 배경을 충분히 전달하고, 우리에게 시사하는 바가 무엇인지도 독자들과 허심탄회하게 이야기해 보고 싶었다. 그래서 고른 사례가 남아공, 캄보디아, 아르헨티나, 프랑스, 그리고 미국이다.

남아공은 흑인과 백인 사이의 통합을 추구한 진실과화해위원회 활동을 중심으로, 위원장을 지내면서 용서와 화해를 위해 노력한 투투 대주교를 중심으로 서술했다. 캄보디아는 가해자로서 법정에 선 노인을 주인공으로, 가해자 입장에서는 과거청산을 어떻게 수용할 수 있을 것인지 답을 모색했다. 아르헨티나에서는 역사의 피해자들을 중심으로 사건을 따라가며 과거청산의 중심에 서야 할 피해자의 역할을 생각해 보았다.

세 나라는 과거를 청산하는 세가지 방법-용서 · 처벌 · 기억-을 대표하는 최신의 사례기도 하다. 또 각각 인종 갈등, 좌파 독재, 우파 군사정권이라는 저마다 다른 역사적 특징을 가지고 있고, 지리적으로도 아프리카와 아시아, 남미로 나뉘어 있다. 남아공은 진실과화해

위원회라는 초법적 특별 기구를 만들었고, 캄보디아는 국제사회와 함께 특별 법정을 세웠으며, 아르헨티나는 기존의 사법절차 안에서 심판과 화해를 시도했다. 세 나라의 사례를 모두 이해하고 나면 현대사에 대한 전 지구적 차원의 시각을 갖는 데 도움이 될 것이라 기대해 본다.

프랑스와 미국의 사례에서는 과거의 갈등을 어떻게 푸는 것이 좋은지 그 방법과 태도를 모색한 논쟁을 소개했다. 숙청과 포용, 분리와 통합이라는 대조적인 태도를 보였던 인물을 내세웠는데, 화해와 통합, 공존과 포용의 방법을 다각도로 바라볼 기회가 되면 좋겠다.

마지막으로 한국의 사례를 두 가지 소개했다. 좌익 세력에 민간인이 희생당한 여수·순천사건(이하 여순사건)과 우익 군부 세력에 민간인이 오랜 피해를 겪은 5·18 광주민주화운동이 그것이다. 이 두 사례를 고른 것은, 좌우를 가리지 않고 역사의 정의가 무엇인지 생각해 보고자 하는 의도였다.

용서와 화해라는 지루하기 짝이 없는 주제를 조금이라도 효과적으로 전달하기 위해 가급적 소설이나 신문 기사처럼 서술하려 했다. 그렇다고 사건이나 감정, 장면을 꾸며내지는 않았다. 이 책에 묘사된 사건과 인물의 자세한 내용까지도 99%는 당시 언론에 혹은 그 뒤의 역사적 자료를 통해 기록된 내용에서 찾아내 옮긴 것이다.

역사의 청산이란 거대한 이념, 정의와 발전 같은 거시적인 목표 속에서 희생된 한 사람 한 사람의 소중함을 되살려내는 것이라고 생각한다. 그런 점에서 한국과 외국의 역사적 경험을 소개하면서 가급적이면 그 여정을 겪어낸 사람들의 고뇌와 아픔, 선택의 어려움을 독자들이 이해할 수 있도록 이야기를 풀어내고자 했다.

때로는 끔찍하기까지 한 고통스러운 사건을 구체적으로 묘사하는 것이 쉽지 않았다. 하지만 고통의 심연을 들여다보지 않는다면 그것을 극복할 수 있는 길은 찾을 수 없을 것이다. 인간의 적나라한 모습을 외면하면서 치유, 용서, 화해를 말하는 것으로 누구를 설득할 수 있겠는가.

이 책의 내용 중 혹 사실과 다르게 정리된 부분이 있거나 공감하기 어려운 평가나 분석이 있다면 내 잘못이다. 다만 여러분은 이 책을 참고 삼아 여러분의 답을 찾아 준다면, 그보다 더 고마운 일이 없겠다.

남

아프리카

인종 갈등

망각에 대응하는 기억의 투쟁,

공화국의 청산

고백하고 용서하다

"우리가 범죄자들을
괴물과 악마로 단정해 버리면
자연히 그들에게
책임을 물을 수도 없게 된다.
그들이 자신의 행위에
책임을 질 수 있는
도덕적 존재가 아니라고
선언하는 셈이 되기 때문이다."

—데스몬드 투투

교통사고가 났다. 길에 쓰러져 있는 부상자가 신음하고 있다. 구급차가 도착했다. 의료진은 부상자를 먼발치에서 보더니 다시 차에 올라탔다. 구급차는 얼른 현장을 빠져나갔다. 다친 사람은 흑인이었고, 구급차는 백인 전용이었다.

아파르트헤이트Apartheid[1]의 나라, 남아공은 그런 나라였다. 화장실도, 교회도, 해변도 흑인용과 백인용이 따로 있었다. 백인 경찰은 아무 때나 흑인 집 문을 열고 들어가 뒤질 수 있었다. 조금이라도 저항하면 합법적으로 죽일 수도 있었다. 실제로 그런 일이 비일비재했다. 흑인이 화가 나서 폭탄을 터트리면, 백인은 학살로 보복했다. 흑인은 남아공의 국민이 아니었다. 노동력일 뿐이었다.

남아공은 20세기 전반까지 영국과 네덜란드가 식민지 다툼을 벌인 땅이다. 영국은 19세기 초 이곳을 영국령으로 삼았다. 그보다 앞서

---

1) '분리'라는 뜻의 인종 분리 정책을 칭하는 용어. 유색 인종에게 불리한 인종 분리와 정치 및 경제 면에서 차별 대우를 인정하는 것

정착한 네덜란드인들은 다이아몬드 광산 지역을 차지하고 영국 성공회에 맞서 장로교 전통과 흑인 원주민 소유권을 지키기 위해 싸웠다. 전쟁은 영국군의 승리로 끝났다. 영국인들은 패배자 네덜란드인을 경멸의 의미로 '보어Boer·농부'라 불렀다. 네덜란드인은 아프리카에 정착한 자신들의 투쟁을 자랑스러워하며 스스로 '아프리카너Afrikaner·아프리카 사람'라 자처했다. 아프리카너의 정당인 국민당은 1948년 영국인보다 더 많은 인구를 배경으로 총선에서 승리하며 마침내 권력을 쥐었다. 숫자 게임에서 아프리카너가 영국인을 이긴 것이다.

흑인의 숫자는 더 많았다. 게다가 아프리카에도 탈식민지 독립운동이 확산되고 있었다. 국민당의 아프리카너들은 불안했다. 다수인 흑인에 맞서 자신들의 영역을 지켜야 했다. 이들이 선택한 것은 인종차별 정책을 법으로 확립하는 것이었다. 아프리카너의 정당인 국민당은 아파르트헤이트 법을 만들고 분리-차별 정책을 대대적으로 추진했다. 거주지를 분리하고 직업을 분리하고 권리와 인격을 분리했다. 인종 간의 결혼을 금지하고, 이미 살고 있는 흑-백 부부까지 떼어놓았다. 흑인의 반대투쟁에는 더욱 가혹한 탄압으로 대응했다. 1980년대에 들어서 세계적으로 남아공에 대한 규탄의 목소리가 높아졌다. 남아공 제품 불매운동도 벌어졌다. 미국과 영국 정부도 아파르트헤이트를 반대하며 남아공과의 무역 거래를 금지하는 등 봉쇄

정책을 폈다. 국제적으로 고립된 남아공 국민당은 마침내 1990년, 아파르트헤이트를 철폐하겠다고 선언했다. 흑인 최대의 투쟁 조직 이었던 아프리카민족회의ANC와 협상이 시작됐다.

무지개 나라

1993년 4월 10일 토요일 부활절을 앞둔 오후, 남아공 수도 요하네 스버그의 조용한 주택가인 복스부르그 새벽공원. 말끔한 복장의 흑 인 남성이 승용차에서 내렸다. 집으로 향하는 그를 뒤에서 한 백인 남성이 불러 세웠다.

이보시오 미스터 하니.

미스터 하니라 불린 이 흑인 남성이 뒤로 돌아서는 순간, 백인 남성 은 뒷춤에서 Z-88 권총을 꺼냈다.

탕-.

배에 총을 맞은 흑인 남성이 쓰러졌다.

탕−.

백인 남성은 또 한발을 흑인의 뒤통수에 쏘았다.

탕, 탕−.

머리에 두 발을 더 맞은 흑인 남성 크리스 하니는 그 자리에서 숨졌다.

크리스 하니는 ANC의 군사 지도자이자 남아공 공산당의 사무총장이었다. 그는 ANC의 정치 지도자 넬슨 만델라의 온건 노선에 반대해 아파르트헤이트 해체 이후에도 ANC가 독자적인 군사력을 가져야 한다고 주장한 인물이었다. 그에게는 열정적인 연설로 사람들의 마음을 흔들어 놓을 줄 아는 카리스마가 있었다. 특히 젊은이들에게서 열광적인 지지를 받았다. 크리스 하니는 넬슨 만델라의 뒤를 이을 흑인 지도자로 꼽혀 왔다.[2]

---

2) 바이스(VICE) 영국판의 크리스 하니 사망 20주년 보도.
http://www.vice.com/en_uk/read/the-assassination-of-chris-hani-almost-brought-south-africa-to-civil-war

금발에 파란 눈을 가진 백인 남성은 자기가 타고 온 차에 올라 곧
바로 도주했다. 이 광경을 모두 지켜본 사람이 있었다. 크리스 하니
의 이웃집에 살던 백인 여성이었다. 아프리카너인 이 여성은 즉시
경찰에 전화를 걸어, 백인 남성이 타고 간 차 번호를 침착하게 알려
주었다.

차량의 주인은 야누스 왈루스. 폴란드계 백인이자 극우 나치주의자
였다. 그는 그날 저녁 체포됐다. 암살의 배후에는 백인 우파 정당인
보수당이 관련된 것으로 드러났다. 왈루스는 훗날 자신의 사면을 요
청하면서 이렇게 증언했다.

> 하니를 살해한 동기는 이 나라를 혼란에 빠뜨리는 것이었다. 그러면 치안
> 유지를 위해서 우파 정부가 집권하게 될 것이라 생각했다. 인종 간의 전
> 쟁이 일어나 수백 수천 명이 죽는 사태가 벌어지게 하려 했다.[3]

이들의 의도는 적중했다. 하니가 죽은 다음 날은 일요일이자 부활절
이었다. 추모 예배에 너무 많은 이들이 모여 예배가 중단됐다. 거리
행진에 참여한 흑인 청년들은 경찰과 충돌했다. 홈랜드라 불리는 흑

---

[3] 1998년 3월19일 남아공 진실과 화해 위원회 보도자료.
http://www.justice.gov.za/trc/media/1998/9803/s980319b.htm

인 거주지역을 벗어나 백인이 살고 있는 곳까지 몰려갔다. 남아공 전역에서 폭동이 일어났다. 무정부 상태였다. 언론은 당시의 상황을 내전이 일어날 수도 있다고 묘사했다.

백인 국민당 정부와 흑인 ANC 간에 3년 전부터 진행됐던 아파르트헤이트 철폐 협상은 중단됐다. 백인인 프레데릭 데 클레르크 대통령은 치안을 유지할 권리를 사실상 ANC 의장인 넬슨 만델라에게 맡겨 버렸을 정도였다. 당시의 상황을 MBC 뉴스는 이렇게 전했다.

흑인지도자 크리스 하니의 죽음은 남아공 전역을 폭동의 불길로 뒤덮게 했습니다.

흑인 그러니, 백인들과 어떻게 평화를 유지하겠어요?

하니 추모의 날로 지정된 날, 흑인 지도자 넬슨 만델라는 하니의 추모집회에서 시민들의 자제를 촉구했으나 오히려 야유를 받았습니다.

만델라 여러분의 분노는 이해합니다. 그러나……(야유)

시위대는 클레르크 대통령의 정책이 인종차별을 끝내기엔 턱없이 미흡하다고 주장하며 현 정권이 책임을 지라고 촉구했습니다. 창문을 깨고 건물을 부수고 백인 경찰이 탄 경찰차에 불을 붙이고 시위는 파도를 탄 듯 더욱 거세게 소용돌이쳤습니다. 시위대에 경찰의 발포가 가해졌습니다.

시민 오, 주예! 어떻게 이런 일이.

흑인 거주지 소웨토에서만 6명이 숨지고 200명이 부상했습니다. 백인이 지배하는 남아공 정부는 과격 행동에는 강경 대응하겠다고 맞서고 있습니다.

클레르크 군중의 감정을 선동하려는 세력을 좌시하지 않을 것입니다. 지난 300년 동안 계속된 남아공 유혈 대결의 역사, 피비린내 나는 흑백간의 투쟁은 앞으로 사나흘이 최대 고비가 될 것으로 보입니다.[4]

복수를 주장하는 흑인들, 치안 유지를 위해 무력 사용을 주장하는 백인들, 무력한 정치권. 남아공은 혼란에 빠졌다.

---

4) MBC 뉴스 1993년 10대 뉴스, 이진숙 기자의 리포트.
http://imnews.imbc.com/20dbnews/history/1993/1754325_6128.html

데스몬드 투투 남아공 성공회 대주교

크리스 하니의 장례식이 열린 19일. 400만 명의 백인들은 모두 집안에 숨었다. 요하네스버그 인근 소웨토의 축구 경기장에 12만 명의 군중이 모였다. 소웨토는 흑인 거주지역이자 넬슨 만델라가 사는 곳이면서 남아공 흑인 운동의 중심지였다.

장례식장인 축구장 앞에서는 청년들이 토이토이toyi-toyi라는 용사의 춤을 추며 분노를 표시했다. 하늘에는 헬기가 떠 있었고 땅에는 경찰이 버스와 순찰차로 바리케이드를 쳤다. 누군가 총을 들고 와서 하늘을 향해 쏘아댔다. 축구장 주변의 집과 차들이 불탔다. 이 모든 혼란이 TV로 생중계됐다.

이날 장례식의 설교를 맡은 이는 데스몬드 투투 성공회 대주교였다. 남아공 최초의 흑인 대주교이자 흑인 인권 투쟁을 지지한 인물이다. 그에게는 흑인의 분노를 대변하고 그들의 좌절과 고통을 표현하면

서도 이 군중의 힘을 새로운 남아공 건설을 위한 에너지로 전환해야
하는 임무가 맡겨졌다.

투투 대주교가 단상에 올라섰다. 12만 명의 눈이 그를 주목했다. 크
진 않지만 다부진 체격, 검은 피부, 흰 머리, 붉은 사제복의 투투는
축구장에 가득한 추모객들을 돌아보며 호흡을 가다듬었다. 그는 성
경을 폈다. 로마서를 읽었다.

하느님이 우리를 위하시면 누가 우리를 대적하리오(로마서 8장 31절)

남아프리카 부족의 5개 언어로 인사말을 한 투투는 곧바로 설교를
시작했다.

투투 크리스 하니가 이 땅의 위대한 아들이었다는 사실을 부정하는 사
람 있습니까?
관중 아니오!
투투 뭐라구요?
관중 아니오!

예수 그리스도가 십자가에 달려 죽은 뒤 부활했듯, 크리스 하니의

죽음은 승리의 시작이 될 것이라고 강조하면서 투투는 이렇게 설교했다.

투투 크리스 하니는 죽음으로써 이 정부와 모든 국가 지도자에게 새로운 기회를 주었습니다. 오늘 우리는 요구합니다. 오늘 우리는 민주주의와 자유를 요구합니다. 언제요?

관중 지금!

투투 프리토리아[5]의 사람들은 당신들의 목소리를 듣지 못합니다. 케이프타운[6]의 사람들도 당신들의 목소리를 듣지 못합니다. 언제요?

관중 지금!

투투 우리는 이 나라에 자유롭고 민주적인 선거가 치러져야 한다고 요구합니다. 언제요?

관중 지금!

남아공은 승리를 향해 전진하고 있다고 투투는 거듭 강조했다.

아파르트헤이트의 어둠을 넘어 빛이 승리할 것입니다. 아파르트헤이트의 죽음을 넘어 생명이 승리할 것입니다. 아파르트헤이트의 죄악을 넘어

---

5) 남아공 행정 수도
6) 남아공 사법 수도

크리스 하니 장례식에서 춤추는 흑인 청년들

크리스 하니 장례식 포스터

선한 뜻이 승리할 것입니다.

그리고 투투는 훗날 위대한 연설로 기억될 말을 남겼다.

흑인과 백인 다 함께, 우리는 하느님의 무지개 백성The Rainbow Nation입
니다. 우리는 멈출 수 없습니다. 승리를 향한 우리의 행진을 누구도 막을
수 없습니다. 어떤 사람도, 어떤 총부리도, 무엇도, 무엇도 우리를 막지 못
합니다. 우리는 자유를 향해 나아가기 때문입니다. 하느님이 우리와 함
께 계시기 때문입니다.[7]

투투는 12만 명의 군중에게 오른손 주먹을 하늘 높이 들라고 요청

7) The Observer(UK) Retrieved 4 April 2008 "Former aide John Allen's authorised biography
offers an intimate view of Desmond Tutu" by Carlin, John (첫 보도는 2006년 11월 12일)

했다. 흑인의 투쟁, 흑인의 해방, 아파르트헤이트의 철폐를 상징하는
몸짓이었다. 투투는 치켜든 주먹을 앞뒤로 흔들며 외쳤다.

투투 우리는 자유롭게 될 것입니다. We will be free!

관중 We will be free!

투투 우리 모두! All of us!"

관중 All of us!"

투투 흑인과 백인이 함께! Black and White together!"

관중 Black and White together!

투투는 주먹을 흔들며 이 말을 되풀이했다. 장례식장의 조문객들이
모두 주문을 외듯이 따라 외쳤다. "흑인과 백인이 모두 자유롭게 될
것"이라는 투투의 선언에 사람들은 가슴 가득했던 비극과 분노가 서
서히 승리와 희망으로 바뀌는 것을 느꼈다. '무지개 백성'이란 말은
아파르트헤이트가 철폐된 남아공의 미래를 상징하는 단어가 돼 장
례식을 지켜보던 모든 남아공 국민들의 마음에 새겨졌다. 흑인과 백
인, 수많은 인종이 어울려 무지개처럼 아름다운 빛깔을 빚는 나라.

투투의 설교 이후 모든 흑인의 분노와 시위가 중단된 것은 아니다.
하지만 절망과 응징의 목소리 속에서도 화합과 희망을 이야기할 수

있다는 것을 보여준 것은 많은 이들에게 새로운 시각을 열어 주었다. ANC와 국민당은 아파르트헤이트 철폐를 위한 협상을 더욱 서둘렀고, 총선을 비롯한 정치 일정이 앞당겨졌다.

투투는 어떤 인물인가. 그는 1976년 요하네스버그 주교가 된 때부터 공개적으로 아파르트헤이트를 비판해 왔다. 흑인 최초의 남아공 케이프타운 대주교가 되어 160만 명의 신자가 있는 남아공 성공회의 수장이 되었을 때 아파르트헤이트의 예외로 보장받은 특혜를 포기하고 남아공의 흑인 인권운동을 이끌었으며, 그 공로를 인정받아 1984년 노벨평화상을 받았다.

투투의 전기 『평화의 선동가Rabble-Rouser for Peace』를 쓴 존 앨런은 투투를 이렇게 평가했다.

> 젊은 흑인과 경찰의 시가전이 끊이질 않았던 1980년대에도 투투는 놀라운 연설로 사람들을 감화시켰다. 사람들이 불의를 경험하면서 분노할 때 그들에게 열기를 불어넣으면서도 평화적인 행동으로 이끌었다. 그는 사람들의 화를 어떻게 풀어 주어야 하는지, 폭력을 어떻게 가라앉히고 어떻게 희망찬 기대를 심어 줘야 하는지를 알고 있었다.

투투의 사진을 보면 항상 웃고 있다. 익살맞아 보이기까지 한다. 오랜 투쟁 속에서도 웃음과 여유를 잃지 않는 그의 태도, 늘 장난기 가득한 표정으로 유머를 구사하는 투투는 주변 사람들에게 평화와 즐거움을 주는 인물이었다.

진실과 화해

하니 살해 사건 1년 뒤인 1994년 4월 27일 역사적인 선거가 치러졌다. ANC가 정권을 잡았고, 아파르트헤이트 철폐를 명시한 임시 헌법이 시행에 들어갔다. 이 임시 헌법의 제일 마지막 부분에는 '국민의 일치와 화해National Unity and Reconciliation'라는 제목 아래 이런 내용이 포함돼 있었다.

> 이 헌법은 투쟁, 갈등, 말로 다 할 수 없는 고통과 불의로 깊이 분열됐던 우리 사회의 과거로부터 인권과 민주주의, 평화적 공존과 개발의 기회가 피부색, 인종, 계급, 신앙, 성과 무관하게 모든 남아공 국민에게 보장되는 기반 위에 세워질 미래 사회로 가는 다리가 될 것이다. 국민의 일치, 모든 남아공 시민의 복지, 그리고 평화를 위해 남아프리카 민중 사이의 화해와 사회의 재건이 요구된다.

이 헌법의 채택은 남아공 민중이 과거의 분열과 투쟁을 극복할 확고한 토대를 제공할 것이다. 과거의 분열과 투쟁으로 인권이 막대하게 침해됐고 인도주의 원칙은 침탈됐으며 증오, 두려움, 죄악과 복수의 유산을 남겼다. 이제 우리는 복수가 아닌 이해가 필요하고, 보복이 아니라 배상이 필요하며, 희생이 아니라 우분투Ubuntu[8]가 필요하다는 인식 위에서 과거의 유산을 다룰 수 있게 됐다.

이러한 화해와 재건을 이루기 위해서는 과거 일련의 분쟁 속에서 정치적 목적으로 행해진 작위와 부작위, 불법적 행동에 대한 사면이 이뤄져야 할 것이다. 이 헌법으로 구성되는 의회는 1990년 10월 8일 이후부터 1993년 12월 6일 이전 사이의 엄정한 시한 아래 법률을 제정하여 이러한 사면을 다룰 사법위원회 구성을 포함한 체계, 범주, 절차를 마련해야 한다. 이 헌법과 이러한 실천으로 우리 남아프리카 민중은 우리 조국 역사의 새로운 장을 연다.

남아공 최초의 흑인 대통령이 된 넬슨 만델라는 헌법에 따라 과거 백인의 인종 탄압, 흑인의 폭력적 저항에 면죄부를 주기 위한 '진실과 화해위원회(이하 위원회)'를 설치하기로 했다. 데스몬드 투투는 위

---

8) 인류애와 공동체 정신, 열린 마음 등 아프리카인의 관용을 뜻하는 남아공 원주민의 단어.

원회의 위원장으로 지명됐다.

투투 대주교는 사실 ANC에 비판적이었다. 1980년대까지 ANC는
폭력을 동원해서라도 아파르트헤이트를 끝장내야 한다는 입장이었
다. 백인들을 향해 폭탄을 던지고 총을 쏘는 일에 주저하지 않았다.
백인들에게 ANC는 두려운 이름이었다. 투투는 아파르트헤이트를
나치즘이나 공산주의에 비교하면서 맹비난했지만, 방어적인 수단
을 넘어 과도하게 공격적인 흑인들의 폭력 투쟁에도 비판적이었다.

하지만 만델라 대통령이 그를 위원회의 위원장으로 선출했을 때 투
투 대주교는 거부할 수 없었다고 고백한다. 그는 "만델라 대통령은
위원회 활동이 대단히 영적인 것이 되리라 믿었던 것 같다."며 "용
서, 화해, 배상이란 말은 정치권에서 흔히 쓰는 낱말이 아니었다. 종
교계에서 훨씬 더 친숙한 용어였다."고 말했다.

위원회 설치를 규정한 '국민통합 화해촉진법'은, 아파르트헤이트 시
절 자신이 저지른 인종차별 범죄를 고백하면 사면해 준다는 내용을
담고 있었다. 그 기준은 다음과 같았다.

· 사면 신청의 대상이 되는 행위는 샤프빌 대학살[9]이 벌어진 1960년부

터 만델라 대통령이 민주적으로 선출된 남아공 최초의 국가원수로 취임한 1994년 사이에 벌어진 것이어야 한다.

· 정치적 동기에 의한 행위여야 한다. 개인의 탐욕 때문에 살인을 저지른 범죄자는 사면 신청 자격이 없다.

· 아파르트헤이트 정부나 위성국, ANC나 범아프리카회의처럼 널리 인정받는 해방운동 단체들을 비롯한 정치 조직의 명령을 받았거나, 그 대리자 신분으로 저지른 행위에 대해서는 사면을 신청할 수 있다.

· 사면을 구하는 범죄와 관련된 모든 사실을 철저히 밝혀야 한다.

하지만 어떻게 그들의 사죄가 진정으로 죄를 뉘우치고 용서를 구하는 것인 줄 판단할 수 있겠는가. 법에 따라 사면한다고 해서, 피해자와 대다수 국민도 범죄자들을 용서할 수 있을 것인가.

단지 피부가 검다는 이유만으로 차별과 고통을 강요하고 굴욕과 치욕을 안겨 줬던 이들이 처벌 받지 않도록 해 주고 아무런 대가도 치르지 않게 한다는 주장에 어떻게 피해자의 가족들이 동의할 수 있겠는가. 가해자들을 그대로 용서한다면, 가족을 잃고 청춘을 잃고 인간

---

9) 1960년 3월 21일 흑인 거주지역 샤프빌(Sharpeville)에서 통행증 발급에 반대하는 시위가 벌어져 경찰의 발포로 67명이 사망하고 150명이 다친 사건으로, 아파르트헤이트 반대 세력이 불법화되고, 국제적으로 남아공의 상황이 알려진 계기가 되었다.

성을 잃은 그 고통은 누가 보상해 줄 것인가.

백인들도 반발했다. 아프리칸스Afrikaans[10] 언론 매체와 일부 아프리카너 정치인들은 아파르트헤이트 반대 투쟁을 해온 투투가 위원장으로 임명된 것을 비판했다. 위원회가 남아공의 과거를 매도하고 아프리카너를 겨냥해 마녀사냥을 일삼을 것이라고 주장했다. 이들은 급기야 위원회 구성원을 아파르트헤이트 지지자와 반대자가 같은 숫자가 되게 만들어야 한다고 주장하기까지 했다.

투투는 위원회 활동의 어려움을 이렇게 묘사했다.

처음 1년 정도는 모임이 지옥과도 같았다. 각자가 자기 영역의 권리를 주장하고 자리를 확보하려다 보니 한마음이 되기가 쉽지 않았다. 흑인은 백인이 그들을 차별한다고 생각했고, 백인 역시 똑같은 생각을 했다. 우리 가운데 몇몇 사람은 진보적 백인이라는 비난을 받기도 했는데, 남아공에서 '진보적'이라는 말은 욕이다.…가시 돋친 말이 난무하고 빈정거림, 경멸과 섣부른 피해 의식이 가득했다. 우리 모임은 아파르트헤이트 사회의 일부로 확고히 자리 잡은 소외와 분열과 의심을 그대로 반영하고 있었다.[11]

10) 남아공 백인인 아프리카너의 언어
11) 〈용서 없이 미래 없다〉, 데스몬드 투투, 홍종락 옮김(홍성사, 2009), p.98.

자줏빛 촛불

남아공 진실과화해위원회 개회 장면

1995년 12월 15일. 케이프타운의 성공회 대주교 공관인 비숍스코트에서 위원회 첫 회의가 열렸다. 투투는 이렇게 말했다.

우리 위원회에는 흑인이 10명, 백인이 6명입니다. 혼혈과 인도인, 아프리카인이 있고 정치적으로는 좌파부터 보수적인 백인 우파까지 있습니다. 기독교인이 다수지만 무슬림, 힌두교인이 있고 무신론자와 불가지론자도 있습니다. 7명이 법률가이고, 성직자가 나를 포함해 4명입니다. 남성과 여성, 정신보건 전문의, 심리학자, 간호사도 있습니다. 각자가 걸어온 길이 다르고, 정치적 입장과 마음의 지도가 서로 다릅니다. 우리의 모임을 이렇게 시작합시다. 우리 마음의 소리에 귀를 기울이고 서로의 마음을 배려합시다. 그러려면 우리의 감수성을 깨워야 하고 우리의 영혼이 타인을 향해 열려야 합니다. 위원회 첫날인 오늘 하루 동안 우리의 영혼을 열어 놓는 시간을 가지면 어떻겠습니까. 눈을 감고 묵상의 시간을 가집시다. 영적 지도자의 말씀을 들읍시다. 오늘 하루는 말을 멈추고 침묵합시다.

각자 신을 이해하는 방식이나 부르는 이름은 다르지만 그 초월적인 영의 흐름을 받아들이고 우리를 어디로 이끄시는지 마음으로 따라갑시다.

근대적 민주국가에서는 정치에 종교적 색채를 가져오는 것을 금기시한다. 정치는 철저히 이성적인 영역이라고 여긴다. 정치는 수많은 회의와 토론에서 쏟아지는 말의 성찬, 사회적 이익집단의 치열한 다툼과 언쟁 끝에 다수결로 결론을 내리는 이성과 설득의 영역이다. 종교적인 영역이 들어오면 더는 대화와 토론, 타협이 불가능하게 될 것이라고 생각한다.

그러나 투투는 주저 없이 위원회에 영적으로 민감한 태도를 요구했다. 진실, 그것도 끔찍한 역사의 진실을 낱낱이 대면한다는 것은 우리의 영혼에 고통을 주삿바늘로 깊이 찔러 넣는 것과 같은 일이었기 때문이다.

이것은 용서, 화해, 배상이라고 하는 종교적인 단어를 정치적인 절차에 적용해야 하는 우리 위원회를 위해, 우리의 영적 자원을 풍성하게 가꾸며 감수성을 예민하게 하기 위한 것입니다.

위원회는 아파르트헤이트 속에서 살아남은 이들의 증언을 듣기 위해 기도와 찬양을 준비했다. 희생자들을 추모하는 뜻으로 촛불을 피웠다. 심지어 위원장인 투투가 자줏빛 성공회 대주교복을 입고 회의를 주재하기도 했다. 투투는 전 세계 성공회에 연락해 위원회가 열리는 동안 수사와 수녀들이 기도해 줄 것을 요청했다. 또 전 세계의 기도자들에게 사랑과 기도를 요청했다. 물론 비판도 있었다. 일부 언론에서는 남아공이 비록 기독교가 다수인 국가이긴 하지만 지나친 종교적 색채, 그것도 기독교적인 색채를 드러내는 것은 바람직하지 않다고 비판했다. 투투는 이렇게 반박했다.

> 내가 위원장이 된 것은 종교 지도자였기 때문이다. 우리가 심리학자, 의사, 간호사와 법률가의 전문적 지식을 충분히 활용하는 것과 마찬가지로 신학적, 종교적 통찰도 필요하다.

이듬해 봄부터 가해자와 피해자의 증언을 듣는 청문회가 시작됐다. 과거 흑인과 백인의 충돌이 벌어지고 대규모 학살, 살인이 있었던 지역을 찾아다니며 증언을 들었다. 때로는 청문회장을 폭파시키겠다는 협박 때문에 차질이 생기기도 했다. 이 모든 과정이 텔레비전과 라디오, 신문으로 전국에 생생하게 전파됐다.

납치, 감금, 고문, 성폭행, 살인의 현장에 있었던 이들의 증언이 이

케이프타운 감리교회에서 열린 첫 청문회

어졌다. 국가보안부대와 같은 정부 기관이 계획적으로 이 같은 일을 저질렀다는 사실이 속속 밝혀졌다. 몇 가지 사례만 간략하게 제시해보면 이렇다.

· 프리토리아의 백인 경찰관 5명은 흑인 테러리스트를 잡아 정보를 캐내기 위해 전기로 고문을 했다. 전기 충격으로 죽은 이들의 시신을 없애기 위해 지뢰로 폭파시켰다.

· 경찰 살인부대 블랙플라스는 ANC를 변호한 인권 변호사를 납치해죽인 뒤 행방불명으로 처리하기 위해 타이어에 불을 붙여 시신을 태웠다. 시신이 타는 동안 경찰은 술을 마시며 그 불에 양고기를 구워 먹었다.

· 1988년 요하네스버그의 남아프리카교회협의회 건물에 대형 폭탄이 터진 사건은 경찰이 ANC의 테러라고 발표했으나, 바로 그 경찰 수뇌부가 그 협의회의 활동을 막기 위해 저지른 짓임이 밝혀졌다.

· 백인 정부는 흑인 인구를 줄이기 위해 콜레라, 탄저균, 마약 등을 대량 생산하고 이를 확산시키는 공작을 벌였다. 정부는 '화생방전에 대비한

군사적 연구'라고 둘러댔다.

위원회가 고백과 사면의 대상으로 삼은 것은 백인의 범죄만이 아니었다. 흑인들의 테러 사건도 청문회에서 다뤄졌다. ANC도 백인과의 투쟁 중에 내부에서 벌어진 끔찍한 범죄를 고백했다. 그중에는 넬슨 만델라 대통령의 전 부인 위니 마디키젤라 만델라(이하 위니 만델라)도 있었다.

· 만델라의 전 부인 위니 만델라가 흑인 거주지역 소웨토에 결성한 '만델라 연합축구클럽'은 흑인 중에서 백인 경찰에 협력한다고 의심되는 이들을 납치해 죽이고 그들의 집을 불태워 사람들을 공포에 떨게 만들었다. 위니 만델라는 이런 일을 묵인하고 지지했으며, 그러한 행동을 지시하기까지 했다.

· ANC를 지지하는 대학생 조직인 '범아프리카인 학생조직PASO'이 1993년 8월 백인을 죽이자는 시위를 벌였다. 이 시위 도중 에이미 비일이라는 미국 스탠퍼드 대학교 여학생이 돌에 맞고 칼에 맞아 숨졌다. 에이미 비일은 미국에서 아파르트헤이트 철폐 운동을 벌였고, 그 공로로 받은 장학금으로 남아공의 상황을 직접 체험하기 위해 케이프타운에 머무르고 있었다.

· ANC의 앙골라 조직 내에서 여성 회원에 대한 성폭행이 공공연하게

일어났다.

· ANC가 1980년대 경찰서와 군사시설을 표적으로 폭탄 공격을 벌였
다. 사망자 21명 중 8명이 민간인이었고, 219명의 부상자도 대부분 민
간인이었다.

아파르트헤이트라는 부도덕한 체제를 지탱하기 위해서 많은 사악한
수단이 동원됐고, 거기에 저항하는 이들 역시 폭력적인 방법을 쓰는
데 주저하지 않았다. 억압과 해방이라는 각자의 목표를 위해 인간
은 수단이 됐다.

시신을 불태우며 고기를 구워 먹은 이들은 스스로 평범한 시민이었
노라 고백했다. 같은 흑인을 첩자라고 몰아붙이고 납치하고 죽이고
백인이라면 무차별적으로 공격한 사람들 역시 어떤 면에서는 모든
흑인의 해방을 위해서 자신의 목숨까지 내놓은 헌신적인 이들이었
다. 사악한 체제 안에서 생존하려 한 것 자체가 죄였을지 모른다. 투
투는 이렇게 토로했다.

슬프게도, 사람들은 아파르트헤이트를 반대하다 그 과정에서 짐승처럼
되어 버리고 아파르트헤이트 지지자들과 똑같은 수준으로 전락할 수 있
다. 많은 경우, 피해자들은 결국 지배자들의 편견을 내면화해서 그것으

로 자신들을 규정하게 된
다. … 그리고 자기혐오와
자기경멸, 극도로 부정적
인 자아상이 끔찍한 귀신
처럼 피해자의 내면 한복
판에 들러붙어 올바른 자
기애와 자부심을 부식시
키고 정체성의 근간을 무
너뜨린다. … 사회 전체가

청문회 증인들

체계적으로 흑인들에게 자기혐오를 불어넣었고, 흑인들은 내재화된 자
기혐오를 외부로 투사했다. 우리는 자신의 모습을 조건반사적으로 혐오
하게 되었고, 자신과 비슷한 사람들을 파괴했다. 그것은 곧 자신을 혐오
하고 자신을 파괴하는 일이기도 하다.[12]

가장 깊이 뉘우치는 이의 고백은 고통스러웠고, 가장 분노한 이들의
절규는 남아공 전체를 뒤흔들 정도로 격렬했다.

당시 방송국에 '헬레나'라는 가명으로 배달된 한 백인 여성의 편지

---

12) 데스몬드 투투, 앞의 책, p.235~236.

는 고통스러운 고백의 한 사례였다. 경찰이었던 남편이 흑인을 죽이는 일에 동원됐음을 뒤늦게 알게 된 이 여성은 백인 남편이 이렇게 고백했노라고 전했다.

그들(흑인 정권)은 천 번이라도 나를 사면해 줄 수 있을 것이다. 그러나 하느님이, 그리고 모든 사람이 천 번이나 나를 용서해 준다 할지라도 나는 이 지옥을 벗어날 수 없을 것이다. 문제는 나의 머릿속에, 나의 양심에 있기 때문이다. 여기에서 벗어날 수 있는 길은 단 하나뿐이다. 내 머리를 폭파시켜 달라. 왜냐하면 내 머릿속에 지옥이 있기 때문이다.[13]

투투는 청문회를 진행하면서 "아파르트헤이트에 의해 갖가지 도구로 얻어맞아 생긴 상처와 충격이 얼마나 컸는지 우리도 미처 깨닫지 못했다."고 토로했다. 매번 청문회가 끝날 때마다 의장인 투투가 마무리하는 말을 남겼는데, 한번은 이렇게 말했다.

우리는 모두 어떤 식으로든 인간성과 인격에 손상을 입었다. 아파르트헤이트 체제의 지지자와 반대자, 가해자와 피해자, 그 누구도 예외가 아니었다.

---

13) 〈만델라 자서전-자유를 향한 머나먼 길〉, 넬슨 만델라, 김대중 옮김(두레, 2006), p.921.

피해자의 고백은 숨겨져 있던 진실을 알리기 위한 것이었다. 그 고백은 가해자를 청문회장으로 이끌어냈다. 청문회 방청석은 흑인 일색이었지만, 적지 않은 백인이 라디오와 TV로 청문회를 지켜봤다. 역사의 어두운 면, 덮어두었던 추악한 얼굴이 이제 모든 사람에게 공개됐다. 누구도 이 역사를 외면할 수 없게 되었다.

> 남아공의 위원회는 망각에 대항하는 기억의 투쟁이 전개되는 공간이다. 남아공 백인들이 흑인들에게 행했던 야만적 행위들을 다시 살려내는 '기억상실증' 치료 과정인 것이다.[14]

청문회에 나온 가해자 중에는 진심으로 사죄하는 이도 있었지만, 남에게 책임을 넘기며 빨리 사면받기만을 원하는 이도 있었다. 투투 자신도 "역겨웠다.", "구토가 나올 것 같았다.", "그 얼굴에 침을 뱉고 싶었다."고 회고했다.

클레르크 전 대통령이 대표적인 경우였다. 그는 넬슨 만델라를 석방하고 아파르트헤이트 철폐에 합의해 노벨평화상을 받은 인물이다. 그런 클레르크도 대통령으로 있을 때 경찰 보안부대에 살인 허

---

14) 〈화해는 용서보다 기억을 요구한다〉, 김영수(동인, 2001), p.180.

가를 내주었다는 증언이 나왔다. 클레르크는 "우리 국민당은 과거의 과오를 진심으로 참회하고 있으나, 암살이나 살인, 고문, 강간, 공격을 허가한 적이 없다."고 끝내 부인했다. 투투 위원장은 이렇게 분노를 터뜨렸다.

> 눈사태처럼 쏟아져 내리는 수많은 정보들이 말해 주고 있는데도 클레르크가 진실을 부인하고 있는 것을 도저히 이해할 수 없다.

클레르크 전 대통령처럼, 위니 만델라 역시 축구클럽의 과오를 사과하면서도 자신의 책임을 전적으로 인정하지는 않았다. 위원회는 소환권이 있었기 때문에 필요한 증인을 청문회에 불러내기도 했는데, 피터르 빌럼 보타 전 대통령은 "나와 같이 청문회에 출석하자."는 만델라의 제안까지 거부하면서 끝내 청문회에 나오지 않았다. 투투는 보타의 범죄를 밝혀내지 못한 것을 끝까지 아쉬워했다.

용서는 가능한가

위원회 활동의 가장 어려운 과제는 이것이었다. 남아공의 새로운 헌법과 위원회 법에 따라, 이 모든 죄를 단순히 사람들 앞에서 고백했다는 것만으로 용서해 주는 것. 과연 이것이 가능할 것인가.

청문회가 진행되면서 '사면 절대 반대'의 구호가 나오기 시작했다.

> 사면은 안 된다. 잊어서도 안 된다. 오직 정의뿐이다.No amnesty, no amnesia, just justice!

사면 반대자들의 논리는 분명하고 명쾌했다.

> 승리자가 패배자를 처벌하자는 것이 아니다. 새로운 민주사회로 가는 과정에서 미래의 정부가 확립해야 할 책임 규범과 기준을 보여주는 것은 국가의 의무이기도 하다. 권력자들은 지금 그리고 앞으로도 인권침해에 대해서는 역사에 의해서 뿐만 아니라 법에 따라서도 책임을 져야 한다는 분명한 인식을 심어 주어야 한다.[15]

위원회 법에 따르면, 가해자들은 과거의 진실을 고백하고 자신의 책임을 인정하기만 하면 사면을 받을 수 있었다. 공식적인 사과나 뉘우침의 태도가 필요하다는 조건은 없었다. 유감의 뜻이 얼마나 진정

---

15) ANC 법률위원회 정책문서 http://www.anc.org.za/govedocs

성 있는 것인지도 판단의 기준이 아니었다. 사과의 말이 얼마나 진실한 것인지 누가 판단할 수 있겠는가?

투투를 포함한 많은 흑인 지도자는 처음에 이 같은 법률 조항에 분노했다. 그러나 투투는 곧 이런 규정이 현명한 결정이었다고 고백했다. 만약 사죄의 태도가 사면의 조건이 된다면, 청문회에 나온 가해자들 중에는 과도한 몸짓으로 용서를 구하는 이가 있었을 것이다. 사람들은 "사면을 받으려고 겉으로만 과장된 감정을 드러냈다."고 비난하지 않았을까. 반대로 침착하고 건조하게 용서를 구하는 증인에게는 "사과가 미흡하다."는 질타가 이어졌을 것이다.

정치적 범죄를 청산하는 과정에서 고백과 용서가 이뤄진 경우는 거의 없었다. 그것도 개인적인 차원이 아니라 국가적으로 용서가 공인되는 사례는 찾아보기 힘들다. 그러나 남아공에서는 그것이 이뤄졌다. 기적과도 같은 일이었다.

비쇼 대학살건에 대한 청문회가 열렸을 때다. 비쇼 대학살은 1992년 9월 남아공 이스턴케이프주의 비쇼라는 도시에서 ANC가 정치적 자유를 요구하며 행진을 벌인 날 이곳의 시스케이 방위군이 발포해 28명이 현장에서 사망한 사건이다. 부상자 중에서도 30명이 사망했다.

비쇼 대학살 청문회는 학살 현장에서 그리 멀지 않은 곳에서 열렸다. 방청석은 당시 학살 현장에 있었던 이들과 희생자의 가족, 부상자들이 앉아 있었다. 청문회장은 증언이 시작되기 전부터 긴장이 팽배해 있었다.

첫 증인은 당시 방위군 사령관이었던 마리우스 울스히흐였다. 위원회의 요구로 소환돼 나온 울스히흐는 시종일관 냉소적이고 경멸적인 태도로 일관했다. 청중은 그의 증언 내용보다 그의 말투에 더 분개했다. 사람들의 표정이 험악해지고, 청문회장의 긴장감은 분노로 변하기 직전이었다.

두 번째 증인은 당시 방위군 장교 4명이었다. 1명은 백인, 3명은 흑인이었다. 백인 장교 호르스트 스호베스버거 대령이 딱딱한 말투로 말했다.

맞습니다. 우리가 병사들에게 발포를 명령했습니다.

그의 태도와 말투는 감정을 자제하고 절도를 지킬 것을 강조하는 군인 정신이 배어나온 것이었지만, 그들로 인해 가족을 잃고 친구를 잃고 자신들도 평생의 상처를 입은 청중은 그렇게 받아들이기 어려웠다. 금방이라도 청중이 증언석으로 뛰쳐나와 주먹을 날릴 것만 같았다.

그 순간이었다. 스호베스버거는 몸을 뒤로 돌려 청중을 바라보았다. 그리고 긴장된 목소리로 이렇게 말했다. 그의 목소리는 여전히 딱딱했지만, 좀 더 낮고 정중한 톤이었다.

> 용서해 주십시오. 비쇼 학살 사건은 우리가 남은 생애 동안 늘 어깨에 짊어지고 살아야 할 짐입니다.

그리고는 옆에 앉은 3명의 다른 흑인 장교를 가리키며 청중에게 부탁을 했다. 그의 목소리에서 긴장을 느낄 수 있었다. 그 목소리를 듣는 이들은 평생 군인으로 살아온 증인이 이렇게 많은 사람들 앞에서 자신의 약한 모습을 드러낸다는 것이 쉽지 않은 일이라는 것을 알 수 있었다.

> 나의 동료였던 이들을 여러분의 공동체 일원으로 다시 받아들여 주시겠습니까? 이들이 당시 겪었던 엄청난 부담을 헤아려 주시겠습니까? 제가 할 수 있는 말이라곤 이것뿐입니다. 죄송합니다. 이 말밖에 할 수 없습니다. 죄송합니다.

순간, 방청석에서 터져 나온 것은 박수와 함성이었다.

　오-오!

우레와 같은 소리는 감탄과 경의의 감정을 담고 있었다. 박수는 갈
채가 되어 청문회장을 가득 울렸다. 미리 계획한 것도 아니었고 기
대했던 것도 아니었다. 백인 장교의 진심 어린 사과와 당부에, 청중
이 순간적으로 반응한 것이었다. 이 모든 것을 지켜본 투투는 침묵
속에 박수와 환호가 가라앉기를 기다렸다. 함성이 잦아들자 그는 이
렇게 말했다.

　이 자리에 있는 이들 모두 잠시 침묵의 시간을 가집시다. 우리는 지금 대
　단히 의미심장한 장면을 마주하고 있습니다. 모두 아실 겁니다. 용서를
　구하는 일은 쉽지 않고, 용서하는 일도 쉽지 않습니다. 그러나 우리는 용
　서 받지 못하면 미래도 없다는 것을 깨달았습니다.

이 같은 장면은 역사의 진실을 파헤치는 고통스러운 위원회 활동을
환희와 보람의 장으로 만들어 주었다. 분노를 토해낼 것 같았던 증
인들이 청문회에서 자신들의 고통을 호소하고, 자신들의 이야기를
털어놓을 기회를 얻은 것만으로도 고마워하고, 오랫동안 알고자 했

던 자식의 생사를 확인하고, 누가 왜 자신들에게 이런 고통을 준 것인지 오랜 질문에 답을 찾았을 때, 사람들은 고개를 숙여 흐느끼다 마음을 열고 가해자를 향해 두 팔을 벌렸다.

위원회는 용서와 화해의 드라마를 만들어 냈다. 가해자의 고백으로 숨겨졌던 실체가 드러났다. 사라진 청년들의 시신이 발굴되었고, 사망자들의 가족은 잃어버린 진실을 알아낼 수 있었다. 이런 범죄를 누가 지시했는지 거슬러 올라가 백인 정권의 최상부까지 이르는 성과를 이뤘다. 가해자는 용서를 구했고, 피해자는 용서를 베풀었다. 비밀경찰에 아버지를 잃은 한 소녀가 "우리는 정말 용서하고 싶지만 누구를 용서해야 할지 모르겠습니다."라고 고백했던 것처럼, 많은 피해자는 이미 오래전부터 용서를 준비해 왔다.

백인 피해자의 경우도 마찬가지였다. 1992년 11월 흑인 무장단체인 '아자니아인민해방군'이 백인 골프클럽에 수류탄을 던져 4명이 죽은 사건이 있었다. 그 자리에 있던 베스 세비지라는 여성은 심한 부상을 당해 심장절개수술을 받고 평생 입고 벗고 먹을 때 다른 사람의 도움을 받아야 하는 장애를 얻었다. 베스의 부친은 평소 딸에게 흑인과 백인, 지위에 상관없이 모든 사람을 존중하도록 교육했던 인물이었으나, 딸이 흑인의 공격을 받아 장애를 입은 것에 깊이 상심하다

사망했다. 그러나 베스는 1996년 청문회에 출석해 이렇게 말했다.[16]

> 내가 간절히 원하는 것이 있습니다. 나는 수류탄을 던진 사람을 만나 용
> 서한다고 말하고 싶습니다. 그리고 어떤 이유로든 그가 나를 미워했다면
> 그의 용서를 받고 싶습니다. 여하튼 그를 무척 만나고 싶습니다.

용서는 두 가지 측면이 있다. 가해자의 법적 책임을 없애주는 것, 사
면과 피해자가 가해자에게 원한을 갖지 않는 것, 즉 화해다. 남아공
의 위원회가 사면과 화해를 완벽하게 이루었다고 하기는 어렵다. 청
문회가 열리고 나면 신문과 방송은 끔찍한 진실을 상세히 보도하면
서 처벌을 요구하는 분노에 찬 목소리를 전했다. ANC의 일부 청년
그룹을 포함해 흑인 정치세력 중에는 사면에 반대하는 이들도 적지
않았다. 백인 중에도 위원회가 아파르트헤이트 당시의 군인과 경찰,
판사와 공무원 등에게 일괄적인 사면을 실시하지 않는다고 불만을
토로하는 이들이 있었다.

그러나 위원회 활동이 남아공 사회에 팽배한 적대감과 증오, 심각
한 갈등을 상당히 해소한 것은 사실이다. 이것만으로도 충분히 높

---

16) 데스몬드 투투, 앞의 책 p.178.

이 평가 받을만하다. 인류의 역사에 이 정도의 과거청산을 이룬 사례는 흔치 않다.

2013년 6월 남아공의 넬슨 만델라 전 대통령이 95세 생일을 앞두고 혼수상태에 빠졌을 때, 서방의 언론들은 통합의 상징인 만델라가 사망하면 흑인과 백인 사이에 폭력 사태가 빚어지지 않을까 우려했다. 하지만 남아공의 언론은 흑인과 백인이 함께 그를 추모할 것이라며 전혀 걱정하지 않아도 된다고 논평했다. 위원회를 통해 남아공의 모든 국민이 과거에 얼마나 끔찍한 일이 있었는지 알게 되었고, 그와 같은 일이 다시 일어나서는 안 된다는 다짐을 함께 했기 때문이다. 이것이야말로 과거의 어두운 역사를 청산하려는 모든 공동체가 목표로 하는 것이 아닌가. 남아공은 그것을 해냈다.

식기세척기가 되려 한 사제

이것이 가능했던 조건으로 세가지를 꼽을 수 있다. 첫째는 위원장인 투투와 남아공 대다수 국민이 공유한 기독교 신앙, 즉 종교적 측면이 있었다. 둘째는 앞에서 설명했듯이 지극히 단순한 법 조항에 따라 각각의 가해자를 사면해야 할지 객관적인 판단이 가능했다는 이성적 측면이다. 셋째는 백인과 흑인의 타협을 위해 사면이 불가피했고, 실제 사면을 실행할 때에는 엄격하게 적용해 정의를 요구하는 흑인의 열망을 어느 정도 충족시켜 주었다는 정치적 측면이다.

먼저 종교적 측면을 이야기하면, 투투 위원장 스스로 "모든 위원이 우리의 임무를 종교적이고 영적인 임무로 여겼다."고 말하고 있다.

위원회 위원들은 인간이 얼마나 끔찍한 악행에 빠져들 수 있는가를 보고 섬뜩함을 느꼈으며, 우리 대부분은 비열한 짓을 저지른 그들을 일컬어 괴물이라 했다. 그 짓들이 너무나 소름 끼쳤기 때문이다. 그러나 신학은 그렇게 말하지 못하게 한다. 신학은 사람이 아무리 사악한 행위를 저질러도 그가 악마가 되는 건 아니라고 말한다. 우리는 악행과 범죄자, 죄인과 죄를 구별해야 한다. 죄는 미워하고 나무라되 죄인에 대해서는 연민의 마음을 가지고 보아야 한다. 요점은 우리가 범죄자들을 괴물과 악마로 단정하고 포기해 버리면 자연히 그들에게 책임을 물을 수도 없게 된다는 것이다. 그들이 자신의 행위에 책임을 질 수 있는 도덕적 존재가 아니라고 선언하는 셈이 되기 때문이다. 더욱이 그것은 그들이 더 나아질 수 있다는 희망을 모두 버렸다는 뜻이 된다. 그러나 신학은 그들이 참으로 끔찍한 일을 저질렀음에도 여전히 회개하고 달라질 수 있는 하느님의 자녀들이라고 말한다.[17]

범죄를 저지른 가해자 역시 인간이라는 깨달음을 놓지 않는 자세는 지극히 종교적인 깨달음으로 이어진다.

> 위원회에서 범죄자의 이야기를 들으며 나는 우리 각자가, 우리 모두가 끔찍한 악을 저지를 능력이 있음을 깨달았다. 그 범죄자들과 똑같은 영향을 받고 똑같은 세뇌를 당했어도 나는 절대 그들처럼 되지 않았을 거라고 말할 수 있는 이가 있을까? 그들의 잘못을 너그럽게 봐주거나 못 본 체하자는 말이 아니다. 오히려 하느님의 자비로 마음을 가득 채우고, 하느님이 사랑하시는 사람 중 한 명이 그렇듯 서글픈 처지에 이르렀음을 한탄하며 함께 울자는 것이다. 우리는 값싼 신앙심에서가 아니라 진심으로 이렇게 말해야 한다. "하느님의 은혜가 아니었다면 나도 같은 처지였을 것이다."[18]

다른 흑인 지도자들도 화해를 위해 헌신하고 과거의 적에게 기꺼이 용서를 베풀 수 있었던 이유 역시 흑인이 운영하는 대부분의 교회 미션스쿨에서 교육을 받았던 영향 때문이었다고 투투는 평가했다.

용서의 종교적 차원이란 추상적인 교리를 현실에 무조건 주입시키

---

17) 앞의 책, p.102.
17) 앞의 책, p.102.
18) 앞의 책, p.105.

려는 교조주의자나 율법주의자 같
은 태도를 말하는 것이 아니다. 용
서는 사실 어렵고 고통스럽다. 피해
자가 가해자의 폭력을 되갚지 않고
그를 용인한다는 것, 그것은 생존을
추구하는 인간의 본능으로도, 공동
체의 존속을 위해 질서를 요구하는
인간의 이성으로도 불가능한 일이
다. 더구나 몇몇 개인의 결단이 아
니라, 가해자와 피해자가 한 데 섞
여 있는 한 나라가 그런 결단을 하
도록 이끌어낸다는 것은 얼마나 고
통스러운 일일까.

고뇌하는 투투

투투는 위원회 활동이 진행 중이던 1997년 1월 전립선암에 걸렸다.
위원회의 다른 위원들 역시 수면 장애, 잦은 과음, 신경쇠약에 걸렸
다. 쉽게 울고 성질이 급해졌다. 가해자와 피해자의 증언을 면밀히
청취하는 일이 그만큼 힘들었던 것이다.

정서적으로 가장 힘들어하는 이들은 청문회의 통역자들이었다. 각
부족의 언어를 쓰는 증인의 말을 영어나 다른 언어로 통역하는 일을

맡은 이들은, 하루에도 몇 번씩 가해자와 피해자의 입장을 오가며 일인칭 시점으로 말해야 했다. 증언을 기록하는 속기사들도 눈물을 떨구곤 했다. 용서와 화해를 실천하려는 이들은 남아공 국민이 겪은 고통을 자신들의 내면에서 그대로 경험해야 했다. 투투는 "역사의 더러움을 씻는 식기세척기가 되려 했지만, 진공청소기에 머물렀는지 모르겠다."고 토로하곤 했다. 그런 고통을 감내하면서도 상대를 악마가 아니라 인간으로 바라보며 용서와 화해라는 가치를 붙잡는 태도, 그것이 바로 용서의 종교적인 차원이다.

'국민통합 화해촉진법'에서 제시한 사면의 조건은 단 두 가지였다. 진실을 밝힐 것, 그리고 자신의 책임을 인정할 것. 지극히 이성적이고 냉정하기까지 한 이 조건은 종교적 차원의 기반 위에서 이끌어낸 용서의 기준이었다.

용서의 기준은 단순했지만 충족하기는 쉽지 않았다. 보수당 창시자의 지시를 받고 크리스 하니를 죽인 일을 고백한 야누스 왈루스도 사면을 신청했지만 받아들여지지 않았다. 왈루스가 청문회에서 증언한 날의 분위기는 이러했다.

수요일, 한 남자가 오랜 침묵을 깼다. 그는 1993년 남아공 공산당 지도

자 크리스 하니를 복스브루그의 자택 앞에서 살해한 인물이다. 그가 처음으로 당시 사건을 증언했다.

폴란드에서 이민 온 야누스 왈루스는 현재 종신형을 선고받고 복역 중이다. 재판 과정에서는 증언을 거부했다. 왈루스가 증언대에 서기 10일 전부터 살해를 공모한 클리브 더비 루이스[19]가 정치적 동기였기 때문이었다고 설명하는 것을 들었다. 루이스의 증언은 무성의했다. 그의 부인 가예는 졸기까지 했다. 청문회를 지켜본 ANC 여성회의 의장 위니 만델라는 그를 비난했다.

위니 만델라는 "뉘우침이 없었다. 사과할 필요가 없다고 말하는 것을 지켜보는 것만으로도 괴로웠다."고 말했다.

오후 3시 30분쯤 루이스가 증언을 마친 뒤 44살의 왈루스가 증언대에 올라왔다. 방청석의 첫 줄에는 하니의 아내 림포와 그의 자녀들이 조용히 앉아 있었다.

통역관을 통해 증언하는 그의 목소리는 미리 계산한 듯 차분했다. 금발에 푸른 눈을 가진 이 남성은 자신이 폴란드에서 공산주의 정권에 고통을 받았다고 말했다. 특히 식량배급과 세뇌, 갖가지 고충을 설명했다.

"경찰의 권력은 제한이 없었다. 경제는 완전히 몰락했다. 부패와 독점 때문이었다. 귀중한 지하자원은 소련이 가져갔다. 세금이 너무 많아 힘들었

---

19) 남아공 보수당의 창당 멤버로 야누스 왈루스에게 크리스 하니의 살해를 암시하면서 총을 건네 준 인물. 종신형을 선고 받았으나 2010년 70세가 넘어 가석방된다.

다. 이것 때문에 세무관과 경찰이 늘 괴롭혔다. 돌아가신 아버지는 장사가 너무 잘 된다는 이유로 6번이나 가게 문을 닫고 새로 시작해야 했다."

왈루스는 사면을 신청한 이유도 설명했다. 남아공에서도 공산주의자들이 정권을 잡을까봐 두려워 하니를 죽였다고 했다.

"공산주의자들이 권력에 가까워지는 것을 막으려 했고, 남아공의 정치적 진로에 영향을 주고 싶었다."

그의 직업은 유리세공사였다. 1981년 남아공으로 이민 왔고, 1983년 보타 전 대통령이 국민투표로 좌파 정책을 시행하는 것을 보고 우파 정치 운동에 뛰어들었다고 했다.

"보타와 국민당에 속았다. 1983년 3원제 의회를 도입한 국민투표 이후 국민당 정부가 왼쪽으로 움직이고 있다는 것이 분명해 보였다."고 5명의 사면위원 앞에서 주장했다.

그는 영주권을 신청할 때 이민국 관리가 보타 정권의 변화는 겉치레일 뿐 반공 노선과 분리 발전 정책은 바뀌지 않았다고 말하는 걸 믿었다고 했다.[20]

왈루스의 증언이 30분 만에 끝나자, 방청객들은 청문회장을 나서며 "왈루스, 당신은 틀렸소!"라고 외쳤다. 위원회는 왈루스의 사면 신청

---

20) 1997년 8월 20일 진실과화해 위원회 사면위원회 보도자료.
http://www.justice.gov.za/trc/media/1997/9708/s970820f.htm

을 받아들이지 않기로 결정하면서 이같이 밝혔다.

> 사면 신청자들(루이스와 왈루스)은 사건과 관련된 자료와 내용을 모두 자
> 백하고 공개하지 않았다. 어떠한 정황으로 살펴도 사면 조건을 충족하지
> 못했다. 그러므로 사면은 거부키로 한다.[21]

흑인을 총으로 쏴 죽인 일을 고백한 또 다른 경찰은, 자신의 책임을
부정하고 상황에 따른 정당방어였음을 주장해 역시 사면받지 못했
다. 위원회는 또 사면을 개별적으로만 시행했다. 한 범죄 사건을 두
고 연루된 모든 이를 일괄 사면하지 않고, 개개인의 이름을 적게 하
고, 스스로 사건의 전말을 고백하는 서류를 작성하고, 청문회에 나
와 증언하게 했다. 범죄자의 입장에서는 쉽지 않은 일이었다. 사면
을 받은 이들도 결코 아무런 부담 없이 처벌을 피한 것이 아니라는
것이다.

위원회에 사면을 신청한 사람은 2000년 11월 1일까지 7,112명이었
는데, 이 중 1,200여 명만 실제로 사면을 받았다. 많은 백인 경찰이
청문회에 나와 자신의 죄를 고백했지만, 군인들은 찾기 어려웠다. 클

---

21) 1999년 4월7일 진실과화해위원회 판결문.
http://www.justice.gov.za/trc/decisions/1999/990307_walusderbylewis.html

레르크와 보타, 두 명의 백인 대통령이 끝까지 청문회에서 자신의 잘못을 고백하지 않은 것도 더 많은 가해자의 결단을 가로막았을 것이다. 또 축구클럽으로 폭력적인 일을 저지른 위니 만델라는 자신의 책임을 전적으로 인정하지는 않고 마지못해 유감을 표시했는데도 사면을 받았고, 야누스 왈루스 같은 인물은 사면을 받지 못한 사실 역시 백인들의 더 많은 협력을 이끌어내지 못한 장벽이 됐다. 반대로 이같이 사면 기준을 엄격하게 적용했기 때문에 위원회의 결정을 남아공의 대다수 국민이 받아들일 수 있었다.

청문회가 진행되면서, 개인의 범죄만이 아니라 아파르트헤이트에 협력하며 혜택을 입은 집단도 자신들의 책임을 인정해야 한다는 목소리가 높아졌다. 그래서 언론 · 의료 · 사법 · 기업 · 종교기관을 대상으로 특별 청문회가 열렸다. 아파르트헤이트의 범죄 사건에 직접 가담하지는 않았지만 혜택을 입은 집단의 책임을 밝히는 청문회였다. 흑인 피해자를 가까운 백인 병원 대신 먼 곳의 흑인 병원으로 이송하도록 허락한 의료진, 고문 방식을 고안하고 흑인의 연금과 보험료를 박탈한 기업의 실상이 드러났다. 남아공국영방송SABC에는 흑인의 목소리를 차단하고 정부의 주장만 방송하도록 하는 보도 지침이 있었다는 사실도 밝혀졌다. 이 특별 청문회 역시 남아공 국민들이 위원회 활동 결과를 받아들이고 진실과 화해를 선택하게 하는데 일조했다.

남아공의 흑인 정권이 진실의
고백과 사면이라는 방법을 선
택한 가장 큰 이유는 사실 지
극히 정치적이었다. 1990년부
터 시작된 아파르트헤이트 철
폐 개헌 협상에서 백인의 국
민당 정권은 집요하게 인종
범죄에 대한 사면을 요구했
다. 실제 국민당은 1991년 아
파르트헤이트 통치하에 이뤄
진 일에 일괄적인 사면을 실

TRUTH. THE ROAD TO RECONCILIATION.

'진실은 아픔, 침묵은 살인'이라는 문구의 위원회 포스터

시하는 법을 만들기까지 했다. 백인은 자신들이 흑인에게 정권을 넘
겨주면 대학살과 보복 같은 재난이 닥칠 것을 심각하게 우려했다. 남
아공의 백인들은 이미 수백 년간 이곳에 살아온 주민이었기에 피할
곳이 없었다. 또 군대 장교의 상당수가 백인이었다. 선거를 통해 국
군 통수권자가 흑인이 된다고 해도, 백인과 흑인 사이에 폭력적인 대
치 상황이 벌어진다면, 군대가 어느 편이 될 것인지 가늠하기 힘들었
다. ANC가 어떤 형태로든 사면을 받아들이지 않으면 타협은 이뤄지

기 힘들었다. 투투는 위원회 보고서에서 이렇게 밝혔다.

> 남아공에서는 해방운동 측이 제2차세계대전 이후 연합국처럼 '승자의 정
> 의'를 행사할 만한 위치에 있지 못했다. 또한 전 정권 관련자는 만일 자신
> 이 과거에 저지른 일로 혹독한 재판을 받을 것이라고 예상했다면 협상을
> 깼을 것이 분명하다. 그러면 백인 정권에서 흑인 정권으로 평화로운 이
> 행은 불가능했을 것이다.

또 아파르트헤이트는 100년 이상 지속된 남아공의 정치제도였기에,
어디서부터 어디까지 단죄해야 할 것인지 범주를 설정해야만 했다.
그렇지 않으면 남아공 경찰과 군인, 공무원은 물론 교사와 판사, 일
상적인 노동자와 기업가 모두가 아파르트헤이트의 부역자가 될 판
이었다. 아파르트헤이트를 실행한 자들이 개헌과 민주적인 선거가
치러지기 전까지 정권을 잡고 있었기 때문에 얼마든지 증거를 인멸
할 수 있었다. 재판에서는 위원회의 청문회처럼 자유롭게 진술할 수
없고, 변호인이나 판사가 발언을 조율한다. 피의자는 무죄추정의 원
칙에 따라 피해자와 동등하게 취급받으며 증거가 없는 한 자신의 거
짓말을 자유롭게 주장할 수 있다. 만약 국제법에 따라 아파르트헤이
트 범죄자들을 처벌하려고 했다면, 대부분의 피고인이 엄격한 사법
절차 속에서 증거 부족으로 무죄를 선고받았을 것이다.

또한 재판 진행에는 흑인 정권으로서는 상상하기 힘든 막대한 비용이 필요했다. 실제 13명의 흑인을 살상한 책임을 물어 기소당한 전 국방장관 마그너스 말란은 위원회에 사면을 신청하지 않아 재판을 받았는데, 7개월 동안 7백만 랜드의 소송 비용과 9백만 랜드의 변호사 비용이 들었다. 현재 가치로 환산하면 20억 원에 이르는 금액이다. 이 돈은 '국무 수행과 관련해 기소된 경우 재판 비용은 국고로 한다.'는 규정 때문에 흑인 정권이 지불했다. 말란은 결국 증거 불충분 등으로 무죄판결을 받았다.

흑인 정권이 흑인들의 집과 학교, 도로와 상수도를 개선하는 일을 미뤄두고 재판에 돈을 쏟아 붓는 게 과연 바람직한 일이었을까? ANC는 고백을 통해 진실을 밝히는 대신 사면을 베푸는 것이 가장 현실적이라고 판단했다. 처벌과 단죄라는 사법적 정의보다는 용서하되 잊지 않는 '기억과 역사의 정의'를 선택했다고 할 수 있다.[22]

---

22) 콜린 레이스(Colin Leys)는 〈아프리카 파일〉 1995년 4월호에 실린 글에서 이를 "사면하되 용서하지 않는다(Amnesty not amnesia)"라고 표현했다. http://www.africafiles.org/article.asp?ID=3951

진주조개 잡이

위원회의 활동은 남아공에 보편적 인권의 중요성을 일깨워 주었다.[23] 통제되지 않는 인간의 폭력이 어디까지 갈 수 있는지, 그것이 인간에게 얼마나 큰 고통이 되는지 깨닫게 된 것이다.

또한 무지개의 나라가 되기 위해선 무엇을 개혁해야 하는지 보여 주었다. 인간을 억압하는 제도의 해악성이 드러난 만큼 이 문제를 해결하는 것이 흑인 정부의 최우선 과제가 되었다. 위원회는 보고서에서 '법과 정의의 관계, 법 체계를 평가하는 원칙과 기준, 사법부의 독립성과 판결의 관계, 사법부와 행정부와의 관계, 사법부 관료를 지명하는 문제, 보안법을 적용하는 문제, 법조인을 배출하는 문제, 인종차별법이 집행되었던 체계의 문제, 법 체계의 개선과제를 권고'했다. 노동조합 활동과 사회적 서비스, 임금, 성희롱, 산업재해의 문제도 개선과제로 등장했다.

또 피해자와 가해자의 증언, 관련 정보를 모두 공개하고 보편적 진실을 찾아가는 과정은 민주주의가 어떻게 작동하는 것인지 학습하

---

23) 〈화해는 용서보다 기억을 요구한다〉, 김영수(동인, 2001), p.194~201. 위원회 활동의 성격을 포괄성, 개혁성, 공개성, 객관성, 형평성으로 분석했다.

는 좋은 교재 역할을 했다. 모든 국민이 주권자로서의 지위를 누리고, 형평성을 보장받고, 공정한 판결을 기대할 수 있다는 믿음을 갖게 되었다. 위원회의 활동이 과거를 들춰내고 희생자의 원한을 풀어주는 것을 넘어 남아공의 새로운 미래를 제시하는 방향타, 다시는 어두운 과거로 돌아가지 못하게 하는 든든한 사회적 기반이 된 것이다. 진실의 힘이었다. 진실을 찾는 고통스러운 과정을 통해 발견한 미래의 소망은, 조개가 살을 찢는 아픔 속에서 품은 진주처럼 소중했다. 투투는 2001년 12월 노벨평화상 100주년 기념 심포지엄에서 이렇게 말했다.

사람들은 말합니다. 상처가 있으면 곪지 않도록 그것을 열고 깨끗하게 닦아내야 한다고. 그리고 그 위에 연고를 발라야 한다고. 그렇게 하면 어쩌면 상처가 치료될지도 모릅니다. 용서는 값싼 것이 아닙니다. 그리고 화해도 쉬운 것이 아닙니다. 하지만 용서하는 마음이 있으면 우리는 누군가에게 문을 열 수 있습니다. 지난 일에 대해 마음의 문을 꼭꼭 닫아걸고 있던 누군가가 그 걸쇠를 풀기 위해서는 문의 뒤쪽으로 걸어 들어가야 하고, 그러면 새로운 미래가 보이기 시작합니다.[24]

---

24) 〈용서〉, 달라이 라마 · 빅터 챈, 류시화 옮김(오래된 미래, 2004), p.83.

물론 미흡한 점도 있다. 남아공에는 인종 차별이 사라지고, 흑인에게 자유가 주어졌다. 그러나 여전히 백인은 부유하고 흑인은 가난하다. 흑인이 거주지역을 떠나 백인이 사는 동네로 옮길 자유는 있지만, 돈은 없다. 대도시로 갈 수 있는 자유는 얻었지만, 다운타운으로 가는 버스를 탈 돈은 없는 처지다. 경제는 물론이고 군대와 경찰도 여전히 백인이 중요한 위치를 차지하고 있다. 정부는 피해자에게 보상도 했지만, 흑인 사회의 실질적인 질적 향상이나 경제적 · 사회적 보장은 기대에 미치지 못하고 있다. 인근 국가에서 남아공으로 유입된 흑인을 남아공 주민들이 폭력적으로 몰아내는 흑-흑 갈등까지 벌어지고 있다. 남아공 언론은 이를 새로운 인종 범죄라고 부른다.

백인들 대다수는 청문회를 거친 뒤에도 아파르트헤이트의 죄악을 자신들의 책임으로 받아들이지 않았다. 자신들이 누리는 혜택이 아파르트헤이트 시대의 부당한 유산이라고 여기지 않았다는 말이다. "실제 그런 일이 있었는지 몰랐다.", "흑인을 탄압한 나치 스타일의 백인은 나와 거리가 멀다." 등 이런 것이 대다수 백인의 반응이었다. 청문회가 오히려 이들에게 면죄부를 주는 효과도 있었다. 흑인들은 반면 청문회를 거치면서 자신들을 피해자와 동일시하고 일상적인 불이익과 차별이 지속되는 것에 분노했다. 그럼에도 백인에 대한 대규모 폭력 사태가 일어나지 않고 공존이 이뤄진 것 역시 청문회 덕분이었다. 과거 자신들 위에 군림했던 백인 탄압자들이 청문회장에 나와 사면을 구하는 모습에서 그 역시 평범하고 나약한 인간이었다는 것을 깨닫고 오랫동안 느껴온 공포에서 어느 정도 벗어나는 집단적 체험이 이뤄진 것이다.

가해자와 피해자가 함께 받아들일 수 있는 진실이란 과연 존재하는 것일까. 포스트모더니즘 철학에서는 현상과 해석만 있을 뿐, 유일한 진실이란 없다고 주장한다. 증언과 고백에 의존하는 청문회 활동 역시 진실을 밝혀내기보다 서로의 입장과 태도의 차이만 드러낸 채 끝날 수도 있다. 남아공 국민 중에서도 위원회에 냉소적인 태도를 보인 사람들이 있었던 것도 이런 이유다. 진실을 찾는 것이 그렇게 어렵다면, 아니 진실이란 것이 아예 존재하지 않는다면 과거청산은 과연 가능할 것인가.

과거청산이란 무엇일까. 하나의 목소리가 다른 목소리를 억압하고, 하나의 주장이 다른 주장을 묵살하고, 하나의 존재가 다른 존재를 압도하는 현상에서, 이를 다르게 느끼는 이들이 여기에 존재하고 있고 다른 목소리가 있었다는 것을 들려주는 것. 그 체험과 기억, 증언을 사회 구성원들이 공유하는 것 자체가 과거청산이 아닐까. 진실이란 일방적인 해석만이 존재하던 상황에서 다른 면에서 볼 수 있는 다른 해석도 존재함을 밝혀내는 것, 그 자체일지도 모른다. 목소리가 없던 이들, 사람의 권리와 인격을 인정받지 못했던 사람들에게 목소리를 주고 그들도 사람이며 인격과 권리가 있는 존재라는 것을 구체적으로 밝혀내는 것, 그 과정과 결과가 과거청산이 아닐까.

위원회의 성과는 엄밀하게 따졌을 때 기대에 미치지 못했다. 그 결과 역시 많은 한계가 있었다는 것이 그 뒤 여러 사건을 통해 드러났다. 그런데도 남아공이 가장 성공적인 과거청산의 사례로 평가받는 이유는 여기에 있을 것이다. 무엇보다 흑인과 백인의 공존, 가해자와 피해자의 화해가 거스를 수 없는 흐름이 되도록 그 물꼬를 텄다는 것. 위원회는 위대한 일을 해냈다.

앞에서 남아공에서 용서와 진실의 교환이 가능했던 이유를 종교적 측면, 이성적 측면, 정치적 측면으로 설명했다. 투투는 이를 남아공의 헌법에도 명시된 '우분투' 정신으로 설명했다.[25] 우분투는 아프리카 대륙에서 보편적인 윤리관 혹은 세계관으로 주장되는 단어인데, 인간은 다른 인간의 거울이라는 뜻이다. 다른 말로 표현하면 '나는

---

25) 남아공 임시헌법 중 과거청산을 명시한 마지막 부분의 한 구절은 이렇다. "이제 우리는 복수가 아닌 이해가 필요하고, 보복이 아니라 배상이 필요하며, 희생이 아니라 '우분투'가 필요하다는 인식 위에서 과거의 유산을 다룰 수 있게 됐다."

너', '나와 너는 우리'라고 할 수 있다. 투투는 노벨평화상 100주년 심포지엄에서 우분투를 이렇게 설명했다.

> 나의 인격은 당신의 인격에서 나옵니다. 내가 원하든 원하지 않든, 당신의 인격이 향상되었을 때 나의 인격도 따라서 향상됩니다. 마찬가지로 당신의 인격이 비인간적이고 냉정한 것이 될 때, 나 또한 그렇게 됩니다. 용서는 실제로 자신에게 가장 이익이 되는 최상의 길입니다.[26]

위원회는 1998년 5권의 보고서를 만델라에게 제출했다. 총 2만 1,290건의 피해가 접수됐고, 가해자의 사면 신청은 7,112명이었다. 피해와 사면 신청 내역은 관보에 기재돼 국민에게 공개되고 역사의 기록으로 남았다. 2003년에는 가해자의 사면과 피해자의 보상 작업을 마무리한 보고서 제6권과 7권을 발간했다. 피해자의 진술은 1만 9,060건이 인정됐고, 사면을 받은 이들은 1,200여 명이었다. 청문회에서 나온 증언은 위원회 홈페이지(http://www.justice.gov.za/trc)에 기록돼 인류의 기록유산으로 남아 있다. 인간의 가장 잔혹한 제도와 추악한 사건이 용서와 화해의 기록으로 남은 것, 이것이야말로 위원회가 인류에게 준 가장 큰 선물일 것이다.

---

26) 앞의 책. p.86.

캄보디아 좌파 독재

초법적 국제 사법절차와 특별법 도입,

의

청산

킬링필드를 처벌하다

"'용서'라는 말은
희생자들만이
사용할 수 있는 말이다."

—스테판 에셀

한 노인이 있었다. 캄보디아에서 흔히 볼 수 있는 노인들처럼 작고 마른 체구에 좁은 어깨, 아랫배는 볼록 튀어나왔다. 바지는 배꼽까지 올려 입었다. 큰 귀, 깊이 파인 눈, 꾹 다문 입술은 강한 인상을 주었다. 뒤로 넘어지기라도 할 듯 쭉 편 등, 아래로 뻗은 팔 끝에 작게 움켜쥔 주먹. 평범한 노인이 아니란 느낌이 든다.

이 노인의 이름은 Kaing Guek Eav 혹은 Duch. 한글 표기를 어떻게 해야할지 모르겠다. 크메르어[1]의 한글 표기법에 따르면 '카잉 구엑 에아브'라고 쓴다. 수십 년간 동남아 분쟁 지역을 취재한 정문태 기자는 '카잉 꿱 이아우'라고 표기했다. 아마도 이 쪽이 더 현지 발음에 가까울 것이다. Duch는 이 노인이 공산혁명군에 들어가면서 자기에게 붙인 새로운 이름이다. 찾아보니 발음은 Doik이다. 한글로 표기하면 '도익'이지만 '뇍'에 더 가깝다. 한국 언론들은 대체로 '두크' 혹은 '둑'이라고 표기했다.

---

1) 캄보디아 공용어로 크메르족(캄보디아, 베트남, 태국, 라오스 일부)의 언어

(위) 2009년 4월 14일 국민일보 기사
(아래) 2010년 7월 27일 국민일보 기사

나는 이 노인 이야기를 두 번 신문 기사로 쓴 적이 있다. 한 번은 2009년, 또 한 번은 2010년이었다. 첫 번째 쓴 기사의 헤드라인은 '1만2,000명 학살, 내 죄를 참회합니다.'였다. '캄보디아 킬링필드 주범 카잉 귁 이압 기독인 되어 회개'라는 작은 제목을 덧붙였다. 캄보디아의 수도 프놈펜의 한 법정에 서 있는 노인의 사진도 실렸다.

이듬해 쓴 기사에서는 그의 이름을 '카익 구엑 에아브'라고 표기했다. 제목은 '킬링필드 전범 30년 만에 첫 단죄'라 붙였다. 이번 기사에서 이 노인은 고문으로 악명을 떨친 공산주의 신봉자로 묘사되었다.

두크는 1975년 캄보디아 공산당 크메르루주가 집권한 뒤 프놈펜의

고등학교를 개조해 교도소를 설치하고 운영하는 일을 맡았다. S-21
이라 불린 이 교도소는 반동분자들을 고문하는 곳이었다. 두크는 크
메르루주 중앙위원 중 가장 나이가 어렸지만, S-21의 책임자였기에
가장 잔혹한 인물로 악명을 떨쳤다.

크메르루주가 권력을 잃자, 두크는 중국으로 도피했다가 농촌 마을
프쾀에 숨었다. 그곳에서 항펀이라는 가명을 쓰면서 수학과 프랑스
어를 가르치는 교사로 살았다. 그는 기독교인이 됐다. 1999년 한 사
진기자가 찾아와 그에게 물었다. "혹시, 두크 아닙니까?" 그는 고개
를 끄덕였다. 그는 크메르루주의 전범戰犯으로 체포됐다.

국제사회는 크메르루주 시대의 학살을 단죄하기 위한 재판을 열기
로 하고 캄보디아 특별재판Extraodinary Chambers in the Courts of Cam-
bodia(이하 ECCC)를 설치했다. 내가 쓴 두 편의 기사는 이 법정에
첫 피고인으로 선 한 노인의 재판이 시작되고 끝났다는 것을 알리
는 기사였다.

자신의 죄를 뉘우친 기독교인 혹은 수만 명을 죽인 교도소장. 둘 중
어느 것이 이 노인의 참모습일까. 글쎄, 이것은 좋은 질문이 아니다.
이 노인은 현재 기독교인이고, 과거에는 교도소장이었다. 둘 다 이

노인을 설명하는 말이다. 내가 던지고 싶은 질문은 이것이다.

- 크메르루주의 최고지도자 폴 포트와 다른 '형제'[2]들은 어디로 가고, 한 낱 교도소장이 전범 재판에 섰는가.
- 크메르루주가 물러난 1979년 뒤 무려 30년이 지나서야 이를 단죄하 는 재판이 열린 까닭은 무엇인가.
- 과연 이 재판은 캄보디아의 과거를 청산하고 미래를 열어 줄 수 있을 것인가.

이 질문에 답을 찾기 위해선 우선 간략하게나마 캄보디아의 현대사 를 훑어봐야 한다.

캄보디아 0년

캄보디아라는 이름을 들으면, 대부분의 사람들은 두 가지를 연상한 다. 앙코르와트 신전과 킬링필드. 앙코르와트의 찬란한 문명을 지닌 나라가 어떻게 킬링필드가 되었는가.

---

2) 크메르루주는 집단지도체제였다. 폴 포트는 맏형 혹은 Brother No.1으로 불렸다. No.1은 크메르루주의 권력 서열이었다.

1975년 4월 17일 아침. 크메르루주의 군인들이 프놈펜 시내를 행진해 들어왔다. 미국의 하수인이었던 론 놀 대통령은 이미 4월의 첫날 헬기를 타고 프놈펜을 떠났다. 프놈펜에 남아 있던 외신기자들은 크메르루주 군인의 행렬을 이렇게 묘사했다.

프놈펜에 진군한 크메르루주 병사들

기자들은 크메르루주 군인들을 보고 깜짝 놀랐다. 그들은 농촌 지역의 어린 농사꾼들이었다. 대부분 교육 수준이 낮은 10대 소년들이었다. 도시라는 곳에 처음 와본 이들이 도시를 점령했다. 프놈펜은 그들에게 미스테리였다. 소년들은 전화를 사용하는 방법도 몰랐고, 수세식 화장실도 처음 보았다. 그들의 임무는 단순했다. 프놈펜의 모든 주민에게 총구를 들이대면서 아무것도 챙기지 말고 즉시 이 도시를 떠나 농촌으로 가라고 명령하는 것. 프놈펜을 텅 비우는 것이 그들의 임무였다. 병원의 환자들조차 흰 환자복을 입고 약병을 든 채 길을 나서야 했다. 아이들은 고함을 지르며 부모를 찾아다녔다.[3]

크메르루주의 소년병들

검은색 바지나 초록색 군복을 입은 크메르루주 군인들은 모두 앳된 소년의 얼굴이었다. 몸통보다 더 긴 AK-47 소총을 메고 손에는 포탄을 들고 있었다. 발은 슬리퍼를 신었거나 맨발이었다.

그날 오후 크메르루주의 소년병들은 프놈펜 거리의 집집마다 찾아다니며 문을 걷어찼다. 시민에게 총을 들이대며 이렇게 소리쳤다.

10분 안에 이 도시를 떠나지 않으면 총알을 받게 될 거야!

---

3) Brinkley, Joel (2011-04-12). Cambodia's Curse: The Modern History of a Troubled Land (p. 40). PublicAffairs. Kindle Edition. lo 40 of 389

병사들은 미국이 프놈펜을 곧 폭격한다고 겁을 주었다. 론 놀 정권과 이해관계를 같이 했던 프놈펜의 중산층을 해체하려는 목적도 있었을 것이다. 론 놀은 인도네시아를 거쳐 하와이로 쫓겨났다.

도시를 떠난 이들은 농촌의 집단농장에 수용됐다. 크메르루주는 모든 캄보디아인이 농촌에 가서 농사를 짓는 것이 혁명을 완성하는데 필요한 제1의 과업이라 주장했다. 1년 안에 쌀 생산량을 3배 이상 끌어올리는 것이 새로운 사회주의 정권의 목표였다. 문화대혁명의 광기를 먼저 경험한 중국은 이렇게 충고했다.

> 동지들, 천천히 하시오. 단숨에 공산주의를 실현할 수는 없소. 한번에 이루려고 하기보다는 한 걸음씩 내딛으시오. 작은 한 걸음이 모이면 큰 걸음이 되는 것이오.[4]

하지만 야심만만한 크메르루주의 혁명가들은 "중국보다 더 빠른 속도로 혁명을 완성할 수 있다."고 큰소리쳤다.

> 지금 캄보디아는 기원 0년Year Zero입니다.

---

4) 《아시아의 기억을 걷다》, 유재현(그린비, 2007), p.70. 프놈펜을 점령한 뒤 베이징을 방문한 키우삼판(후일 크메르루주 정권의 국가수반)에게 저우언라이가 한 말.

브라더 넘버 원, 폴 포트는 캄보디아의 역사를 새롭게 쓰겠다고 선언했다. 론 놀의 시대와는 다른, 캄보디아, 베트남이나 소련, 중국과도 다른 자신들만의 방식으로 사회주의 혁명을 완성하겠다는 야심찬 계획이었다. 폴 포트가 혁명 1개월 뒤 발표한 8가지 원칙을 보면 '캄보디아 0년'의 계획이 얼마나 급진적이고 무모했는지 여실히 알 수 있다.

1. 모든 도시에서 인구 추방

2. 시장 폐지

3. 론 놀 정권 통화 폐지, 혁명 정부 통화 발행

4. 모든 승려의 승적 박탈, 농민 전환

5. 론 놀 정권 고위직 인물 처형

6. 캄보디아 전국에서 공동 취사, 집단농장 건설

7. 베트남인 추방

8. 베트남 국경에 병력 강화

'기원 0년'은 프랑스혁명 시대의 표현이기도 했다.[5] 크메르루주는 1968년 유럽을 휩쓴 이른바 68혁명[6]의 영향을 받았다. 프랑스 식

---

5) 1792년 왕정제를 폐지한 프랑스 제헌의회는 기원 0년을 선언했다.
6) 1968년 5월, 프랑스에서 학생과 근로자들이 일으킨 사회변혁운동. 5월혁명이라고도 부른다.

민지 시절 파리 유학파 엘리트들이 크메르루주를 움직였다. '캄보디아식 혁명'에 심취한 크메르루주는 자신들의 조국을 처음부터 다시 '발명'하겠다고 결심했다. 크메르루주 정권의 대통령을

크메르루주의 집단농장

맡은 키우삼판은 1959년 파리 소르본 대학 박사학위 논문에서 프랑스의 캄보디아 식민지배를 분석하면서, 진정한 독립을 위해서는 농업 중심의 자립경제로 돌아가야 한다고 주장했다.

집단농장에서는 노동 외에 모든 것이 금지됐다. 교육도 종교도 개인재산도 없었다. 심지어 가족 모임까지 금지됐다. 이미 미국의 폭격으로 황폐화된 농촌에 내려간 사람들은 벼가 익기도 전에 굶어 죽었다. 집단농장에 질병이 확산됐지만 약이 없었다.

텅 빈 프놈펜에 크메르루주는 S-21을 세웠다. 이곳에서는 고문, 강간, 살인, 처형이 벌어졌다. ECCC의 검사는 크메르루주 정권이 몰락한 1979년 1월까지 이곳에서 1만2,380명 이상이 숨졌다고 밝혔

다. 크메르루주 정권하에서 목숨을 잃은 사람들은 적게는 50만 명, 많게는 200만 명에 이르는 것으로 추산된다. 이 중 상당수는 굶주림과 질병으로 죽었다.

크메르루주에 쫓겨 난 론 놀 역시 5년 앞서 1970년 3월 18일 미국을 등에 업고 쿠데타를 일으켜 정권을 잡았다. 이 전까지 캄보디아의 실권자였던 시아누크 국가원수는 1965년 미국과의 외교 관계 단절을 선언하고 친중국 노선을 표방했다. 미국도 소련도 믿지 못했던 시아누크는 시시때때로 좌와 우를 오가는 이른바 중립 외교 정책을 견지했다.

베트남과 전생 중이던 미국은 캄보디아가 중립국으로 남는 것을 원하지 않았다. 1969년 4월 당시 미국 대통령 리처드 닉슨은 "연합국의 결의를 북한 지도자에게 보여 주고자[7] 캄보디아 공습을 요청했다."고 밝혔다.[8]

론 놀은 베트남과 인접한 동부 지역에 미국의 폭격을 허용하는 대신 미국에게서 18억 500만 달러를 받았다. 오늘날의 화폐가치로 90억

---

7) 1969년 4월 미 해군 정찰기가 동해상에서 북한에 격추되는 사건이 벌어졌다.

8) 한겨레 2013년 9월 7일 21면 '정문태의 제3의 눈 – 화학무기보다 더 소름 끼치는 것'

달러, 약 10조 원에 이르는 돈이다.

미국의 폭격은 1973년 8월 미 의회가 중단을 결의할 때까지 이어졌다. 미국이 캄보디아에 퍼부은 폭탄은 모두 275만 톤이었다.[9] 폭격으로 사망한 캄보디아인의 숫자는 적게는 15만 명, 많게는 80만 명에 이르는 것으로 추산된다.[10] 미 의회에서 캄보디아 폭격 중단 문제를 토론할 때, 하원의원 팀 오닐은 이렇게 말했다.

> 캄보디아인의 생명보다 미국의 종잇장 한 장이 더 소중합니다.[11]

베트남에 주둔 중인 미군을 살리기 위해서는 베트콩이 숨어 있는 캄보디아를 폭격할 수밖에 없다는 의미다. 또 베트남의 미군 총사령관 윌리엄 웨스트모어랜드는 1974년 이렇게 말하기도 했다.

> 동양인은 서양인만큼 생명을 귀하게 여기지 않아요. 동양에서 사람 목숨
>
> 이란 너무 흔해서 싸구려 취급받죠.[12]

---

9) Brinkley, Joel, 앞의 책, Kindle Edition. pp. 39 of 389
10) 유재현, 앞의 책, p.82.
11) Brinkley, Joel, 앞의 책, Kindle Edition. pp. 39 of 389
12) Brinkley, Joel, 앞의 글, Kindle Edition pp 39 of 389

캄보디아 폭격을 주장한 헨리 키신저 미국 국무장관은 노벨평화상을

받았고, 이를 승인한 닉슨 대통령은 이 문제로 법정에 선 적이 없다. 지금까지 등장한 캄보디아의 정치권력을 다시 정리해 보자. 시아누크 왕이 캄보디아를 프랑스에서 독립시켰다. 국방장관 론 놀이 미국의 지원을 받아 쿠데타를 일으켰다. 5년 뒤 크메르루주가 프놈펜을 접수했다. 크메르루주는 시아누크를 왕으로 하는 왕정 사회주의 체제를 수립했다.

시아누크	1953~1970	입헌군주제
론 놀	1970~1975	친미 군사정권
크메르루주	1975~1978	사회주의
베트남	1979~1989	베트남 점령기
훈센	1985~2013	불교 왕정 국가(1989년 개헌)

표1. 캄보디아 독립 이후 정치체제의 변화

캄보디아 0년의 환상은 곧 무너졌다. 집단농장의 생산은 계획에 못 미쳤고, 급진적인 크메르루주 정권은 중국과 소련도 외면했다. 크메르루주는 점차 혁명을 흔드는 적을 내부에서 찾는데 몰두하기 시작했다. 아니, 스스로 불신의 늪에 빠졌다고 하는 것이 더 정확할 것이

다. S-21에는 혁명 동지들이 끌려와 고문을 받기 시작했다. 크메르 루주 정권을 유지하게 해 주는 것은 의심과 공포뿐이었다.

다음 차례는 베트남이었다. 베트남의 10만 군사는 1978년 12월 25일 국경을 넘어 프놈펜으로 진격을 시작했다. 2주일도 채 되지 않은 1979년 1월 6일 베트남군의 탱크가 프놈펜으로 들어왔다. 사람들은 크메르루주보다는 나을 것이라는 심정으로 베트남의 점령을 받아들였다. 폴 포트는 헬기를 타고 프놈펜을 빠져나갔다. 마치 3년 9개월 전, 론 놀이 그랬던 것처럼.

캄보디아를 접수한 베트남은 자신들의 침략을 정당화하기 위해 크메르루주의 학살을 적절히 이용했다. 베트남 정부는 외신기자들을 프놈펜으로 불러들여 S-21과 처형장, 많은 이들이 죽어간 집단농장을 공개했다. 기자들은 크메르루주의 대학살을 대대적으로 보도했다. 1980년대 세계적으로 유명했던 반공 영화 〈킬링필드The Killing Fields〉[13]는 이런 배경 속에서 탄생했다.

---

13) 캄보디아 주재 뉴욕타임스 특파원 시드니 쉔버그가 '디스프란의 생과 사(한 캄보디안의 이야기)'라는 글을 1980년 1월 신문에 보도했다. 1985년 롤랑 조페 감독이 이를 토대로 영화 〈킬링필드〉를 만들어 크메르루주 정권의 만행을 전 세계에 알렸다. 이때부터 킬링필드는 크메르루주 대학살을 상징하는 단어가 되었다.

킬링필드의 책임은 크메르루주의 극단적인 정책보다는 학살의 주범인 두 인물에게 돌아갔다. 크메르루주의 수장 폴 포트와 부총리 이엥 사리를 심판하는 재판이 1979년 8월 열렸다. 당시 폴 포트와 이엥 사리는 밀림에 숨어 있었다. 변호인은 있었지만, 아무런 증거도 제시하지 않았다. 피의자 없이 치러진 재판에서는 두 사람에게 사형이 선고됐다. 이 재판 결과는 국제사회의 인정을 받지 못했다. 왜? 이때까지도 캄보디아의 공식 정부는 베트남의 괴뢰정권 '캄푸치아 인민공화국People's Republic of Kampuchea'이 아니라, 크메르루주가 세운 '민주 캄푸치아'였기 때문이다. 재판이 끝난 뒤 S-21 교도소는 '투올 슬랭 대학살 박물관'으로 꾸며져 일반에 공개됐다.

아이러니하다. 크메르루주가 물러난 뒤 프놈펜에 들어선 베트남의 꼭두각시 정권, 그 주인공인 훈센은 사실 크메르루주의 동부지역 특수연대 부연대장이었다. 1977년 크메르루주의 잔혹한 숙청을 피해 베트남으로 달아났다가 2년 뒤 베트남 군대와 함께 돌아온 것이다. 2013년까지도 캄보디아의 실권을 장악하고 있는 훈센 정권에는 크메르루주 출신이 다수 포진해 있다. 크메르루주를 처벌한 이들이 바로 크메르루주인 셈이다. 훈센이 크메르루주 군 장교로 있을 때 킬링필드의 학살에 가담했는지는 아무도 묻지 않았다.

또 하나의 아이러니가 있다. 베트남에 밀려 프놈펜을 떠난 크메르루주는 그 뒤 미국과 중국, 태국의 지원을 받았다. 중국은 베트남이 소련과 손 잡은 것에 분노해 크메르루주를 도왔고, 미국 역시 자신들에게 패배를 안겨 준 베트남이 캄보디아까지 차지하며 인도차이나반도의 패권 국가가 되는 것을 원하지 않았기에 크메르루주의 편에 섰다. 태국은 이 지역에서 미국의 대리인이었다. 미국과 중국의 입김 때문에 유엔에서도 크메르루주를 캄보디아의 공식 정부로 인정했다. 덕분에 크메르루주는 1979년 이후에도 프놈펜 북서쪽 370km 떨어진 태국 접경 파일린에 해방구를 만들고 그 안에서 여전히 통치자로 군림했다. 파일린의 광산에서는 사파이어와 루비가 생산됐다. 한 때 프놈펜보다 파일린에 더 많은 돈이 넘쳐난다는 소문까지 있었다. 크메르루주의 게릴라전은 1998년 전면 투항 때까지 계속됐다. 복잡한 국제정치 속에서 무려 20년 동안 크메르루주의 게릴라전이 이어진 것이다.

베트남의 대리인으로 캄보디아의 권력을 차지한 훈센 총리 입장에선 국내에서 지지를 얻기 위해 크메르루주를 끌어안아야만 했다. 궐석 재판으로 과거사를 정리했다고 판단한 훈센은 태도를 바꿔서 "옛일을 덮고 얼룩 없는 21세기를 향해 가자.", "수갑 대신 꽃다발을 안겨 주겠다."며 크메르루주 게릴라군의 투항을 종용했다. 1998년 4월

15일 폴 포트가 밀림 속에서 숨졌고, 여덟 달 뒤인 그 해 성탄절 크메르루주의 최고 지도자였던 누온 체아와 키우삼판은 "인민들에게 엎드려 빈다."며 투항했다.

킬링필드를 재판정에 세워야 한다는 주장은 1990년대부터 국제사회에서 제기됐다. 1991년 파리평화협정으로 크메르루주의 '민주 캄푸치아'는 불법적인 조직으로 규정됐고 훈 센의 '캄푸치아 인민공화국'이 인정을 받게 된 뒤였다. 영화 〈킬링필드〉를 만들었던 미국은 1994년 캄보디아 학살 재판법을 만들었다. 유엔은 국제재판을 위해 자그마치 5,600만 달러의 비용을 지원하겠다고 나섰다. 마침내 훈센 정권도 동의했다. 1997년 12월 12일 유엔총회에서 킬링필드 재판을 결의했다.

그러나 이듬해 유엔의 전문가 그룹이 국제형사재판소 설치 방안을 내놓자 안전보장이사회가 이를 거부해 버렸다. 누구의 통제도 불가능한 국제형사재판소가 설치되면, 크메르루주 시대뿐만 아니라 론놀 정권 시대 미국의 캄보디아 폭격, 베트남 통치 시절 중국의 크메르루주 군사 지원까지 책임을 묻게 될 것을 두려워해서였다. 훈센 정권 역시 국제재판보다는 캄보디아 사법부가 주관하는 재판을 원했다. 이런 실랑이 끝에 캄보디아 사법부 아래 다국적 재판부가 참여

ECCC 법정

하는 이상한 형태의 ECCC를 설치하는 법이 2003년 5월과 10월 유엔총회와 캄보디아 의회를 각각 통과했다.

ECCC의 법정에서 심판할 캄보디아의 역사는 '1945년 4월 17일부터 1979년 1월 6일까지'라고 ECCC 설치법에 무려 8차례에 걸쳐 명시되어 있다. 이 기간은 크메르루주가 프놈펜을 점령한 기간이다. 미국의 폭격, 중국과 베트남의 대리전과 같은 게릴라전 기간은 쏙 빠져 있다.

그동안 크메르루주의 최고 지도자였던 폴 포트는 1998년 파일린의 밀림에서 사망했다. 크메르루주 최고사령관이었던 타목도 2006년 사망했다. 크메르루주의 외교장관이었던 이엥 사리는 그의 재판이 시작된 직후인 2013년 3월에 사망했다. 이엥 사리의 아내이자 크메르루주의 내무장관이었던 이엥 시리트는 2011년 치매를 이유로 석방돼 ECCC 재판을 피했다. 아시아 지역의 분쟁을 취재하는 기자들의 연합체인 '아시아 네트워크'의 정문태 기자는 ECCC를 이렇게 비판했다.

캄보디아 특별 재판이라는 이름을 단 이 재판은 출발도 과정도 모두 음모였고 따라서 그 결과도 음모로 끝날 수밖에 없다. 이 재판이 걸고 나온 범죄자 처벌과 사회통합과 희생자 위로는 처음부터 핑곗거리였다. 결코, 이 재판이 끝난다고 캄보디아 사회가 학살의 비극사로부터 벗어날 수 없다. 그건 역사가 증명하고 있다. 이런 정치적 재판은 1979년 베트남 괴뢰정부 아래서도 있었다. 인민학살 책임을 물어 폴 포트와 이엥 사리를 궐석재판에서 사형선고까지 내렸지만 역사적 상처가 지워지기는커녕 더 도지기만 했다. 그 재판과 이 재판이 다른 건 딱 하나다. 그때는 선전용으로 베트남 침략군이 주물렀고 이번에는 은폐용으로 유엔을 앞세운 미국이 주무르고 있다는 것뿐이다. … 오직, 원인도 과정도 모조리 숨긴 채 크메르루주에게 모든 책임을 뒤집어씌우고 미국과 국제사회는 그 잔혹사로

부터 영원히 도망치겠다는 게 이 재판의 본질이다.[14]

유고슬라비아와 르완다 대학살 국제재판에 참여했던 루이스 아버 국제위기그룹ICG 이사장은 아사히신문 인터뷰에서 ECCC를 이렇게 평가했다.

몇 명의 노인을 신뢰성이 낮은 재판에 세운다고 해서 희생자나 국가가 도 대체 무엇을 얻을 수 있을까요.[15]

비판과 냉소, 의혹 속에서 ECCC는 문을 열었다. ECCC의 첫 번째 피고인은 S-21의 책임자, 두크였다. 과연, 캄보디아는 ECCC의 법정에서 과거사를 청산하고 새로운 미래를 열 수 있을 것인가.

두크의 탄생

2009년 3월 30일. 프놈펜 외곽 캄보디아군 총사령부 건물에 설치된 특별 법정에서 재판이 시작됐다. 킬링필드의 피해자들을 오랫동안

---

14) 《현장은 역사다》, 정문태《아시아네트워크, 2010), p.411~412.
15) 《축의 이동》, 후나바시 요이치, 오대영·김동호 옮김(중앙북스, 2010), p.100.

조사한 끝에 처음으로 피고인이 출석하는 날이었다. 방청석은 피고인의 얼굴을 보기 위해 몰려든 사람으로 꽉 찼다.[16]

재판관들이 등장하자 카메라 기자들이 플래시를 터트렸다. 판사가 서 있는 자리 뒤에는 3개의 깃발이 걸려 있었다. 캄보디아 왕국 국기, 유엔 깃발, 그리고 ECCC를 상징하는 깃발이었다. ECCC의 깃발은 유엔 깃발처럼 월계수 잎이 좌정한 크메르왕을 에워싼 모양이었다. 5명의 재판관 중 3명이 캄보디아인이었고, 다른 2명은 프랑스와 뉴질랜드 출신이었다. 재판장은 기자들을 물리친 뒤 입을 열었다. 크메르어였다.

재판장 오늘 캄보디아 민중과 국제연합의 이름으로, 2004년 10월 27일 제정된 '민주 캄푸치아 시기에 행해진 범죄의 처벌을 위한 캄보디아 사법부 내 특별 법정 설립에 관한 법'에 따라 캄보디아 사법부 특별 법정 공판이 시작됨을 선포합니다. 사건 번호 001번, 피고인 66세의 카잉 구엑 에아브 혹은 두크가 인류를 어기고 1949년 8월 12일 제정된 제네바 인권 헌장을 위배하였으며, 1956년 제정된 캄보디아 형법 501조와 506조의 살인 모의,

---

16) ECCC 법정에 관한 세부 묘사는 티에리 크루벨리에의 책 《자백의 대가》(글항아리, 2012)를 참고했다.

500조의 고문에 해당하는 범죄를 저질렀다는 혐의에 대한 심문
을 시작합니다.

하얀색 반팔 셔츠에 검은 바지를 입은 두크가 등장했다. 그와 방청석
사이는 커다란 강화유리가 막고 있었다. 그의 뒤에는 재판정 경호원
들이, 그의 앞에는 ECCC가 알선한 변호사들이 앉았다. 그는 크메르
어로 말했다. 통역관이 영어와 프랑스어로 즉시 번역했다.

두크 제 이름은 카잉 구엑 에아브 혹은 두크입니다.
재판장 다른 이름을 쓴 적이 있나요?

두크 존경하는 재판장님, 제가 태어나 석 달이 지났을 때 아버지는 윤 치우라는 이름을 지어주셨습니다. 호적에도 그렇게 올라갔습니다. 제 본명은 카잉 치우입니다. 그 뒤 동네 점쟁이 선생이 제게 인 키우라는 이름을 주었습니다. 학교에 입학한 뒤에는 카잉 키우라는 이름을 썼습니다. 1957년 제가 초등학교에서 시험을 치를 때 아버지의 허락을 받아 이름을 카잉 구엑 에아브로 썼습니다. 그뒤 제가 혁명에 참가하면서 저는 두크라는 이름을 함께 썼습니다. 두크는 당시 저의 혁명 이름이었습니다. 그 뒤 1986년 중국으로가서는 항핀이란 이름을 썼습니다. 1988년 중국에서 돌아왔지만 그 뒤에도 항핀이란 이름을 썼습니다.

1942년 11월 17일 캄보디아 중부 프놈펜에서 북쪽으로 100km 가량 떨어진 농촌 마을에 한 아이가 태어났다. 동네의 점쟁이는 이 아이의 불길한 미래를 예감했다. 점쟁이의 말을 듣고 부모는 이름을 인 키우로 바꾸었다. 사춘기가 된 아이는 자신의 이름이 마음에 들지 않았다. 바꾼 이름이 오히려 자신의 운명이 불길해질 것이라는 예언을 떠올리게 만들었다.

어린 시절의 친구들은 두크가 밖에서 노는 것보다 집에서 책 보는 것을 더 좋아했던 성실한 아이였다고 전했다. ECCC의 법정에 선 친구

마룬은 "몸이 너무 말라 머리가 커 보였다. 친구들은 그를 '큰 머리' 라고 놀렸지만 한 번도 화를 내지 않았다."고 말했다.

캄보디아는 이 아이가 10살이 되던 해인 1953년 11월 9일 프랑스 의 식민지배에서 벗어났다. 29살의 국왕 시아누크는 인도차이나 반 도 신생 비동맹국의 정치 지도자로 떠올랐다. 그는 민주적 총선거 를 권고하는 국제사회의 요청을 뿌리치고 1955년 자신에 대한 신 임 투표를 실시했다. 선거의 슬로건은 "당신이 왕을 사랑한다면 흰 곳에 투표하고, 사랑하지 않는다면 검은 곳에 투표하시오."였다. 물 론 99.8%가 '사랑'을 표시했다. 시아누크는 2년 뒤 왕위를 부친에게 넘기고 선거에 출마해 총리가 되었다. 캄보디아 국민은 시아누크를 좋아했지만, 대부분 농민인 이들은 독립 이후에도 여전히 가난했다.

인도차이나 반도에도 사회주의가 열병처럼 확산되고 있었다. 훗날 크메르루주의 주축이 되는 젊은이들은 식민종주국 프랑스에서 혹은 태국에서 사회주의에 눈을 뜨고 매혹당하고 있었다.

어린 두크도 책을 통해 불교와 사회주의에 눈을 떴다. 중국계였던 소년은, 마오쩌둥이 권력을 쥔 중국이 자랑스러웠다. 15살이 된 소 년은 아버지를 졸라 이름을 다시 바꾸었다. 어릴 때 불렸던 중국식

이름을 되살렸다.

소년은 모범생이었다. 학창시절 친구들은 두크를 수학, 물리학, 화학을 잘해 늘 1등을 했던 학생, 의리가 있고 친구들과 나누기를 좋아해 인기 있었던 아이로 기억했다. 가난한 친구가 병원비가 없어 쩔쩔 맬 때 돈을 모아 치료비를 마련해 주는 일을 주도하기도 했다.

두크는 또래 여학생 2명과 다른 친구까지 4명이서 함께 하는 독서 모임도 만들었다. 이때 모임을 함께한 첫사랑 소녀 쑤삿과는 훗날 ECCC 법정에서 다시 만나기도 했다. 독서 모임의 멤버였던 훗 치엉 카잉은 ECCC에 증인으로 출석했을 때 눈물을 글썽이며 이렇게 말했다.

> 1979년 이후였나, 누군가 저에게 S-21 교도소의 책임자가 바로 카잉 구엑 에아브였다고 이야기를 했어요. 처음에는 믿을 수가 없었어요. 아주 착한 친구였거든요. 민주 캄푸치아 정권이 사람을 그렇게 만든 겁니다.

두크는 고교 졸업 시험에서 전국 2등의 수학 성적을 기록했다. 프놈펜의 명문 시소와트 사범학교에 진학했다. 학교는 부유한 도시인의 자녀와 농촌 출신의 수재들 사이의 갈등으로 들끓었다. 프랑스에서

교육을 받고 온 교사 중에는 공산당원이 많았다. 시아누크 정권의 탄압 때문에 드러내진 못했지만, 학생들에게 현실의 모순과 혁명의 철학을 전달하려 애썼다. 학생들 사이에선 사회주의와 자유주의, 제국주의와 혁명의 사상을 두고 치열한 논쟁이 벌어졌다. 수학 교사가 되고 싶어 했던 조용한 학생 두크도 그 열기에 휩싸였다. 평소 자신을 따뜻하게 돌봐 주며 부패와 불의를 비판했던 교사들이 경찰에 체포당하는 것을 보고 큰 충격을 받고, 1964년 지하 게릴라 형태의 공산당에 가입했다. 이듬해 두크는 학교를 졸업하고 고향과 가까운 북쪽 농촌 마을 스쿤에서 수학 교사가 되었다.

그는 늘 낡은 자전거를 타고 다니며 마오쩌둥 어록을 읽었다. 형편이 어려운 제자들을 위해서 방과 후에 공짜로 과외를 해 주기도 했다. 그는 ECCC 법정에서 이렇게 말했다.

> 마오의 책 중 『올바른 사상은 어디에서 오는가』라는 소책자에 이런 구절이 있어요. '수많은 꽃송이에 꽃잎이 피게 하라. 백 가지 정치 이론을 받아들여 논쟁하게 하라.百花齊放 百家爭鳴.' 저는 이 글귀가 정말 가슴에 사무칠 정도로 좋았습니다.

그 시절의 제자 중에는 훗날 크메르루주의 탄압을 피해 외국으로 달아나 미국 캘리포니아에 정착한 이도 있었다. ECCC 법정에서 두크를 변호하기 위해 미국에서 달려온 이 제자는 "역사는 그를 괴물이라고 기록하겠지만, 저는 친절하고 부드러웠던 선생님으로 기억한다."고 말했다.[17]

그는 충실한 공산당원이었다. 7,000리엘의 교사 월급 중 1,000리엘만 자신이 가지고 나머지는 모두 당을 위해 바쳤다. 하지만 행복한 카잉의 시간은 오래가지 않았다.

1965년은 두크의 인생에 매우 중요한 해였다. 교사가 된 그는 공산당 지하조직 활동을 본격적으로 시작한다. 게릴라군을 위해 총과 탄알을 만들고 수리하는 지하공장에서 일하다 다치기도 했다. 무엇보다 이 때 이름을 두크로 바꾸었다.

> 제 이름 '카잉'은 중국어라 크메르어로 된 이름이 필요했어요. 그래서 제 마음에 드는 두크라는 이름을 골랐지요. 할아버지가 좋아하는 실력 있는 조각가의 이름이 두크였는데 그가 만든 불상이 집에 있었어요.[18]

---

17) GRANT PECK,"Cambodian torture suspect recalled as kind teacher"(AP Worldstream, March 27, 2009)
18) 〈자백의 대가〉, 티에리 크루벨리에, 전혜영 옮김, (글항아리, 2012), p.46.

1967년 4월 크메르루주는 북서부 삼라우트 지역에서 대규모 무장 봉기를 일으켰다. 론 놀 정권은 무참하게 진압했다. 봉기에 가담했던 농민들은 산으로 숨어 크메르루주에 합류했다.

두크는 크메르루주에 헌신하기로 했다. 1967년 10월 21일 그는 첫 사랑이었던 쑤 삿과 그녀의 남편을 만나 인사를 나눈 뒤 남서쪽으로 떠났다. 한 달 뒤인 11월 25일, 그는 캄보디아 카르다몸 산맥의 숲 속에서 혁명을 위해 공산당에 충성을 다하겠다는 서약을 했다. ECCC에서 이날을 회상하던 두크는 갑자기 팔꿈치를 직각으로 구부린 뒤 팔뚝을 머리까지 들어올렸다. 혁명대원의 인사법이었다.

주먹 쥔 손을 드는 행위는 배신하지 않겠다는 뜻이에요. 저는 한 번도 조직을 배신한 적이 없어요.

그러나 불과 40일 뒤인 1968년 1월 5일, 두크는 캄보디아 경찰에 체포됐다. 크메르루주의 무장 투쟁 작전 개시일을 12일 앞둔 시점에 벌어진 대대적인 소탕이었다. 재판도 없이 형무소에 수감된 두크는 음력설인 1월 30일 북베트남의 베트콩이 미국을 향해 대규모 기습 공격을 시작했다는 소식을 들었다.

아이러니하게도 훗날 크메르루주의 교도소장이 되는 두크는 론 놀 정권의 프레이 쏘 교도소에서 고문 기술을 배운다.

> 저는 혁명을 위해 싸우는 한 사람으로 혁명을 위해 고문을 이겨 낼 준비가 돼 있었습니다. 두려울 것이 없었어요. 언젠가는 제가 바라는 날이 올 거라는 걸 예감했습니다.

그가 시아누크 정권의 교도소에서 배운 것은 고문 기술만이 아니었다. '반동'을 고문하는 것은 정당하다는 신념을 받아들였고, 폭력에 익숙해지기 시작했다. 그는 ECCC 법정에서도 고문은 필요악이라고 강변했다.

> 고문을 없앤다는 것이 과연 가능한 일입니까. 여러분은 죄수에게 가하는 고문과 형벌이 범죄 행위라고 봅니까? 고문과 처형이 사악한 행동이라는 것은 알았지만, 혁명을 이루기 위해 어쩔 수 없이 거쳐야 하는 필요악이라고 저는 생각했습니다. 지난날 일어난 사건을 모른 척하며 저 자신을 숨기며 살고 싶지는 않습니다. 그러니 저를 제대로 심판해 주십시오.

그가 교도소에 있는 동안, 캄보디아의 역사는 더욱 격렬하게 요동쳤다. 앞서 언급했듯이, 1969년 미국은 캄보디아를 향한 공중폭격을 시작했다. 베트콩의 은신처를 없앤다는 명목이었다. 이듬해 3월에는 국방장관 론 놀이 쿠데타를 일으켰다. 미국을 등에 업고 시아누크를 몰아낸 론 놀은 정치범 석방을 실시했다. 두크도 4월 3일 풀려났다. 두크는 크메르루주가 지배하던 '해방구'로 들어갔다.

크메르루주의 해방구에서 두크는 M-13이라 불린 지역 교도소를 관리하는 업무를 맡았다. M-13은 크메르루주가 붙잡아 온 론 놀의 병사들을 고문하는 곳이었다. 때로는 론 놀의 간첩으로 보이는 농민과 청년이 M-13에 붙잡혀 들어오기도 했다. 크메르루주의 해방구에는 매일 같이 미국의 폭격이 이어지던 시기였다. 두크는 자신이 혁명에 뛰어든 이유였던 농민과 청년을 고문하는 일이 내키지 않았다고 했지만, 그런 고민은 사치에 가까웠다. 두크는 죄수의 자녀를 집으로 데려다 돌보기도 했지만 병에 걸려 죽었다. 두크는 ECCC 법정에서 M-13 시절을 회고하면서 이렇게 말했다.

나는 비밀경찰 업무가 싫었습니다. 하지만 저는 거기에 발을 담가야 했습니다.

두크는 M-13 시절에는 자신이 직접 수감자를 때리며 고문한 적이 있다고 시인했다. M-13은 ECCC 법정의 심판 대상이 아니었다. 크메르루주가 프놈펜을 점령한 뒤 그는 S-21을 설립하는 일을 맡았고, 얼마 뒤 이곳의 책임자가 되었다.

1979년 베트남의 캄보디아 침공으로 크메르루주 정권이 무너지자, 두크는 동료들과 함께 쫓기는 신세가 됐다. 그가 기독교를 접한 것은 1992년 프콤이란 시골에 피신해 있을 때였다. '항핀'이라는 가명을 쓰면서 학교에서 수학과 프랑스어를 가르치던 중, 이웃에 살던 수온시토라는 농부를 따라 동네 교회에 출석했다. 그곳에서 거듭남을 체험한 그는 열렬한 기독교 신자가 되어 이웃에게 기독교를 전하고 교회 출석을 권했다.

두크는 아예 자신이 가르치던 학교 옆에 건물을 얻어 교회를 개척했다. 학생은 물론 동료 교사와 이웃에게도 복음을 전했다. 두크의 장녀인 키 시에프킴은 "아버지가 매일 밤 우리와 함께 기도를 했고 일요일마다 성경을 들고 와 온 가족 앞에서 읽어 주었다."고 회상했다.

하지만 그는 늘 쫓기는 신세였다. 1998년에는 동료 교사가 프놈펜의 대학살 기념관에서 그의 사진을 발견하고 피신을 권했다. 그는 도망을 다니면서도 주변 사람들에게 "기독교를 믿어라."고 전하고 교회를 세우려고 애썼다.

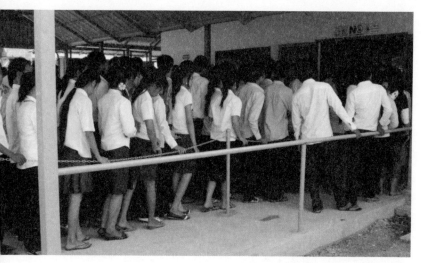

ECCC 법정에 들어가려고 줄을 선 캄보디아 시민들

두크는 1999년 5월 10일 체포됐다. 당시 그는 미국계 구호단체 월드 비전에서 일을 하고 있었다. 한 사진기자가 찾아가 확인을 요청하자 그는 순순히 자신이 대학살을 주도한 두크라고 인정했다. 언론 보도 직후 체포된 두크는 프놈펜에 있는 군사 형무소로 이송돼 ECCC의 재판이 열릴 때까지 10년이 넘게 수감돼 있었다.

ECCC의 재판 이틀째인 2009년 3월 31일. 이날도 방청석은 재판이 시작되기 몇 시간 전부터 가득 찼다. 방청객은 대부분 농사꾼이라는 걸 그들의 구릿빛 얼굴과 갈라진 피부 결을 보면 알 수 있었다. 재판부는 방청객이 호랑이 연고를 가지고 들어오는 것을 금지시켰다. 지독한 박하 향기 때문이었다. 판사가 들어와도 자리에서 일어나지 않는 방청객도 있었다. 재판 참석이 처음이기 때문이었다. 아마도 여기에 오기 위해 새벽부터 일어났을 것이다. 오후까지 이어지는 재판 중에 조는 사람도 속출했다.

검사는 전날부터 이틀 동안 두크의 죄악을 상세하게 늘어놓았다. 모든 범죄 혐의를 묵묵히 듣고 있던 두크에게 마침내 발언의 기회가 주어졌다. 두크가 종이 한 장을 들고 몸을 일으키자 재판정 안의 기운이 달라졌다. 사람들이 일제히 그를 주목했다. 두크는 재판관 한 사람 한 사람에게 찬찬히 시선을 준 뒤 조금은 긴장한 목소리로 말을 시작했다. 그의 이야기는 20분 가까이 이어졌다.

> 존경하는 재판장님, 저는 우선 검사님이 상세히 설명한 캄보디아의 역사적 사건을 좀 이야기하려 합니다.
> 캄보디아 사람들은 1966년 론 놀 장군이 농민을 죽인 그때부터 이미 이런 학살을 겪어 왔습니다.[19] 나중에 1970년 3월 18일 쿠데타가 터지자 모든 정치 세력들이 경쟁적으로 학살을 저질렀습니다. 그리고 1975년 4

---

19) 1960년대 후반 농민 봉기와 이를 론 놀 총사령관이 잔혹하게 진압한 일을 지칭한다.

월 17일[20] 이 죄악은 민주 캄푸치아 정권이 독점하게 되었지요. 제가 법 앞에 말씀드리고 싶은 내용은 이것입니다.

다음으로 저는 이렇게 말씀드리겠습니다. 크메르루주가 프놈펜에 입성한 그날부터 1979년 1월 6일까지 민주 캄푸치아 정권은 캄보디아에서 벌어진 죄악에 전적으로 책임이 있습니다. 주요 증거는 1976년 당 강령입니다.

강령 제1장에 캄보디아 공산당은 사회 모든 부분에서 사회주의 정권을 이끈다고 명시했습니다. 이것이 제가 ECCC에 제출하고 싶은 증거입니다.

첫째, 폴 포트는 정권을 쥔 뒤부터 거칠어졌습니다. 그는 사람들의 생살여탈권을 손에 쥐었습니다. 이 시기의 죄악은 너무나 큽니다. 캄푸치아 공산당의 당원으로서 저는 이 시기 당이 저지른 범죄에 정신적인 책임이 있습니다. 저는 죄악의 모든 희생자에게 유감과 깊은 슬픔의 뜻을 표시하고 싶습니다.

S-21에서 저질러진 죄악에 대해선 다시 별도로 제 뜻을 표시하고 싶습니다. 저는 법적인 수단을 통해 제 책임을 다하겠습니다. 저는 S-21에서 저질러진 죄악, 특별히 그곳에서 저지른 고문과 처형에 제가 책임이 있다는 점을 강조하고 싶습니다.

조사단과 함께 교도소와 처형장 현장을 조사할 때에 제가 이미 말씀드렸

---

20) 크메르루주 인민해방군이 프놈펜에 입성한 날.

듯이, 저는 지난 정권의 생존자들과 S-21에서 잔혹하게 숨진 이들의 유족에게 잘못을 고하고 싶습니다. 사과를 받아 주시길 간청합니다.

제가 이렇게 사죄한다는 것을 사람들이 알아주시길 바랍니다. 또 제가 지금 용서를 구하는 것이 아니란 점도 알아주시길 바랍니다. 저는 제가 사람들에게, 특히 어린 아이들과 여성에게 범죄를 저질렀다는 점을 명확히 인정합니다. 용서받을 수 없는 죄를 저질렀습니다. 부디 제가 용서를 구할 수 있도록 마음의 문을 열어 주시기만을 간청할 뿐입니다.

저는 후회합니다. 지난날을 돌아볼 때마다 저는 고통을 느낍니다. 특히 제 책임 아래 제가 지시한 일로 여자와 아이들까지 무고한 사람들이 아픔을 겪었던 것을 생각하면, 비록 제가 앙카르[21]의 지시를 받아서 행한 일일지라도 저에게 모든 책임이 있다는 걸 인정할 수밖에 없어요.

이미 조사관에게 말씀을 드렸지만, 저는 희생양입니다. 그 정권에서 제가 맡은 역할이 사람을 죽이는 것이었습니다. 사람들이 저를 겁쟁이라 부르고 악한이라 여긴다고 해도 저는 그 모든 비난을 받아들이겠습니다.

그때 저는 제 가족의 생명만을 소중하게 생각했습니다. 위에서 내려오는 명령이 잘못된 것이란 점을 알았지만 저는 거역할 생각조차 못했습니다. 저도 목숨을 걸어야만 했으니까요. 저뿐만 아니라 제 가족 모두의 목숨을요.

---

21) 크메르루주의 혁명 전위조직을 일컫는 속칭. 캄푸치아 공산당 중앙위원회 내의 최고권력부 혹은 비밀경찰 조직인 산테발을 지칭할 때 쓰인다.

S-21에 책임자로서 저는 명령을 따르는 것 말고 다른 방법은 생각도 못했습니다. 하지만 전 알고 있었습니다. 제가 명령을 따르면 수많은 사람의 목숨이 달아난다는 것을 말이죠. 지금은 무척 후회하고 부끄럽습니다. 저의 친척들도 그곳에서 희생을 당했습니다. 그들은 저를 무척 미워했을 겁니다.

제가 지금에 와서 할 수 있는 일이라야 ECCC의 조사에 협력하는 것뿐입니다. 그것만이 제가 저지른 죄악의 짐을, 제가 느끼는 고통을 덜어줄 수 있으니까요. S-21에서 저질러진 모든 악행에 관해서라면 저는 ECCC에 정직하게 충실하게 모든 것을 밝히고 법원의 판결에 따르겠습니다.

마지막으로, 저는 ECCC에 계속 협력하며 법정에서 모든 질문에 답하겠습니다. 존경하는 재판장님, 제가 여러분 모두에게 제 인생의 후회를 표시할 기회를 주시겠습니까? 저는 제 일을 좋아한 적이 한 번도 없습니다. 1975년 5월에 다른 자리로 옮겨 달라고 요청했지만 받아들여지지 않았습니다. S-21을 설립하는 일을 맡았습니다. …

1978년 3월 13일 동지였던 홍마저 체포됐을 때 저는 제 목숨도 얼마 남지 않았다는 걸 직감했습니다. 사람들이 처형장으로 보내질 때 저 또한 괴로워서 더는 사무실에 앉아 있을 수 없었습니다. 1979년 1월 7일 우리 집 앞으로 베트남군의 탱크가 지나가는 것을 보고 제 가족은 그날 밤 도망을 갔습니다. 1년 동안 도피하면서 저는 제 주변의 모든 사람을 잃었습니다. 제 형제와 사촌들 8명이 죽었고, 폰 동지 부부도 죽었고 다른 동지들도 죽었습니다. 마지막으로 저와 제 아내, 그리고 2명의 자녀만 살아남았습니다.

제가 마지막으로 찾아낸 해결책은 기도하는 것이었습니다. 희생자들에게 용서를 구하는 기도를 드리다 보니 나중엔 캄보디아의 모든 희생자를 위해서 기도하게 되었습니다. 매년 11월 17일이면 저는 종일 기도만 드리곤 했습니다.

과거사 청산을 위한 법정에 전범으로 선 인물이 자신의 잘못을 순순히 인정하는 것은 무척 드문 일이었다. 하지만 두크 역시 자신의 임무는 윗선의 지시였고 고문과 처형 같은 직접적인 악행은 부하 직원들의 몫이었다며 자신의 손에는 피가 묻지 않았다는 점을 애써 강조했다.

그것은 어느 정도는 사실이었다. 두크는 수학 교사였던 자신의 재능을 살려 S-21의 모든 자료를 체계적으로 정리했다. 수감자는 S-21에 들어오는 순간 사진이 찍혔고, 모든 결정은 날짜와 함께 기록돼 알파벳순으로 보관되었다. 크메르루주의 마지막 순간 달아날 때에도 두크는 자료를 폐기하지 않았다. 그는 30년도 더 지난 뒤에도 법정에서 자신이 필요한 문서가 어디에 분류돼 문서 번호가 몇 번이고 몇 페이지에 그 내용이 있는 지까지 정확하게 기억해냈다.

베트남군이 1979년 S-21에 들어섰을 때, 감옥은 텅 비어 있었지만 캐비닛에는 6,000장 이상의 사진과 3만여 명의 수감자 관련 서류가 고스란히 남아 있었다. 어떤 면에서는 그것이 두크의 가장 큰 잘못이었다. 크메르루주 산하에는 200여 개의 감옥과 고문시설이 있었지만, 누가 그곳에 수감되었고 어떻게 되었는지 기록이 남아 있는 곳은 S-21뿐이다. 또한 그 사실을 공개적으로 시인하고 잘못을 인정한 사람도 두크가 처음이다. 그가 사건번호 001, ECCC의 첫 번째 재판정의 피고인이 된 이유다.

S-21, 죄악의 언덕

S-21이란 이름에서 S는 크메르루주 비밀경찰 산테발Santebal의 머리글자다. 원래 불교 용어인 산테발은 질서와 평화를 유지하기 위해 애쓰는 자를 일컫는 말이다. 산테발은 프랑스의 대간첩조직을 본 떠 론 놀 정권의 협력자를 처벌하고, 혁명에 반대하는 이들을 '재교육'하고, 미국과 소련 및 베트남의 간첩을 잡아 처벌했다. 사법부가 사실상 없었던 크메르루주 정권에서 산테발은 사법권까지 행사하는 강력한 조직이었다. 이 중 프놈펜의 중앙 교도소에 21이라는 숫자가 붙은 이유는, 처음 이곳의 책임자였던 나트Nath의 야전 무전기 호출

번호가 21번이었기 때문이다.

프놈펜 시내 남쪽 113번가와 131번가 사이 모퉁이에 있는 S-21은
원래 고등학교였다. E자 형태의 건물은 1979년 베트남군이 크메르
루주를 몰아낸 뒤 '투올슬랭 대학살 박물관'으로 바뀌었다. '투올슬
랭Tuol Sleng'은 죄악의 언덕이란 뜻이다. 추모관에는 당시 찍었던 수
감자들의 사진 2,000여 장이 빼곡히 전시된 것을 볼 수 있다. 1979
년 베트남이 크메르루주를 쫓아내고 이곳에 왔을 때 찍은 사진도 걸
려 있다. 시체가 널려 있고, 놀랍게도 한구석에는 아이들이 살아 있
었다. 고문에 쓰인 기구도 실물 그대로 전시돼 있다. 욕조와 같은 일
부 고문 기구는 베트남군이 나중에 재현을 위해 만든 것이다.

투올슬랭은 캄보디아의 고대 사원 앙코르 와트와 함께 가장 유명한
관광지가 되어 버렸다. 그런 투올슬랭의 모습은 이곳의 관리자였던
두크의 재판과 묘하게 닮아있다. 무엇이 S-21을 만들었는지, 학살의
잘못에서 우리는 무엇을 배워야 하는지 성찰하게 해 주는 것은 없었
다. 마치 포르노 비디오처럼, 단지 크메르루주 시절 이곳에서 드러
났던 살과 피와 신음 소리만을 크게 확대하여 눈앞에 보여 주는 데
에 집착하고 있다.

S-21

두크가 프놈펜에 온 것은 크메르루주가 프놈펜을 점령하고도 2개월 이 더 지난 뒤인 1975년 6월 21일이었다. 그를 부른 사람은 손센. 산테발과 인민해방군을 함께 거느린 인물이다. 손센은 M-13의 임 무를 성공적으로 해낸 두크에게 비밀 임무를 맡겼다. 론 놀 정권의 관료와 장교, 귀족, 이들과 영합한 부자 상인들을 잡아다 지난 정권 의 비밀을 캐내는 작업이었다. 두크는 론 놀 정부의 정부기관 건물 을 뒤져 고문과 관련된 자료를 찾아내면서, 한편으로는 S-21 설립 계획을 마련했다.

그해 8월 15일. 프놈펜 기차역에서 손센은 두크와 나트를 불렀다. 손센은 산테발 아래 200여 개의 교도소를 설치하기로 하고, 이 중 프놈펜에 설치할 크메르루주 중앙위원회 직속 교도소인 S-21과 재교육장인 S-24의 최고 책임자로 나트, 부책임자로는 두크를 임명했다. S-21의 처음 임무는 론 놀 정권의 인사들을 잡아 처벌하는 것이었다. 프놈펜 외곽의 텅 빈 고등학교 건물에서는 이른바 숙청이 이뤄졌다. 혁명 1주년을 앞둔 1976년 3월 30일, 크메르루주는 대대적인 개혁을 추진한다. 이날 S-21에 전달된 공문은 이런 내용을 담고 있었다.

우리 혁명을 완벽히 완수하고 사회주의적 민주주의를 강화하기 위해 '으스러뜨릴 권리'[22]를 각 지역 위원회와 중앙위원회, 실행위원회와 수뇌부에 각각 부여한다.

이 공문을 받아 든 두크는 전율했다.

역사적인 전환점이다. 이전까지는 주로 론 놀 정권의 관료들을 으스러뜨리는 것이 우리의 일이었는데, 이때부터 당내 인사들을 숙청하는데 주력하게 되었다. 폴 포트는 계급 착취를 없애고 사적 소유와 종교, 학교, 관료

---

22) 영어로는 smashing이라 번역되었다. 이 단어는 사형을 완곡하게 표현하는 크메르루주의 어법이었다.

주의를 없애겠다고 선언했다. 이제 우리는 우리 안에 적이 침투하지 못하도록 내부의 혁명적 경계 태세를 강화해야 한다.

S-21의 책임자이자 두크의 상관이었던 나트도 군부에 끌려갔다. 두크가 S-21의 책임자가 되었고, 이곳에는 어제의 동지였던 이들이 붙잡혀 오기 시작했다. S-21은 특별히 크메르루주 중앙위원회와 군, 산테발, 프놈펜 거주자를 포함한 주요 인물 중 간첩으로 지목된 이들을 수용하게 된다. 두크의 임무는 그들에게 CIA나 KGB, 베트남 공산당의 첩자라는 자백을 받아내는 것이었다.

CIA와 KGB라는 단어는 미국이나 소련의 정보조직을 일컫는 말이 아니었다. 고문받는 이들도 대부분 이 말이 무슨 뜻인지 몰랐다. 그래도 그들은 자신들이 CIA와 KGB를 위해 일했다고 자백해야 했고, 자신들과 함께 CIA나 KGB에 가담한 이들의 이름을 말해야 했다. 1명이 끌려오면 2명의 조직원이 밝혀지고, 그 2명은 다시 4명의 간첩을 지목하는 식이었다. 장관은 부하 직원을, 아버지는 아내와 자식을 간첩이라고 시인해야 했다. 두크는 당시의 상황을 이렇게 묘사했다.

어느 농촌 지역의 사람들이 무더기로 S-21에 끌려온 적이 있습니다. 그 지역의 보안 책임자가 체포되면 그 상관부터 그 조직의 다른 이들이 줄줄이 잡혀 오는 것이죠. '대나무를 자를 땐 가시부터 쳐내라.'는 호찌민의 혁명 전술을 우리가 실천한 셈입니다.

S-21은 수감자가 혁명의 배신자인지, 미국의 간첩인지 판명하는 곳이 아니었다. S-21에 끌려오는 이들은 이미 간첩으로 결정되었다. 원칙적으로 살아서 나갈 수 없었다. S-24 혹은 츠엉엑이라는 재교육장은 곧 처형장으로 바뀌었다. 두크의 임무는 수감자들의 자백을 받아 내 산테발의 판단이 옳다는 것을 입증하는 것이었다. 두크는 자신이 받아 낸 자백에 대해 이렇게 말했다.

초기부터 저는 이 사람들의 자백이 진실인가에 대해 회의적이었습니다. 상부에서 요구했기 때문에 어쩔 수 없었어요. 자백은 또다시 다른 '혁명의 장애물'을 처단하는 증거로 이용됐습니다. 사실 제 상부도 이 자백이 진실이라고 믿지는 않았을 거라고 생각합니다.

두크가 수학 교사 출신이었다는 것을 기억하는가? 그의 임무는 자백을 받아 내는 것과 그 자백을 정리해 조직도를 만들어 내는 것이었다. 여러 사람의 자백에 등장하는 이름을 엮어 배반자들의 명단을 만들어 내다보면, 크메르루주의 고위 인사들의 이름까지 등장하게 되었다.

ECCC의 법정에는 다양한 사람들이 증인으로 등장했다. 77회에 걸쳐 열린 재판에는 S-21에서 살아남은 수감자는 물론, 두크의 부하 직원, 그의 옛 제자와 친구들도 나왔다. S-21의 생존자인 춤 메이는 "우리는 두 번이나 피해를 당했다."고 항변했다.[23]

"저는 결코 만족할 수 없습니다." 몇 안 되는 생존자 중 한 사람인 79세의 춤 메이는 12일간의 잔혹한 고문을 증언한 뒤 울부짖었다. "우리는 두 번 희생자가 되었습니다. 크메르루주 때 한 번, 지금 또 한 번입니다." 그는 ECCC의 법정에서 증언을 마치고 나와 진흙투성이의 앞마당에서 소리쳤다. "두크가 지금 있는 저 감옥은 너무 편안합니다. 에어컨이 있고 하루 세 번 식사가 나옵니다. 선풍기도 있잖아요. 나는 배설물이 뒹구는 바닥에 앉아 있었는데!"

크메르루주가 프놈펜에 들어오기 전까지, 춤 메이는 견인차 수리공으로 살았다.

1975년 4월 17일, 그들이 프놈펜에 들어왔을 때 저와 주변 사람들은 흰 깃발을 흔들며 환영했습니다. 바로 그날 오후 크메르루주는 집집마다 문

23) International Herald Tribune, July 26, 2010, "Anger in Cambodia Over Khmer Rouge Sentence" by SETH MYDANS

S-21의 생존자들

을 두들기며 사람들을 끄집어냈죠. 저항하는 사람들은 바로 총살당했습니다.

세 자녀와 아내를 데리고 프놈펜을 떠나야 했던 그는, 시골로 내려가는 길에 2살짜리 아들을 잃었다. 시신을 나무 그늘에 묻고 계속 걸어가야 했다.

춤 메이의 가족은 다시 프놈펜으로 끌려왔다. 크메르루주 혁명의 상징이 된 검은 인민복을 만들 옷 공장의 기계를 관리하는 일이 맡겨졌다. 1978년 10월 28일 춤 메이보다 나이가 어린 '관리인'이 와서 "베트남을 공격하기 위해 군용차량을 고치러 가야 한다."며 그를 데려갔다. 그가 눈이 묶인 채 끌려간 곳은 S-21이었다. 그곳에서 12일 동안 고문을 당했다.

너와 같이 CIA에 가입한 자가 몇 명이냐! KGB와 연계된 놈은 누구냐!

춤 메이는 CIA나 KGB가 뭔지도 몰랐다. 몽둥이로 사정없이 맞았고, 전기가 흐르는 전선에 감전되기도 했다. 발톱이 뽑히는 고문도 당했다. 그는 결국 CIA와 KGB를 위해 일했다고 시인했다. 아무나 생각나는 이름을 둘러댔다. 모두 16명의 이름을 불렀다. 그들도 모두 끌려와 고문을 당했을 것이다.

> 아마 나보다 앞서 끌려와 죽은 사람 중에도 제 이름을 얘기한 사람이 있었겠죠. 저도 다른 이름을 얘기했고, 다른 사람도 마찬가지였을 겁니다.

춤 메이는 괴로운 표정으로 ECCC에서 증언했다. 두크는 춤 메이에게 이렇게 고백했다.

> 캄푸치아 공산당에 반대하는 자들을 CIA라 불렀지요. 진짜 미국 CIA와, 우리가 적으로 간주한 CIA는 아주 다릅니다.

다행히 춤 메이는 처형장에 끌려가지 않았다. S-21의 기계를 고치는 사람이 필요했기 때문이다.

> 울어도 소리를 낼 수 없었습니다. 눈물도 말라버렸습니다. 죽을 날만 기다렸지요.

베트남군이 프놈펜을 점령한 1979년 1월 7일, 감옥의 간수들은 죄수들을 죽이고 도망쳤다. 춤 메이는 간수들과 같이 끌려갔다. 그곳에서 아내와 아들을 다시 만났다. 이틀 동안 어디론가 계속 끌려다녔다. 밀림 속 어디로 간다고 했다. 사흘째 되는 날, 간수들은 춤 메이의 가족을 공터로 데려가 총부리를 댔다. 아내가 쓰러지고 아들이 총에 맞아 쓰러질 때 춤 메이는 숲 속으로 도망쳤다.

35년간 그는 크메르루주의 악몽에 시달렸다. 아내와 아들을 생각할 때마다 눈물이 흘렀다. 시간이 지나도 상처는 아물지 않았다.

ECCC가 저의 아픔을 씻어 주기 원합니다. 두크를 평생 감옥에 가둬 놓아야 합니다.

춤 메이는 이제 '투올슬랭 대학살 박물관'으로 불리는 그곳, 자신이 12일 동안 고문을 당한 그곳에서 관람객들에게 옛 사건을 증언하는 일을 하고 있다.

S-21은 시골 출신의 인민해방군 병사 중에서 직원을 뽑았다. 17세의 힘 후이는 글도 읽을 줄 몰랐지만 수감자를 '재교육'하는 일을 맡았다. 그는 S-21의 우두머리였던 나트를 비롯해 많은 동료가 하루 아

침에 숙청당하는 것을 지켜보았다. 자신도 언제 잡혀갈지 알 수 없었다. ECCC의 증언석에 나온 그는 눈물을 닦으며 말했다.

두크가 말한 것처럼 저도 언젠가는 죽게 될 줄 알았습니다. 두크는 모든 사람이 숙청을 당해 사라질 것이라고 말했어요.

부 톤은 오토바이 운전기사였고, 남편 폭 혼은 군인이었으나 크메르 루주 정권에서는 에너지부에서 코이 투온 장관 아래에서 일했다. 코이 투온이 S-21에서 숙청당하면서, 그의 부하 직원들도 차례로 끌려갔다.

1977년이었어요. 몇 월이었는지는 기억을 못하겠네요. 남편이 붙잡혀 갔어요. 죄송합니다. 조금 기억을 더듬어 봐야겠어요. 그때 사실 제가 병원에서 아이를 낳았어요. 남편이 병원에 와서 말하기를, 앙카르가 이력서를 가져갔대요. 그 뒤에 남편은 사라져 버렸어요. 저는 병원에서 쫓겨나 제 고향인 포페알 캐로 보내졌습니다.

3개월 뒤 검은 군복을 입은 남자들이 찾아왔다.

남편은 휘발유를 훔친 죄로 감옥에 갇혔다. 남편을 만나게 해 주겠다.

부 톤은 남편을 만나지도 못하고, S-21에 수감됐다. 4명의 자녀도 모두 희생당했다. 베트남군이 프놈펜에 들어왔을 때, 부 톤은 다른 수감자들과 함께 도망쳤다. 이틀을 달려 숨은 시골 마을에는, 그녀가 잘 아는 사람도 같이 있었다. 바로 두크였다. 부 톤은 ECCC의 법정에서 당시 상황을 증언했다.

베트남군이 우리를 쫓아오면서 총을 쐈어요. 저는 바보처럼 다른 수감자들과 같이 뛰었어요. 두크도 그래서 같이 있었을 겁니다.

고향으로 가기로 했지만, 사실 고향 근처에서 몇 달 동안 머뭇거렸습니다. 제 남편과 아이들은 이미 S-21이나 S-24에서 죽거나 사라졌어요. 혼자 고향에 돌아가기가 부끄러웠어요. 곧 깨달은 게, 저뿐만 아니라 다른 사람들도 모두 가족을 잃었더라구요. 그러니 저도 고향으로 갈 수 있었죠.

S-21에선 너무나 큰 고통을 당해서 다시 그곳에서 있었던 일을 떠올리고 싶지 않아요. 두크가 자신은 사람을 직접 죽인 일이 없다고 말했다는 얘기를 들었어요. 저는 믿지 않습니다. 거기서 얼마나 많은 사람이 죽었는데요. 내 아이와 내 남편도 거기 있었을 겁니다.

삼촌이 스님이신데, 저에게 다 잊고 용서하라고 하시더군요. 하지만 그럴 수 없어요. 여기 법정에 온 것은 내 남편, 내 아이 때문입니다.

저는 매년 많은 아이들이 죽은 곳을 찾아가 기도를 드립니다. 남편과 아이뿐만 아니라 거기서 영문도 모른 채 죽어 간 모든 아이를 위해서 기도

해요. 저도 S-21에서 탈출하기 전 그곳에 끌려간 적이 있었는데, 거기서 죽은 아이들의 머리카락을 봤어요. 왜 그런 아이들까지 죽였는지, 고통받게 될 가족은 왜 살려 두었는지 모르겠습니다.

두크가 말을 하기 위해 일어섰다. 부 톤이 갑자기 눈물을 흘렸다. 감정을 차분히 다스리고 있는 듯했던 그녀의 눈물은 두크를 당황하게 만들었다. 두크도 눈시울이 붉어졌다. 한숨을 내쉬면서 그는 말했다.

법정이 어떤 판결을 내리든 받아들이겠습니다. 캄보디아 국민이 제게 최고형을 내려도 좋습니다.

캄보디아 왕실의 친척이었던 욱 켓은 파리 유학생이었다. 1968년 학생 혁명을 지켜보았고, 프랑스 여성과 결혼했다. 외교관이 된 그는 아프리카 세네갈 대사관에 주재하다 1977년 4월 프놈펜으로 돌아오라는 명령을 받았다. 당시는 이미 크메르루주가 캄보디아 국민을 마구 살해한다는 소식이 국제사회에 알려졌던 때였다. 하지만 욱 켓은 크메르루주가 공언하는 혁명의 목표에 공감하고 있었다. 크메르루주는 정권의 지지를 얻기 위해 시아누크 국왕을 국가원수로 추대했는데, 시아누크는 1960년대부터 농민들에게 크메르루주와 함께 혁명에 참여하라고 권하고 있었다. 평소 시아누크를 존경했

던 욱 켓이었기에 대학살의 소문은 믿지 않았다. 오히려 조국으로 돌아간다는 생각에 마음이 설레었다. 욱 켓은 아내와 자녀를 남겨두고 먼저 프놈펜으로 가는 버스에 올랐다. 걱정하는 아내에게 이렇게 말했다.

조국이 나에게 농사일을 시킬지는 모르겠지만, 캄보디아는 내 목숨을 어떻게 할 정도로 야만인은 아니야.

1977년 6월 15일 S-21에 수감될 당시의 욱 켓

그것이 아내가 본 욱 켓의 마지막 모습이었다. 아내는 1991년 유엔의 주재로 파리평화협정이 맺어진 뒤에야 자녀들과 함께 캄보디아를 찾았다. S-21의 자료보관실에서 1977년 12월 9일 사형당한 사람들의 명단에 적힌 남편의 이름을 발견했다. 욱 켓이 S-21에 들어온 날짜는 1977년 6월 15일이었고, 다섯 동의 건물 중 세 번째 건물의 2호실 스물세 번째 감방에 수감되었다.

욱 켓의 딸 욱 네아리가 ECCC 법정의 증언대에 섰다. 그녀는 프랑

스어로 말했다.

재판장께서 허락해 주신다면, 이 자리에서 제 아버지를 위해 제가 써 온
몇 줄의 글을 읽고 싶습니다.

"친구의 생일, 아빠와 나는 친구를 놀래 주려고 숨어 있었죠. 선물 포장
지의 소리가 들렸고, 즐거워하는 아버지가 보였어요. 내게 소릴 내지 마
라며 손을 꼭 잡아 주셨어요. 나는 천정을 바라보았죠. 글씨를 참 아름답
게, 부드럽게, 현명하게 썼던 그 손. 기타를 참 아름답게 연주했던 그 손.
프랑스 사람인 엄마에게 캄보디아의 요리법을 전해 준 그 손. 다른 나라
의 외교관들과 인종, 문화, 종교에 상관없이 악수를 하던 그 손. 얼굴에
는 항상 웃음이 가득해 세상을 환하게 비춰 주었죠. 내가 투올슬랭 대학
살 박물관에서 그 얼굴을 보았을 때 나는 내가 보았던 그 미소가 떠올라
당신을 더욱 존경하게 되었습니다. 아버진 항상 내 역사의 아름다운 장
으로 남아있을 겁니다."

저는 프랑스에서 아버지 없이 자랐지만, 어머니는 항상 캄보디아인의 정
체성을 가지라고 강조하셨어요. 사롱 드레스를 입고 크메르어를 배웠습
니다. 어머니는 아버지를 찾기 위해 태국에 있는 캄보디아 난민촌을 다
녀오기도 했어요.

1991년 파리평화협정이 맺어지고, 우리 가족은 캄보디아에 갈 수 있는
비자를 얻었어요. 우리 집에 크메르어로 쓰인 편지 한 통이 왔습니다. 아

버지가 보낸 걸까 했지만 아니었어요. 캄보디아에 계시던 할머니가 아버지에게 보낸 것이었습니다. 할머니는 아버지가 캄보디아로 돌아갔다는 걸 그때까지 모른거죠.

저는 프놈펜의 투올슬랭 대학살 박물관에 걸린 사진을 샅샅이 훑어보았습니다. 아버지의 얼굴을 찾기 위해서. 자료실에는 수감자의 이름이 알파벳순으로 정리돼 있었어요. 거기서 아버지의 이름을 찾았어요.

저는 대학을 마친 뒤 캄보디아로 돌아와 살기로 결정했습니다. 그 뒤 S-21에 관해 많은 것을 알게 되었습니다. 수감자들이 고문을 당하고, 심지어 혈액을 채취당하는 일까지 겪었다는 걸 알고는 저는 충격을 받았습니다. 저는 보이지 않는 장애를 가지게 되었고, 심리적인 고통을 받으며 지옥을 경험했습니다.

저는 제 모든 인생을 진실을 찾기 위해 바쳤습니다. 저 피고인은 자신이 소유하고 있다고 생각할 그 진실, 저는 제가 빼앗겼던 진실. 저는 저의 역사를 알고 싶었습니다. 저는 진실이 무엇인지 알고 싶었습니다. 저는 제 힘으로 그 진실에 다다랐고 저 피고인의 재판을 지난 몇 달간 줄곧 지켜봤습니다.

저 피고인은 S-21에서 벌어진 범죄의 중심이었습니다. 제 아버지의 진실을 피고인에게 안겨 주고 싶습니다. 그 진실을 떠안고 가라앉아 버리길 바랍니다.

캄보디아인으로서 저는 피고인이 보여 주는 비겁한 태도를 고발하고 싶

ECCC에서 증언하는 욱 켓의 딸 네아리

습니다. 피고인은 냉혹하고 냉소적이고 냉혈한 동물입니다. 프랑스인으로서 저는 피고인이 저지른 일에 책임을 회피하는 점을 반박하고 싶습니다. 피고인은 단순히 주어진 일을 한 것이 아니라, 그는 더러운 범죄를 저지른 인류의 수치입니다. 수만 명의 희생자가 이 증언대에 설 수는 없지만, 수만 개의 이유를 들어 피고인에게 최대의 형을 부여해 주시길 요청합니다.

캄보디아의 선택

두크 재판의 쟁점은 다면적이었다. 가장 중요한 것은 S-21에서 벌어진 끔찍한 사건에 두크의 책임이 어디까지인가 하는 사법적인 쟁점이었다. 두크는 "S-21에서 벌어진 모든 일에 책임을 회피하지 않겠다."고 하면서도 "나는 상부의 지시를 따랐고, 그 상황에서 벗어날 수 없었다."는 말을 빼놓지 않았다. 재판 첫날 모든 법적 책임을 회피하지 않겠다고 했던 것과는 거리가 있었다. 이런 두크의 태도는 캄보디아인들의 분노를 불러일으켰다.

ECCC의 검사들은 두크의 사법적 책임을 확인하기 위해 그가 직접 고문에 참여했다는 증언을 받아 내기 위해 애썼다. 재판에 앞서 이뤄진 참고 조사에서 "두크가 한두 차례 직접 고문을 했다."고 말했던 이들도 막상 재판정에 서면 "기억이 확실하지 않다."며 뒤로 물러섰다.

2009년 7월 21일. S-21의 간수였던 프락 칸이라는 남자가 증언대에 섰다. 그는 수감자들에게 "CIA의 끄나풀이 아니냐?"며 자백을 강요했지만, CIA가 무슨 말인지 몰랐다. 전기 고문, 채찍질, 비닐봉지로 죽지 않을 만큼 질식시키는 방법, 손톱 아래 바늘을 찔러 넣는 기술을 배워 실행했다고 진술했다. 판사가 프락 칸에게 다그치듯 물었다.

재판관 두크가 여성 수감자를 고문하는 것을 보았습니까? 만약 보았다면, 어떻게 고문을 했습니까?

프락 칸 당시 분명히 보지는 못했습니다. 제 생각에 두크가 직접 여자들을 고문하지는 않았을 겁니다. 두크는 심문만 하고, 다른 사람들이 고문 했어요.

재판관 누가 수감자들을 고문했습니까? 어떤 방법을 썼나요?

프락 칸 덱부라는 사람이 여성 수감자를 고문하는 일을 맡았습니다. 때리고, 전기 고문도 하고, 비닐봉지를 씌워 기절할 때까지 질식시키기도 했습니다.

어쩌면 이 재판에서 사법적 측면보다 더 중요한 것은 크메르루주 정권 시절의 잔혹한 시간을 되새기며 청산하는 역사적 측면이었을 것이다. 이것은 사법적 쟁점보다 더 복잡한 문제였다. 크메르루주 시대의 역사적 의미를 정리하는 작업과 두크와 S-21의 피해자라는 개개인의 인격적, 사법적 경험을 분리하는 것이 가능한가 하는 철학적인 질문마저 불러일으켰다.

S-21은 1970년대의 사건이었다. ECCC 재판은 2009년에 시작됐다.

30년이 넘는 긴 세월 동안 증인들은 주변 사람들에게, 때로는 법정 조사관들에게 지난 일들을 여러 번 증언했다. 때로는 사람들의 귀를 붙잡기 위해 사실보다 더 과장되게 묘사했을 것이고, 때로는 충실하게 대답하기 위해 잘 모르는 것도 아는 것처럼 대답했을 것이다. 그 과정에서 증인조차 무엇이 사실이었고 무엇이 양념처럼 더해진 이야기인지 구분하지 못하게 되지 않았을까. 잊지 못할 사건은 더욱 고통스런 기억으로 증폭되었을 것이다. 잊고 싶은 일들은 희미해지고 헷갈리는 기억으로 축소되었을 것이다. 중요한 것은 캄보디아라는 역사 공동체의 의지일 것이다. 30년 전의 일을 법정에 세운 이 재판을 통해 어떤 기억을 되살려 내고 어떻게 정리하고자 하는지, 캄보디아인의 선택이 역사를 결정한다.

어떤 면에서 캄보디아의 선택은 ECCC가 설립되고 첫 피고인으로 카잉 혹은 두크라는 이 노인을 세웠을 때부터 어느 정도는 정해진 셈이었다. 수학을 좋아하고 타인에게 친절했던 이 사람을 카잉에서 두크로, 항핀으로, 다시 두크로 불리게 만들었던 캄보디아의 현대사는 이제 ECCC 법정에 그를 세워 카잉도 항핀도 아닌 크메르루주 시대의 이름 두크로 호출했다.

캄보디아는 ECCC 사건번호 001번의 법정에 9명의 전문가(심리학자, 정신의학자 등), 17명의 역사학자, 7명의 지인, 그리고 생존자와 희생자의 유족을 포함한 22명의 시민 측 증인을 불렀다. 저마다 자신들이 보거나 겪은 크메르루주, S-21을 이야기했다. 그들에게 두크는 자신들이 만난 크메르루주였다. 약 1,000장의 문서가 제출됐고, 3만 1,000명 이상이 재판정의 방탄유리 너머로 이 모든 과정을 지켜보았다.

간과해선 안 될 것은 ECCC 재판의 정치적 측면이다. ECCC가 남아공의 진실과화해위원회나 아르헨티나의 과거청산 작업과 다른 점은 국제사회가 캄보디아 정부와 함께 재판에 참여했다는 사실이다. 이 과정에서 미국과 중국 등이 캄보디아 역사에 저지른 일은 법정에 세우지 않기로 결정했다. 또 캄보디아의 훈센 총리는 선거 과정에서 캄푸치아 공산당 세력을 공격하기 위해 재판에서 드러난 S-21의 잔혹한 역사를 부각시켰다. 두크는 ECCC의 법정에서 이런 모순을 지적하기도 했다.

저의 생각으로는, 만약 1970년에 리처드 닉슨 미국 대통령이 론 놀의 쿠데타를 승인하는 바람에 쫓겨난 시아누크가 크메르루주와 손잡게 되지 않았다면 아마도 크메르루주는 아예 소멸됐거나 힘을 얻지 못했을 겁니다. 하지만 키신저 미국 국무장관과 닉슨은 신속하게 대처하지 못했습니다. 이 황금 같은 기회를 크메르루주는 놓치지 않았습니다. 중국으로 쫓겨난 시아누크는 모든 캄보디아인에게 밀림으로 가서 저항하라고 했고, 그 덕분에 크메르루주는 5년간 막강한 군대를 꾸렸습니다.

두크에 이어 ECCC의 사건번호 002 재판에 피고인으로 선 크메르루주 정권의 2인자인 키우삼판은 이렇게 말했다.

> 당신들은 1970년 1월부터 1973년 8월까지의 일은 잊어버렸소? 2년하고도 반년동안 미국은 이 작은 캄보디아의 영토에 폭탄을 융단처럼 깔았소. 피의 살육과 전쟁을 겪은 이 나라가 어떤 현실에 직면했을지 상상해 본 적 있소? 그런 융단 폭격이 캄보디아 사람들에게 어떤 상황이었을지 상상이나 할 수 있소?[24]

이런 정치적인 측면은 ECCC 재판이 과연 지난 역사의 희생자들을 감싸 안으려는 보편적 인권 의식 위에 진행되는 것이 맞는지, 캄보디아의 어두운 과거를 제대로 청산하려는 의지를 가지고 있었는지 의문을 제기하게 한다.

---

24) New York Times, November 23, 2011 "Ex-Khmer Rouge Leader Blames U.S." by SETH MYDANS.

역사는 언제나 현재형이다. 독일은 제2차세계대전 직후 뉘른베르크 국제 전쟁범죄 재판에서 히틀러 정권의 악행을 심판받았는데도, 그 뒤로 홀로코스트에 대한 지속적인 추적과 반성을 멈추지 않았다. 대한민국도 일제강점기 시절의 일을 해방 직후 재판으로 청산하려 했으나 당시의 정치적 상황 속에서 실패했고, 그 결정은 또 다른 역사의 평가를 받았다. 1980년대 제5공화국 시절 정권의 비리 역시 법정에서 단죄를 받았음에도 시시때때로 다시 역사 청산을 요구하는 목소리가 들려온다. 캄보디아도 ECCC의 법정에서 30년 전 크메르루주 시대를 불러냈듯이 언젠가 또 다른 방식으로 또 다른 시기의 역사를 기억 속에서 불러내 자신들만의 방법으로 정리할 날이 다시 오지 않을까.

최종 판결을 앞두고 벌어진 뜻밖의 사건은 두크 재판의 의미를 또 한 번 뒤집어 버렸다. 두크에게는 2명의 변호사가 있었는데, 이 중 캄보디아인인 까 사웃이 두크의 무죄 석방을 주장했다.

크메르루주 시대의 학살은 당시 최고 지도부에 있던 이들의 책임입니다. 두크는 그의 하수인이었을 뿐입니다.

또 다른 변호사인 프랑스 출신의 프랑수아 루는 견해가 달랐다. 루

변호사는, 두크가 자신의 책임을 인정하였고 이미 10년 이상 재판 없이 수감돼 있었던 점을 참작해 검사 측의 구형인 40년보다 훨씬 적은 즉시 석방을 요구했다. 두 변호사 모두 두크의 즉시 석방을 요구했지만, 까 사웃은 무죄를, 프랑수아 루는 선처를 바란 것이다. 두크는 최종 판결 전 프랑수아 루 변호사를 해임해 달라고 요청해 사실상 무죄 석방을 원한다는 뜻을 밝혔다. 까 사웃 변호사의 최종 변론과 두크의 행보는 캄보디아인의 분노를 불러일으켰다. 두크가 그 동안 재판정에서 보여 주었던 사죄의 모습과 책임을 인정하던 태도가 모두 거짓으로 여겨졌기 때문이다.

까 사웃이 왜 그런 요구를 하였고 두크는 왜 거기에 찬동을 했을까. 이 재판의 가장 큰 논란거리였고, 수수께끼였다. 까 사웃은 그 자신이 크메르루주 시대의 피해자였으며 훈센 총리의 법률 조언가였다. 이 때문에 무죄를 요구한 배경을 두고 여러 추측이 나돌았다. 까 사웃이 실제로 두크의 무죄 판결을 기대하며 법정에서 도박을 한 것인지, 아니면 반대로 여론을 자극해 두크에 대한 심판론을 불러일으키려 한 것인지는 알 수 없다. 훈센 총리는 두크의 재판이 끝난 뒤 "더 이상의 재판은 캄보디아 국민들의 시민전쟁을 불러일으킬 것"이라며 ECCC 재판에 반대한다는 뜻을 밝혔다.

두크 역시 10년 이상 군 교도소와 ECCC의 특별 감호소에 홀로 가둬져 있었기에 이성적인 판단 능력이 온전하지 못했을 수 있다. 재판 과정에서도 그의 태도는 오락가락했다. 어제는 모든 책임을 받아들이겠다며 고개를 숙였다가, 오늘은 다시 법적인 책임은 어떻게든 피해가려고 냉랭하고 건조한 목소리로 사무적인 증언만 하는 식이었다. 마지막 판결을 앞둔 시점에 극심한 불안을 느꼈을 두크가 2명의 변호사 중 캄보디아인이었던 까 사웃 변호사의 이야기에 훨씬 더 의존했을 가능성도 커 보인다.

2010년 7월 26일 ECCC 재판부는 두크에게 35년의 징역형을 선고했다. 검찰 측이 구형한 40년형보다 5년이 적었다. 재판부는 1999년 군부에 체포된 두크가 ECCC 법정이 열리기 전까지 불법적으로 수감돼 있었고, 증언에 협조했던 점을 감안해 형을 줄였다고 설명했다. 재판부는 또 피해자 측 증인으로 출석한 64명에게 보상금을 지급하기로 결정했다.

캄보디아 여론은 ECCC의 판결에 강한 불만을 드러냈다. 두크의 무죄 주장으로 악화돼 있던 여론은 오히려 검사 측의 구형량보다 더 많은 무기징역을 요구하고 있었다. 캄보디아에는 사형 제도가 없었기에, 무기징역은 법정 최고형이었다. 두크와 검찰 측 모두 항고했다. 피해자로 나선 이들 중 41명이 항고에 참여했다. ECCC 대법원은 2011년 3월 3일, 1심 재판부의 결정을 뒤집어 두크에게 종신형을 내렸다.

카잉 혹은 두크, 아니면 항핀으로 불렸던 이 노인은 이제 크메르루주 시대의 이름으로 기억될 것이다. 캄보디아 칸달 교도소에 수감된 이 노인은 죽음으로써 두크라는 이름에서 벗어날 날만을 기다리고 있다.

법정의 합장

크메르루주 시대에 죽임을 당한 희생자에게 두크는 분명 죄인이었다. S-21의 피해자에게는 직접적인 가해자이기도 했다. 두크 자신도 이런 책임을 부인하지 않았고, 자신의 범죄 책임에 드러나지 않은 부분까지 고백하며 역사의 진실을 드러내는 데에 일조했다.

캄보디아의 현대사를 관통해서 보면 두크가 가장 먼저 역사의 법정에 세워진 것은 불공평한 일이었다. 최고 지도자였던 폴 포트는 사망했고, 미국의 닉슨 전 대통령이나 키신저 전 국무장관은 기소 대상에서 제외됐다. 이런 상황에서 자신의 범죄를 숨기지 않았다는 이유로 두크만을 엄벌하는 ECCC의 풍경은 정의를 세웠다는 찬사보다는 한바탕의 쇼라는 냉소가 더 적합한 것은 아닐까 하는 생각이 들 정도다.

하지만 더 큰 맥락에서 보면 오히려 크메르루주의 학살이 저질러진 지 30년도 더 지나 ECCC가 만들어진 것, 킬링필드의 잔혹함을 가장 구체적으로 드러낸 S-21의 책임자를 법정에 세운 것을 놀라운 일로 평가할 수 있다. 캄보디아에서 킬링필드를 재판하기 위한 국제적인 사법 절차가 필요하다는 주장이 힘을 얻은 것은 르완다, 아체, 보스니아 등 다른 곳에서 인종 학살을 심판하기 위한 국제사법재판이 이뤄진 것이 큰 계기가 되었다. 1994년 미국이 캄보디아 학살 재판법을 만들었고, 1998년 유엔 전문가 그룹이 국제재판소 설치안을 제의했다. 전문가들이 제안한 국제재판소 안에는 훈센 총리는 물론 유엔 안전보장이사회 상임이사국도 반대했다. 훈센은 자신의 결정권 밖에 있는 외국의 재판진이 과거를 규정한다는 것에 부담을 느꼈다. 상임이사국은 자신들이 과거 인도차이나 반도에서 저지른 일들까지 이슈가 될 것을 걱정했다. 결국 2003년 3월 콜린 파월 미국 국무장관이 프놈펜까지 날아와 담판을 지었다. 이 모든 협상과 타협의 과정은 철저하게 각 정치 세력의 계산 위에서 이뤄졌지만, 그 원동력은 역시 과거의 상처와 고통에서 벗어나고자 하는 킬링필드 희생자의 절규와 국제사회의 인도주의적인 열망이었다. ECCC 법정을 가득 채운 방청객과 기꺼이 공포스런 기억을 되살려 내 증언하기로 나선 피해자가 두크를 단죄하는 재판부의 결정을 이끌어 낸 셈이다.

1998년 성탄절 크메르루주의 최고 지도자들이 "인민에게 빈다."며 투항했던 것, 훈센 총리가 "옛일을 덮고 얼룩 없는 21세기를 향해 가자."며 외친 것, 크메르루주 정권 초기 국왕의 자리에 있었던 시아누크가 "킬링필드를 잊자."고 했던 것을 캄보디아의 역사가 거부했다고 할 수 있다. 용서와 망각은 강요할 수 없으며, 피해자의 동의 혹은 치유 없이 일방적으로 이뤄지는 과거청산은 역사를 제대로 매듭지을 수 없다는 점을 캄보디아가 보여 준 것이다.

그런 맥락에서 보자면, 두크가 제일 먼저 ECCC의 법정에 서게 된 것 역시 킬링필드 피해자가 겪은 고통과 공포를 가장 구체적으로 드러낼 수 있는 대상이 바로 그였기 때문이라고 평가할 수 있지 않을까. 죽음의 고통을 지나온 S-21 생존자와 유족의 증언 앞에서 두크도 자신의 책임을 인정할 수밖에 없었다. ECCC 사건번호 001, 이것은 비록 부분적이고 불완전한 심판이었다고 해도 캄보디아가 과거를 벗어나 새로운 미래를 향해 나가기 위해서 반드시 겪어야 할

통과의례였다.

두크 재판의 마지막 증인은 프랑스 레지스탕스의 투사이자 제2차세계대전 이후 뉘른베르크 재판에 참여했던 스테판 에셀[25]이었다. 당시 91세였던 그는 프랑스에서 영상을 통해 재판 참여자인 판사, 변호사, 검사들과 대화했다.

질문 여기는 굿 애프터눈입니다. 그곳은 이른 아침이지요? 증언에 협조해 주셔서 감사합니다. 당신은 프랑스 레지스탕스로 독일 비밀경찰 게슈타포에 붙잡혀 강제수용소에 들어간 적이 있습니다. 1948년 유엔 인권 헌장 작성에 참여했구요. 제2차세계대전 이후 화해와 용서의 과정을 경험한 분으로서, 여기 ECCC에 도움이 될 만한 이야기를 해 주시겠습니까?

에셀 제2차세계대전이 끝나고 뉘른베르크에서 전쟁범죄 재판이 열렸을 때 제가 기대한 것은 이 재판으로 전쟁의 승전국과 독일이 관계를 회복하는 것이었습니다. 뉘른베르크 재판은 전쟁범죄를 국제적으로 단죄한 첫 사례였지요. 당시에는 전쟁범죄에 관한 처벌 사례나 국제적인 규정도 없었어요. 아마도 지금 캄보디아에서 열리는

---

25) 그의 저서 《분노하라》가 2007년 프랑스에서 7개월만에 200만 부가 팔려 화제가 되었다. 2010년 2월 26일 96세로 타계했다.

이 재판도 앞으로 캄보디아 국민을 다시 일으키는 데에 뉘른베르크 재판과 같은 영향을 주리라 생각합니다.

질문 당신의 경험에서 우리가 얻을 수 있는 교훈이 있을까요?

에셀 그럼요. 우선 용서라는 낱말은 희생자만이 사용할 수 있다는 점을 말씀드리고 싶습니다. 캄보디아 역사에 그 흔적이 남아 있는 두려운 행위, 그 행위의 희생자 말이죠. 가해자를 용서하지 않을 것인지, 아니면 다른 평범한 이웃과 같은 관계를 회복할 것인지는 전적으로 피해자에게 달려 있습니다.

질문 저희에게 어떤 조언을 해 주시겠습니까?

에셀 조언이라……. 재판 과정에서 중요한 것은 변호하는 쪽이나 죄를 묻는 쪽이나 모두 충분히 자신의 의견을 밝힐 수 있어야겠지요. 또 희생자 입장에서는 재판을 통해 자신에게 일어났던 일이 어떤 것이었는지 진실을 얻어야 하겠지요.

질문 가해자가 사과를 하면서도 진실을 밝히거나 책임을 받아들이길 거부한다면, 피해자는 그 사과를 받아들여야 할까요?

에셀 피고인이 자신의 죄를 인정한다고 해서 피해자가 용서해야만 하는 것은 아니지요. 다만 피고인에게 판사가 어떤 결정을 내릴 것인가, 피고인의 과거와 미래를 어떻게 고려해야 할까 하는 부분에 영향을 주겠지요.

질문 캄보디아처럼 큰 갈등을 겪은 곳에서 화해를 이루기 위해서는 어떤 절차가 필요합니까? 또 어떤 어려움이 있습니까?

에셀 우선 과거를 경험한 당사자 모두 공개적인 자리로 이끌어 내 두려운 사건을 모두가 알도록 해야 합니다. 이 일에선 타협이 있을 수 없습니다. 그러나 사법적인 단죄가 어떤 영향을 줄 것인지는 다른 경우와 비교해 봐야겠지요. 이를테면 남아공의 진실과화해위원회 같은 사례도 있습니다. 피해자가 자기 나라에서 평화로운 삶을 살아갈 수 있도록 하는 것이 중요합니다. 이것은 매우 어려운 일이지만 또한 아주 긴요한 작업입니다. 용서는 정말 조심스럽게 이뤄져야 하는 일입니다.

질문 화해는 긴 여정이고, 그 과정에서 중요한 것은 단순히 과거를 잊는 것이 아니라 가해자를 처벌하고 숨겨진 진실을 찾아내는 것이라고 말해도 될까요?

에셀 저도 그렇게 생각합니다. 아무런 처벌을 하지 않는다는 건 있을 수 없습니다. 화해의 과정은 서둘러선 안 됩니다. 무엇보다 희생자가 받은 상처와 고통을 밝혀내는 과정이 반드시 필요합니다.

질문 크메르루주의 희생자나 생존자에게 용서를 강요할 수 없다, 용서하지 않고도 피해자와 가해자가 공존하는 형태의 화해는 가능하다, 이렇게 말해도 될까요?

에셀 그렇습니다. 거듭 말씀드리지만, 피해자가 가해자를 용서할 것이라고 기대해선 안 됩니다. 국가적인 차원에서 화해를 추진할 때에도 과거의 악행을 잊지 않는 것이 중요합니다.

질문 지금 캄보디아에서 이뤄지는 재판은 뉘른베르크 재판과는 다릅니다. 우리는 30년 전의 사건을 다루고 있고, 현재 피고인은 책임을 지겠다고 하면서도 자신에게 지워진 혐의 중 15% 정도만 인정하고 있습니다. 과거의 진실을 밝혀내는 작업이 이렇게 미흡한 상황에서도 우리가 화해나 용서를 이야기할 수 있을까요?

에셀 아주 중요한 질문인데요, 이 주제로는 아마 책 한 권을 쓸 수도 있을 겁니다. 아주 긴 책이 되겠죠. 뉘른베르크 재판의 피고인 중에 알베르트 스페르라는 인물이 있었습니다. 그는 제가 수용됐던 도라 강제수용소의 책임자였는데, 수용소의 열악한 상황을 증언한 대가로 다른 피의자에 비해 조금 덜 무거운 형을 받았습니다. 말하자면 용서하지 않더라도 정상은 참작할 수 있다는 겁니다.

질문 이 재판에서 두크는 여러 차례 용서를 구했습니다. 하지만 많은 피해자는 여전히 그가 처벌을 받길 바라며 재판 결과를 기다리고 있습니다. 아직 그의 사과를 받아들일 수 있는 입장이 아닙니다. 크메르루주 정권은 많은 사람을 죽였으면서도 뉘우치지 않았습니다. 이런 상황에서 국가적인 차원의 화해라는 것이 어떻게 가능할까요?

에셀 까다로운 질문이네요. 저는 국제 형사재판에 여러 번 참여한 경험이 있지만, 캄보디아의 상황은 자세히 알지 못합니다. 제가 깨달은 것은, 각각의 나라마다 특이한 상황이 있고, 국제 형사재판은 이런 점을 세심하게 고려해야 한다는 점이에요. 분명히 말씀드릴 수 있는 것은, 화해라는 작업은 진실을 찾는 작업과 함께할 때에만 가능하다는 것입니다. 다시 말씀드리지만, 화해를 위해서 피해자가 꼭 가해자를 용서해야만 하는 것은 아닙니다. 화해는 평화로운 상태를 만드는 작업을 의미합니다.

질문 르몽드 신문에 이런 글이 실렸더군요. '정의와 치유를 혼동해선 안 된다.', '재판의 목적은 피해자를 치유하는 것이 아니다.' 지금 피의자 두크는 자신의 잘못을 인정하고 용서를 구하고 있습니다. 피해자는 아직 용서할 준비가 되어 있지 않더라도 말이죠. 당신은 평생에 걸쳐 인권을 옹호해 왔습니다. 수많은 사건을 목격하고 씨름해 왔을 텐데도, 당신은 여전히 인간을 신뢰합니까?

에셀 물론입니다.

질문 그렇다면, 인간이 스스로 구원할 수 있을까요? 구원의 가능성은 있을까요. 그것이 정의를 위태롭게 하지는 않을까요?

에셀 참 어렵고 당황스러운 질문이네요. 피해자가 겪은 고통을 생각해 봅시다. 가해자가 저지른 악행, 그 기억에서 벗어나지 못했을 피해자가 있지 않습니까? 아무리 숭고한 인격을 지닌 피고인이라도 자신이 저지른 죄의 대가로 처벌을 받겠다고 순순히 받아들일 수 있을까요? 저는 확신할 수 없네요.

스테판 에셀은 이런 진술도 했다.

> 용서하지 않더라도 정상은 참작할 수 있다. 아무리 숭고한 인격을 지녔
> 더라도, 역사의 가해자가 자신의 죄의 대가를 순순히 받아들일 수 있을
> 지 확신할 수 없다.

스테판 에셀의 이런 진술은 수많은 역사의 법정에 참여해 온 인물로
서 내린 결론이기에 더욱 무게가 느껴졌다. 그의 답변을 듣고 있던
두크는 답변이 끝나자 자리에서 일어나 두 손을 얼굴 앞으로 모아
인사했다. 스테판 에셀도 화면 속에서 두 손을 모아 고개를 숙였다.

캄보디아의 역사를 오랫동안 연구해 온 호주의 역사학자 데이비드
챈들러는 크메르루주 시대에 관해 여러 권의 책을 썼는데, 그중에
는 S-21의 생존자 1,000여 명을 인터뷰하고 문서를 연구해 정리한
『S-21의 목소리Voices from S-21』도 있다. 그 책에서 챈들러는 S-21의
수감자들이 죄가 있어서 처형당한 것이 아니라 처형당하기 위해 죄
를 뒤집어썼으며, 때로는 S-21의 존재 자체를 외부에 알리지 않기
위해 처형당하기도 했다고 묘사했다. 챈들러 역시 ECCC 법정의 증
언대에 섰다.

질문 범죄자를 이해하려는 것은 범죄를 용납하는 것과는 다르지요. 당신은 책의 마지막 부분에서 지그문트 바우만의 말을 제시했습니다. 홀로코스트의 범죄가 우리에게 가르쳐 주는 가장 끔찍한 사실은, 우리도 그런 일을 당할 수 있었다는 점이 아니라, 우리도 그런 일을 저지를 수 있었다는 점이라는 것이지요. 그리고 책의 마지막을 이런 문장으로 끝맺었습니다. 'S-21에서 날마다 일어난 악행, 그 뿌리를 찾기 위해 우리는 다른 곳을 헤맬 필요가 없다. 우리 자신을 보면 된다.' 이것이 S-21을 연구한 당신의 결론인가요?

챈들러 그것은 사법적인 진술은 아닙니다만, 저는 지금도 우리가 죄악을 저지를 수 있는 능력은 선을 행할 수 있는 능력보다 훨씬 크다고 생각합니다. 사람들이 범죄자에게 "저 악인을 보라."며 손가락질하는 것을 저는 좋아하지 않습니다. 만약 당신이 그 범죄자와 같은 상황에 처했다면 어떠했을지 생각해 보라 하고 싶습니다. 범죄자가 어쩔 수 없이 그랬다고 정당화하려는 것이 아닙니다. 한 인간이 다른 인간보다 조금이라도 더 거룩하다거나 더 선하다는 생각이야말로 인간의 본성을 잘못 이해한 것입니다.

인간이 죄악을 저지를 수 있는 능력은 선을 행할 수 있는 능력보다 훨씬 더 크다는 데이비드 챈들러의 고백은 아파르트헤이트 가해자의 진술을 들으며 '하나님의 은혜가 아니었다면 나도 같은 행동을 했을 것'이라고 한 투투의 고백을 떠올리게 한다. 법정의 질문이 이어졌다.

질문 S-21의 간수는 어떻게 아무런 감정도 반성도 없이 그런 범죄를 저지를 수 있었는지 궁금합니다. 당신은 우리의 본성 속에 S-21 현상과 같은 일이 숨어 있다고 하였는데요.

챈들러 역사의 여러 장면에서 우리는 S-21과 같은 사건을 발견합니다. 1965년 인도네시아에서 일어난 학살, 홀로코스트의 강제수용소, 1970년대 남미의 교도소는 물론이고 그리스에서도 그런 일이 있었습니다. 이것은 전 지구적인 현상이지요. S-21은 결코 특별한 사례가 아닙니다. 이런 사건들은 인간을 인간이 아닌 다른 존재로 여기도록 허락 받은 이들이 저지른 일입니다.

이럴 때는 '죽인다.' 혹은 '살인한다.'는 말을 쓰지 않습니다. '시체를 헤아린다body count.'거나 '2차 손상을 가한다collateral damage.'는 말을 썼습니다. S-21에서는 '적을 으스러뜨린다.'고 했지요. S-21의 문서에서 이 표현을 보았을 때, 이 단어가 마치 용수철처럼 튀어오르는 듯했습니다. S-21에서 일어난 모든 일을 이 단어로 표현할 수 있습니다.

S-21에서 일어난 일은 어디 먼 곳의 사람들이 저지르지 않았습니다. 그런 상황이 다행히도 저에게 닥치지 않았을 뿐, 아마도 대

부분의 사람이 그런 상황에선 그런 행동을 했을 겁니다. S-21의 '작업'은 일상적으로 반복됐습니다. 아무도 비난하지 않았고, 가로막지도 않았습니다. 국가가 허용하고, 더 심한 일도 저지르도록 부추겼습니다. 아마도 기쁜 마음으로 열정적으로 그런 일을 저지르기도 했을 겁니다.

인간은 왜 이럴까, 저도 모르겠습니다. 이런 어두운 면은 우리 모두에게 있다고 생각합니다. 이것은 S-21의 간부를 연구한 결과가 아니라, 이 주제에 여러 해 동안 몰두해 온 끝에 내린 저의 개인적인 결론입니다.

ECCC의 재판은 이어졌다. 사건번호 002의 피고인은 크메르루주 인민의회 의장이자 공산당의 부서기였던 누온 치아와 국가수반이었던 키우삼판이다. 사건번호 003과 004는 크메르루주의 또 다른 교도소와 집단농장 문제를 다룰 예정이나 피고인은 아직 공개되지 않았다. ECCC의 재판이 언제까지 계속될지 모르지만, 재판을 통해 S-21의 죽음보다 더 큰 진실이 밝혀지고, 더 많은 희생자의 증언이 역사에 기록된다면 그때는 캄보디아인도 두크를 용서할 수 있을지 모르겠다.

아르헨티 우파 군사정권

오월광장 할머니 모임의 힘,

나의 청산

청산

피해자들이 연대하다

"라푼젤이
부모를 다시 만나는 장면에서
저는 울었어요.
왜냐하면,
제 인생에는
그런
장면이 없거든요."

—빅토리아 몬테네그로

라푼젤은 그림 형제의 동화책에 등장하는 소녀의 이름이다. 미국 디즈니의 행복한 만화영화이기도 하다. 아르헨티나에선 아픈 현실이다.

독일의 전설 속 라푼젤은 가난한 농부의 딸로 태어났지만 마녀가 빼앗아 키운다. 마녀의 품에서 벗어난 라푼젤은 사랑하는 사내와 행복한 가정을 꾸린다.

디즈니의 만화영화에서 라푼젤 이야기는 왕궁에서 시작된다. 왕과 왕비 사이에 공주로 태어난 라푼젤을 마녀가 훔쳐간다. 라푼젤은 성인이 될 때까지 마녀를 엄마라 부르며 살아간다. 결국 진실을 알게 된 라푼젤은 마녀를 해치우고 궁전으로 돌아간다. 그곳에서 왕과 왕비를 다시 만나 행복한 공주로 살아간다.

아르헨티나의 라푼젤 이야기는 조금 다르다.

1976년 3월 23일 밤. 무용수 출신의 아르헨티나 여자 대통령 이사벨 페론은 오랜만에 편안한 마음으로 대통령궁의 침대에 누웠다. 국 방장관에게서 방금 "오늘은 쿠데타 걱정을 하지 마시라."는 전화를 받았기 때문이다.

그즈음 부에노스아이레스의 정가에는 기업가들과 가톨릭 교회까지 군부의 쿠데타를 지지한다는 소문이 무성했다. 하루하루가 불안했 던 페론 대통령은 이날 오전 국방 장관에게 군부가 정부를 지지하는 지 확인하라는 명령을 내린 참이었다. 국방 장관은 이렇게 보고했다.

마담, 편히 주무십시오. 오늘 밤은 쿠데타가 일어나지 않을 겁니다.[1]

바로 그 시각, 독실한 가톨릭 신자였던 호르헤 비델라 육군 총사령관 은 '공산주의, 체 게바라 주의, 그리고 비기독교적 생활양식으로부터 아르헨티나를 구원하기 위한 긴급한 조치'를 결단했다. 몇 시간 뒤인 24일 새벽 1시, 군인들이 대통령궁을 에워쌌다. 총소리가 들리더니, 호체 로헬리오 비야레알 장군이 페론 대통령 방의 문을 두드렸다.

군은 정치를 통제하기로 결정했습니다. 그리고 지금 당신은 체포됐으니

---

1) Mercopress Monday, March 21, 2011, "The night before the Argentine military coup 24 March 1976, according to Videla"

다, 마담.

이날 해가 뜨기 전까지, 부에노스아이레스를 비롯한 아르헨티나 곳곳에서는 수백 명이 군인에게 체포되어 어디론가 끌려갔다. 이른바 '국가 재건 과정Proceso de Reorganización Nacional', 혹은 군사위원회 인사들이 비공식 석상에서 '더러운 전쟁Guerra Sucia'이라 부른 악몽의 시작이었다. 3월 24일 날이 밝자 군인들은 미리 준비한 포고령을 발표한다.

> 지금 이 순간부터 군은 이 나라를 망치는 악습과 부도덕을 최종적으로 근절시키기 위해 권력의 엄격한 실현을 강제하는 책임을 맡았다. 모든 선동은 추방될 것이고, 공개적 혹은 비공개적인 전복적 범죄와의 전쟁은 중단 없이 계속될 것이다.
> 군은 공화국의 통제를 떠맡았다. 전 국민은 이러한 태도의 심오하고 명백한 의미를 이해하길 바라며, 공동의 책임과 노력으로 공동선을 좇아 이 과업에 함께 하여 하느님의 가호로 국가를 완전히 재건할 수 있기를 바란다.[2]

---

2) 서울대학교 인문학 연구원 '역사와 기억' 홈페이지 참고.
http://past.snu.ac.kr/02_document/Argentina/Argentina_1.html#4

A TODAS ELLAS LAS DESPOJARON DE SUS HIJOS

www.abuelas.org.ar

ABUELAS
DE PLAZA DE MAYO

아르헨티나 독재시절 아기와 함께 실종된 어머니들

군인들이 이야기하는 악습과 부도덕은 좌파 세력의 '국가 전복 음모'를 지칭하는 것이었다. '공개적 혹은 비공개적인 범죄와의 전쟁'은 납치, 고문, 살해를 의미했다. 사실 이런 폭력은 아르헨티나에선 낯설지 않았다. 좌파 세력인 민중혁명군, 페론 정권의 버팀목이었던 몬토네로스Montoneros[3], 페론 정권에 반대한 우파 단체 아르헨티나 반공주의자 동맹AAA · Alianza Anticomunista Argentina까지도 납치와 살해를 저질렀다. 1974년 6월부터 이듬해 말까지 좌파와 우파 양측의 희생자는 1,500명에 이른다.[4] 무능력한 페론 대통령을 추출한 군인들은 이제 아르헨티나 국가의 이름으로, 기독교적 질서를 보존한다

---

3) 후안 페론 대통령(이사벨 페론의 남편)의 지지 세력 중 사회주의 성향을 가진 게릴라 단체. 1976년의 쿠데타 당시에는 이미 세력이 크게 약해진 상황이었지만, 쿠데타 열흘 뒤 해군 사령관과 크라이슬러 회장을 암살하고 70여 명의 경찰을 살해했다. 군사정권은 몬토네로스의 존재를 국가 폭력을 합리화하는 주된 근거로 내세웠다.
4) 《라틴아메리카연구》 Vol. 16, '아르헨티나 더러운 전쟁에 대한 저항과 기억의 양태', 김용호, (한국라틴아메리카학회, 2003.12), p.439.

는 명목으로, 경찰과 군인의 정보조직을 총동원해 납치, 고문, 살해를 저지를 권력을 얻었다.

> 쿠데타의 주역은 자신들이 정한 '정의'의 기준에 따라 수많은 이들을 납치, 살해하거나 실종자로 만들었다. 군과 경찰, 정보기관뿐만 아니라 극우 무장단체가 노동계급과 청년층에 조직적인 테러를 가했다. 이 과정에서 불순분자로 지목된 활동가와 그 가족에 대한 납치, 고문, 구타, 암살, 폭탄테러 재산 몰수 심지어 영·유아 탈취라는 희대의 범죄행위가 거리낌 없이 자행되었다.[5)]

쿠데타로 대통령에 오른 비델라는 아르헨티나 전국에 비밀 감옥 340개[6)]를 설치했다. 타깃은 반정부 활동을 한 젊은이들, 노동조합 활동가, 대학생, 마르크스 사상을 접한 이들과 그들에 호의적인 태도를 보였던 이들이었다. 대부분 20대와 30대의 젊은이들이었다.

그중에는 임신 상태인 임산부도 있었고, 어린 아기를 가진 부부도 있었다. 군사정권은 비밀 감옥에서 태어난 아기들을 부모에게서 빼앗

---

5) 〈세계의 과거사 청산〉, '아르헨티나의 군부 독재와 추악한 전쟁의 청산', 안병직 외(푸른역사, 2005), p.192.
6) 1984년 실종자 진상조사 국가위원회(CONADEP)가 확인한 비밀 감옥의 숫자. 실제 숫자는 400~600곳으로 추정된다.

아 전리품인 양 다른 군인이나 보안부 관료에게 안겼다. 아기의 정체를 비밀로 하고, 자신의 자녀로 키운다는 조건이었다. 이 아이들이 바로 아르헨티나의 라푼젤이다. 훗날 재판 과정에서 군인뿐만 아니라 고위 공무원과 판사, 심지어 가톨릭 교회의 사제까지 이 같은 범죄에 협력한 사실이 드러났다.

얼마나 많은 아기들이 그렇게 라푼젤의 운명을 짊어졌는지는 정확한 숫자는 아무도 모른다. 잃어버린 아기를 찾는 '오월광장 할머니 모임(이하 할머니 모임)'[7]에서 500여 명으로 추정하고 있을 뿐이다.

아르헨티나의 라푼젤들

빅토리아 몬테네그로는 어린 시절을 기억할 때마다 엄숙한 저녁 식사 시간에 일장 훈수를 늘어놓던 아버지 에르난 테슬라프 중령의 모습을 가장 먼저 떠올린다. 2m 키에 몸무게가 150kg의 거구였던 테슬라프 중령은 '불순분자'를 고문하고 죽이는 작전에 자신이 참여했던 이야기를 한껏 떠들어 대곤 했다.[8]

---

[7] Madres de Plaza de Mayo

아빠는 오늘도 조국을 어지럽히는 빨갱이들을 잡아들여 나라를 구했단다. 아르헨티나는 지금 전쟁을 하는 중이야. 나라를 살리는 전쟁이지.

일장 연설은 테츨라프 중령이 권총을 빼들어 식탁위에 '쾅' 소리가 나게 올려놓는 것으로 끝나곤 했다.

빅토리아가 거리에서 반정부 전단을 주워 오기라도 하면, 테츨라프 중령은 딸을 무릎 꿇게 하고는 '좌파 반정부 세력'이 아르헨티나에 어떤 해악을 끼치고 있는지 길게 설명했다. 심지어 테츨라프 중령은 어린 빅토리아를 비밀 감옥에 데려가 자신이 이끄는 회의를 지켜보도록 했다. 반정부 인사들을 어떻게 고문하고 죽일 것인지 의논하는 회의였다. 빅토리아는 훗날 자신의 어린 시절을 이렇게 회상했다.

테츨라프가 차의 앞자리에 타면, 나는 늘 총이 들어 있는 가방을 무릎에 올려 주었지요. 총은 언제든 쏠 수 있는 상태였어요. 차가 모퉁이를 지날

---

8) 빅토리아 몬테네그로의 스토리는 아래를 포함한 여러 언론의 보도 내용을 종합해 재구성했다.
The New York Times, 2011년 10월8일, 'Daughter of 'Dirty War' Raised by Man Who Killed Her Parents' by Alexei Barrionuevo
CNN, 26 May 2012 'Child of 'Dirty War' learns parents part of regime that killed real parents' by Rafael Romo and Michael Martinez
BBC, 6 July 2012, 'Stolen baby hails ''liberating' verdict' by Vladimir Hernandez
El Pais, 11 August 2013, 'La resistencia de Victoria' by Martha Dillon

때마다 그는 의심에 찬 눈초리로 사방을 살폈어요. 그런 모습을 보면서 나도 늘 공포 속에서 살았죠. 저는 아르헨티나가 늘 전쟁 중인 줄로만 알았어요. 자라면서 늘 그렇게 생각했어요. 우리 군인은 민주주의를 지키기 위해 전쟁을 벌이고 있는 것으로만 알았죠. 사람들이 납치되고 실종됐다는 이야기는 모두 거짓말이라고 여겼어요.

1983년 군사정권이 무너진 뒤에도 오랫동안 그녀는 진실을 알지 못했다. 군사정권의 과오를 고발하는 책과 영화, 언론 보도가 쏟아졌지만 테슬라프는 어린 빅토리아가 그런 불순한 내용은 접하지 못하도록 막았다.

1992년 경찰이 테슬라프를 4개월간 구금했다. 아기 유괴 혐의로 끌려간 것이다. 빅토리아는 고아원에 보내졌다. 빅토리아는 사람들이 자신을 반역자의 가족에게 데리고 갈까 봐 두려웠다. 아르헨티나는 과거 좌파와 우파 간의 전쟁을 치렀던 것이고, 실종자는 유럽이나 쿠바에 살고 있으며, 할머니 모임 같은 단체는 아르헨티나의 가정을 파괴하는 이들로, 지금은 이념 전쟁이 벌어지고 있다고 빅토리아는 믿었다. 빅토리아는 유전자 검사를 위해 피를 뽑자는 제안을 거부하다 이듬해 어쩔 수 없이 받아들였다.

테슬라프 중령 부부는 그녀의 생물학적인 부모가 아니라는 내용이었다. 빅토리아는, 좌파 정부가 거짓말을 한다고 생각했다. 그게 아니라는 사실을 받아들여야 했을 때는 몸속의 피를 다 뽑아내고 싶었다. 그런 피가 내 몸에 흐른다는 사실을 인정하기 힘들었다.

유전자 검사 결과는 5년 뒤 빅토리아가 20세가 되었을 때 통보되었다. 그때까지도 빅토리아는 자신의 '아버지' 테슬라프가 무죄라고 믿었다. 오랫동안 유전자 감식을 거부했던 빅토리아는 오월광장 할머니 모임과 사법부의 설득으로 다시 한 번 유전자 제공에 동의했다.

유전자 감식 결과, 그녀의 진짜 아버지는 로케 몬테네그로, 어머니의 이름은 일다라고 했다. 일다와 로케 부부는 군부독재 타도 운동에 참여했던 젊은이였다. 빅토리아가 태어난 지 13일째 되는 날, 두 부부는 아기와 함께 실종됐다. 당시 로케는 스무 살이었다. 어느 날 저녁 식사 자리에서 빅토리아는 물었다.

진실은 뭔가요

테슬라프는 고개를 숙였다. 오랜 수사와 재판에 지친 그는 유전자 감식 결과를 인정했다.

마리아[9]야, 일다와 로케는 1976년 2월에 내가 소장으로 있던 비밀 감옥에 수감됐다. 쿠데타가 일어나기 전에도 종종 그런 납치가 있었단다. 내가 너를 입양한 것은 쿠데타로 군인이 집권한 뒤, 네가 생후 4개월이 되었던 그해 5월이었다.

테슬라프는 재판에서 군사정권이 체계적으로 아기를 빼앗는 일을 저질러왔다고 고백했다. 이듬해 테슬라프는 유죄를 선고받고 영창에 수감됐다. 진실을 찾는 것보다 진실을 인정하는 것이 더 괴롭고 어려운 일이었다.

빅토리아는 그 뒤로 몬테네그로 집안의 사람들과도 조금씩 가까워졌다. 빅토리아는 당시의 심정을 이렇게 밝혔다.

하나의 과정이었어요. 모든 것을 지우고 새롭게 시작하는 것이 한순간, 하루아침에 가능하진 않았지요. 사람이 기계처럼 껐다 켜서 다시 시작하게 할 순 없잖아요.

빅토리아는 그 뒤로도 10년이 더 지난 2010년에 와서야 테슬라프

---

9) 테슬라프가 그녀에게 붙여 준 이름은 마리아 솔이다. 빅토리아 몬테네그로는 친부모를 찾아낸 뒤 되찾은 이름이다.

중령이 지어준 이름 '마리아 솔 테즐라프'를 버리고 진짜 부모의 성을 쓰기로 결심했다. 남편은 그녀를 마리아가 아니라 빅토리아라고 부르기 위해 늘 연습은 하고 있다. 빅토리아에게 가장 어려운 일은 세 자녀에게 '할아버지' 테즐라프의 일을 설명하는 일이었다.

> 할아버지는 늘 용감한 군인이었다고 아이들은 듣고 자랐어요. 그런 아이들에게 '사실 그 사람은 살인자였다.'고 제가 말해야 했지요.

남미의 여러 나라가 70년대와 80년대에 군사독재를 겪었다. 이 국가들은 '콘도르 작전'[10]이라는 이름 아래 미국의 지원을 받으며 좌파 세력을 숙청하는 작업을 대대적으로 벌였다. 하지만 국가가 아기를 훔쳐 가는 일은 아르헨티나에서만 있었다.

아르헨티나 군사정권의 또 다른 특징은 가톨릭교회의 역할이었다. 남미는 세계 최대의 가톨릭 신자를 가진 대륙이다. 대부분의 국가에서 가톨릭이 사실상 국교의 역할을 하고 있다.

---

10) 1975년 남아메리카의 코노 수르(남회귀선 아래 남아메리카의 최남단 지역) 정부의 공작원들이 자행한 암살과 첩보 등의 정치적 탄압 활동을 일컫는 다. 활동이 은밀하게 진행된 탓에 콘도르 작전으로 목숨을 잃은 사람의 정확한 수는 알 수 없지만, 6만여 명 혹 은 그보다 더 많을 가능성이 있다. 콘도르 작전에 주요 가담자는 아르헨티나, 칠레, 우루과이, 파라과이, 볼리비아, 브라질 정부이며, 에콰도르와 페루도 주변적인 역할을 했다.(출처: 위키피디아 한국판)

남미의 군부독재 시절, 가톨릭 사제들은 인권을 지키기 위한 싸움에 기꺼이 나섰다. 해방신학이 태어난 것도 바로 이 시기였다. 칠레에서는 아우구스토 피노체트의 독재에 맞선 투쟁의 가장 앞줄에 가톨릭교회가 있었다. 엘살바도르에서는 대주교 오스카 아르눌포 로메로 신부가 일요일마다 라디오방송에서 정권의 인권 탄압을 고발하는 강론을 하다 1980년 3월 24일 미사 집전 중에 총을 맞고 사망한 사건이 있었다. 가톨릭교회 안에서도 찬반 논란이 있긴 했지만, 사제들의 투쟁을 말리진 못했다. 1980년대 한국의 가톨릭교회와 비슷한 모습이다.

하지만 아르헨티나에서는 가톨릭교회가 군부의 충실한 지지 세력이었다. 신부와 주교들은 국가 안보를 위해 군사정권을 지지한다고 강론했고 심지어 아기를 부모와 떼어 놓는 일도 '좌파 사상에 물드는 것을 막기 위해 어쩔 수 없는 조치'라고 옹호했다. 빅토리아는 이렇게 분노를 표현했다.

> 아르헨티나의 신부들은, 마치 신자에게 세례를 베풀 듯이 우리를 더 나은 부모를 선물한다고 여겼지요. 그들은 우릴 구원한다고 생각했을 겁니다.

사라진 아기를 찾는 일은 오랫동안 무모한 시도인 것처럼 보였다. 부모는 죽거나 실종됐고, 출생 기록은 조작됐다. 심지어 출생 사실조차 알려지지 않은 경우도 있었다. 아무런 기록도 없었고, 아기를 데려간 사람들은 입을 닫았다. 가장 큰 희생자는 아기들이었다. 자신이 군인의 자녀, 자기 부모를 죽인 사람의 자녀라고 생각하며 자랐다. 마치 마녀를 엄마라고 부르며 자랐던 디즈니 만화영화 속의 라푼젤처럼.

21세기에 들어와 기적처럼 길이 열렸다. 유전자 감식 기술이 발전하면서 과학적인 증명이 가능해졌고, 아르헨티나 정부도 자식을 잃은 부모의 오랜 요구를 받아들여 실종 자녀를 찾는 기관을 설립했다. 유전자 데이터를 국가 차원에서 수집해 관리했다.

2012년 5월 아르헨티나 정부는 빅토리아에게 또 한 장의 편지를 보냈다. 우루과이의 한 공동묘지에서 아버지의 유골을 찾았다는 내용이었다. 아르헨티나에서 납치된 젊은이가 왜 우루과이에서 묻혔을까.

군사정권은 젊은이들의 시체가 살인의 증거로 남는 것을 두려워했다. 수감자들을 비행기에 태워 대서양으로 흘러가는 라플라타 강에 집어던졌다.[11] 부에노스아이레스를 끼고 흐르는 라플라타 강은 지중해로 흘러갔고, 그 맞은편이 바로 우루과이였다. 우루과이 해변에 쓸려온 시신이 익명으로 그 땅에 묻혀 있었던 것이다.

빅토리아는 이제야 진실의 절반을 찾아냈다. 어머니가 어떻게 숨겨서 어디에 묻혔는지는 아직도 알지 못한다. 그녀는 CNN과의 인터뷰에서 이렇게 말했다.

> 내가 누구인지, 나의 정체성을 찾아내는 것 역시 인권입니다. 내 아버지의 유골을 찾아낸 것은 나와 아버지만이 아니라 아르헨티나와 군사정권의 희생자에게 정의를 되살려 주는 작업입니다.[12]

빅토리아에게는 어릴 적 세자르라는 같은 또래 친구가 있었다. 테슬라프 중령의 집 가정부인 리나 카스틸로의 아들이었다. 세자르의 아버지는 목수였다.

세자르의 외모는 부모와 달랐다. 카스틸로 부부는 피부색이 진한 갈색에 키가 작은 전형적인 메스티소[13]였다. 세자르의 피부는 좀 더 밝은 색이었고, 머리카락은 곱슬이었다. 세자르가 11살이었을 때 이미

---

11) 당시 해군 함장으로 '죽음의 비행'을 지휘했던 아돌포 실링고는 1995년 언론에 이 같은 사실을 고백했다. 실링고는 "정신을 잃은 채로 실려 온 사람들을 벌거벗겨 비행기에 태웠다. 기장의 지시가 떨어지면, 우리는 문을 열어 한 명씩 밖으로 던졌다."고 말했다. 이 같은 비행은 매주 수요일 있었으며, 실링고는 2차례 비행에 참여해 30여 명을 살해했다. 실링고의 고백은 잊혀가던 과거 군사정권의 악행을 다시 기억하게 했고 과거청산 여론을 불러일으켰다.
12) CNN, May 25, 2012, "Argentinian's body identified 36 years after his disappearance" By Rafael Romo(CNN Senior Latin American Affairs Editor)
13) Mestizo, 라틴아메리카의 에스파냐계 백인과 인디오와의 혼혈 인종

키가 아버지보다 더 컸다. 성격도 달랐다. 카스틸로 부부는 늘 신중하고 순종적이며 조용했지만, 세자르는 자유분방했고 밖에 나다니는 걸 좋아했다. 야단스러울 정도로 말이 많은 편이었고, 말을 할 때면 손짓도 크고 활발했다. 세자르는 가끔 생각했다. 뭔가 잘못된 것은 아닐까 하고.

2003년 3월, 그는 무엇이 잘못됐는지 알게 됐다. 세자르 카스틸로가 아니었다. 그의 진짜 이름은 오라시오 피에트라갈라 코르티였다. 1976년 그가 태어난 지 5개월이 됐을 때 엄마는 죽었다. 아버지는 그가 엄마의 뱃속에 있을 때 이미 돌아가셨다.

그는 자신을 키워 준 양부모와 여전히 함께 살지만, 이름은 원래의 것을 되찾았다. 오라시오 피에트라갈라라고 불릴 때, 그는 비로소 인생에서 쉼을 찾은 듯한 안도감을 느낀다. 그는 활짝 웃으며 말했다.

> 더는 거짓이 나를 가로막고 있지 않잖아요. 그 전에 몰랐던 것을 알게 되었어요. 내 부모님이 나를 길러주지 못한 이유, 내가 항상 편안하지 못했던 이유, 또 어머님이 늘 가지고 계셨던 불안까지 말이죠.[14]

오라시오와 빅토리아의 친부모처럼 '더러운 전쟁' 당시 실종된 사람은 적게는 9,000명, 많게는 3만 명에 이르는 것으로 추정된다. 정확한 숫자는 아무도 모른다. 훗날 실종자 진상조사 국가위원회(이하 CONADEP)[15]가 공식 확인한 1976년 이후의 실종자 8,900여 명 가운데 86%가 35세 이하의 청년층이었다. 30%가량이 여성이었고, 그중 10%가 임신 중이었다. 수백 명의 아이들도 부모와 함께 사라져버렸다. 이 아이들은 대부분 오라시오나 빅토리아와 같은 라푼젤의 운명을 따랐거나, 숨졌다. 어떤 아기들은 공원이나 병원에 버려지기도 했다. 군사정권은 임신한 여성을 비밀 감옥에 수감시켜 출산 때까지 기다렸다가 처형시켰다.

이처럼 비밀스러운 유괴와 입양은 군사정권 당시 권력자 사이에서 공공연한 일이 되어 입양을 기다리는 대기 명단이 있을 정도였다고 한다. 오라시오는 그나마 군인이 아닌 민간인을 양부모로 만났다. 운이 좋은 편이라고 해야 할까.

그의 생모가 살해된 뒤 오라시오는 바로 병원에서 기다리던 군인의

---

14) 오라시오의 스토리는 〈볼티모어 선〉의 보도를 재구성한 것이다.
The Baltimore Sun, June 19, 2003, "Whole lives 'based on a lie'" by Reed Lindsay
http://articles.baltimoresun.com/2003-06-19/news/0306190056_1_pietragalla-military-dictatorship-cesar-castillo
15) Comisión Nacional Sobre la Desaparición

손에 넘겨졌다. 그 군인이 아기 오라시오를 데려간 곳은 바로 테흘라프 중령의 집이었다.

테흘라프 중령의 아파트에서 가정부로 일하던 리나 카스틸로는 테흘라프 부부가 아기를 어떻게 '처리'할지 고심하는 이야기를 듣고는 자기가 데려다 키우겠다고 했다. 가짜 출생증명서가 만들어졌고 리나 카스틸로는 목수인 남편에게 아기를 데려갔다. 카스틸로의 집은 테흘라프 중령의 아파트에서 바로 3층 위에 있었다. 테흘라프는 오라시오의 유아세례 때 대부代父가 되었다.

오라시오는 10대 시절부터 자신이 과거 실종된 사람들의 자식이 아닐까 의심했다고 한다. 그래도 사실을 확인하는 것은 고통스러웠다. 인생 전체가 뒤죽박죽되는 듯한 느낌이었다. 슈퍼마켓 일도 그만두었고, 브라질로 가려던 계획도 취소해 버렸다. 그는 '오월광장 할머니 모임'을 돕기로 했다. 정부를 상대로 아르헨티나의 '라푼젤'들이 진실을 알 수 있도록 해달라는 캠페인을 벌이다 결국 정치인이 되었다.[16]

---

16) 빅토리아와 오라시오는 2013년 아르헨티나 총선거에 집권 여당인 '승리를 위한 전선' 소속으로 각각 부에노스아이레스 시의원과 국회의원에 출마했다.

아르헨티나는 1983년 군사정권이 물러난 뒤 여러 차례 과거청산을 시도했지만, 아기 유괴 문제는 오랫동안 해결되지 못한 과제로 남아 있었다. 아기가 어디로 입양됐는지, 언제 태어났는지, 심지어는 아기가 있었다는 사실 자체도 기록이 남아 있지 않기 때문이다. 다행히도 유전자 감식 기술의 발전과 정부 차원의 노력으로 제도적인 어려움이 사라지면서 빅토리아나 오라시오처럼 잃어버린 과거를 찾는 이들이 늘어나고 있다.

더 큰 어려움은 많은 아기가 진실을 안 뒤에도 자신의 생부와 생모가 어떤 사람이었는지 자세히 알아보려 하지 않는다는 슬픈 사실이다. 빅토리아의 사례처럼, 대부분 군인의 손에 크면서 반정부 인사들에게 강한 거부감을 갖게 되었다. 할머니 모임에서는 계속해서 잃어버린 아이들의 존재를 알리고 설득하고 제도를 만드는 노력을 이어 오고 있다. 지금도 오월광장에서 행진하는 어머니와 할머니들에게, 진실을 안 뒤에도 갈등에서 벗어나지 못하고 있는 아르헨티나의 라푼젤들에게, 과거청산이란 무엇일까. 용서, 화해, 공존은 과연 어떻게 가능할까.

라푼젤의 할머니들

군사정권의 납치와 고문, 살해는 잘 짜인 행정 업무처럼 체계적으로
일사불란하게 처리됐다.[17] 납치는 주말이 다가오는 목요일이나 금요
일 밤에 이뤄졌다. 실종 사실이 늦게 알려지도록, 또 가족이나 친척
이 행정기관을 찾아가 실종자를 찾는 조치를 취할 시간을 최대한 늦
추도록 짜인 일정이었다.

주로 민간인 복장을 입은 이들이 납치를 했지만, 때로는 군인이, 때
로는 경찰이 동원됐다. 적게는 4~5명, 많게는 60명이 몰려다녔다.
대부분 집에서 사라졌지만, 거리나 직장에서 납치를 당하기도 했다.
납치를 돕기 위해 경찰이 현장의 통행을 금지하는 일도 흔했다. 군
용 트럭, 승합차, 번호판을 달지 않은 푸른색 팔콘 자동차가 현장에
등장했다. 납치가 이뤄지는 건물에 전기가 끊기거나 헬기가 뜨는 일
도 있었다.[18]

---

17) 캄보디아의 크메르루주 정권 당시 S-21에서 고문과 살인이 일상적으로 행정 처리된 장면을 연상케 한다.
인권 침해가 이같이 처리될 때 실행자가 죄책감을 느끼지 못한다고 한다.
18) CONADEP의 1984년 보고서 《눈카 마스》는 납치를 위해 경찰이 '청신호를 켰다'고 밝혔다. CONADEP
과 눈카 마스는 이 글의 뒤에 다시 소개한다.
http://www.desaparecidos.org/nuncamas/web/english/library/nevagain/nevagain_007.htm

시신도 찾을 수 없게 만들어 실종 상태로 남겨두는 일도 계산된 조치였다. 정부는 납치 혹은 살해를 부인했다. 납치나 살해가 아니라 실종이라고 규정하면 외부의 도움을 받기가 모호했다. 증거도 없었다. 실종자의 행방을 쫓던 변호사들마저 실종되곤 했다. 남겨진 가족마저도 실종된 이들이 불이익을 받지 않을까 두려워 목소리를 낼 수 없었다. 사람들은 침묵했고 외면했다. 사람들은 저마다 안갯 속에서 상대가 보이지 않는 것처럼 행동했다. 침묵의 안개였다.

도대체 누가 그들을 납치하였는가? 왜? 그들은 어디에 있는가? 이 같은 질문에 확실한 답변은 없었다. 당국은 그들에 대한 이야기를 들은 적이 없고, 형무소는 그들을 수용한 적이 없으며, 재판부는 그들을 알지 못했고 신병인도 제소에는 침묵으로 응답했다. 그들에 대해서는 불길한 침묵만이 커질 뿐이었다. 단 한 명의 납치범도 체포되지 않았고, 단 한 군데의 비밀 구치소도 발견되지 않았으며, 단 한 사람의 책임자도 벌을 받았다는 이야기는 없었다. 이와 같이 며칠, 몇 주일, 몇 개월, 몇 년의 세월이 부모와 자식들의 의혹과 고통을 더하면서 흘러갔다. 이들은 희망 없는 기대 속에서 떠도는 소문에 귀를 기울이고, 군부의 고급장교, 주교나 신부, 경찰 간부 등 영향력 있는 사람들에게 수없이 간청과 애원을 하였다. 그러나 대답은 항상 끝없는 침묵뿐이었다.

점차 공포 분위기가 사회 전체에 퍼져 갔다. 아무런 죄가 없는 사람일지라도 끝없는 '마녀사냥'에 걸려들 수 있다는 두려움이 확산되어 갔다. 어떤 사람은 겁에 질려 위축되었고, 또 어떤 사람은 의식적으로나 무의식적으로 공포를 정당화하는 경향을 보여 주었다. 마치 공포를 달래는 것처럼 낮은 목소리로 "뭔가 있겠지."라고 중얼거렸으며, 실종자의 가족을 흑사병에 걸린 사람처럼 쳐다보곤 하였다.[19]

군인들의 쿠데타가 일어난 지 1년하고도 1개월이 더 지난 1977년 4월 30일 토요일 오전 11시. 부에노스아이레스 중심부의 오월광장에는 봄볕이 뜨겁게 내리쬐고 있었다. 대통령궁과 가까운 곳의 벤치에 중년의 주부들이 하나둘 나타났다. 모두 14명이었다. 분명 서로 아는 사이인 것 같은데, 이들은 인사를 나누지 않고 눈짓만 주고받았다.

광장은 텅 비어 있었다. 여자들은 한참 동안 망설이는 것 같더니 하나둘 자리에서 일어났다. 천천히 광장을 나가면서 낮은 목소리로 대화를 나눴다.

여인1 토요일 오전엔 사람이 없네. 이래서야 우리가 시위를 벌여도 효

---

19) 1984년 CONADEP의 《눈카 마스》의 서문 중 일부를 인용.
http://www.desaparecidos.org/nuncamas/web/english/library/nevagain/nevagain_004.htm
한글 번역은 서울대학교 인문학 연구원 '역사와 기억' 홈페이지 참고.
http://past.snu.ac.kr/02_document/Argentina/Argentina_1.html#16

과가 없잖아.

여인2 금요일 오후는 어떨까. 그땐 이곳이 제일 붐비는 시간이잖아.

여인3 안 돼. 금요일은 불길해. 예수님이 십자가에 달려 돌아가신 날이
잖아.

여인4 차라리 목요일로 하자. 오후 3시 30분. 설거지도 끝내고, 저녁을
준비하기 전에 모이자고.

여인5 비델라 대통령에게 전할 편지를 써 오면 어떨까. 광장에 나오진
않겠지만 편지를 전달하면 그래도 읽어 보지 않을까.

여자들은 고개를 끄덕였다. 다음 주 목요일 오후에 모이기로 하고
는 뿔뿔이 흩어졌다. 이 여성들은 1년 전만 해도 서로 알지 못하는
사이였다.

아들과 며느리가 실종된 뒤, 아수세나 빌라플로르는 경찰서와 병원,
군부대와 성당, 정부기관을 미친 듯이 돌아다녔다. 어디에서도 아들
부부의 행방을 찾을 수 없었다. 마지막으로 인권 단체를 찾아갔을
때, 자신과 비슷한 또래의 여자들이 줄을 지어 앉아 있는 것을 발견
했다. 눈에 익은 사람들이었다. 경찰서에서, 병원에서, 그 사이 어느
길모퉁이에서 마주친 기억이 있다. 자신과 같이 자녀가 실종된 처지
에 있는 어머니들이었다.

여기서 무작정 기다리면 뭐해요. 같이 탄원서라도 써서 정부에 내보면 어떻겠수.

아수세나는 어머니들을 자신의 집으로 데려갔다. 같이 편지를 쓰고, 정보를 나눴다. 자녀들이 사라지던 날의 상황, 경찰의 태도, 부에노스아이레스를 떠도는 소문들. 함께 이곳저곳을 찾아다니고 호소했다. 아무런 응답도 없었다. 그러는 사이에 군인이 권력을 쥔 지 1년이 훌쩍 넘어갔다. 아수세나가 제안했다.

이젠 비델라 대통령에게 호소하는 수밖에 없어요. 우리를 만나 주지 않는다면, 시위라도 벌여야지요.

비델라가 있는 대통령궁은 오월광장에 있었다. 오월광장은 중요한 관청과 상징물이 둘러서 있는 곳이다. 과거에는 이곳에서 파업 노동자들이 모여 집회를 열기도 했고, 시위도 자주 열렸다.

그렇게 토요일 오전에 어머니들이 광장에 모인 것이었다. 텅 빈 광장 앞에서 망설이던 어머니들은 그다음 주 목요일 오후 다시 모였다. 실종된 자식의 이름을 쓴 종이를 들고 비둘기와 사람들 사이를 걸었다. 서 있으면 시위로 간주했기 때문에, 마치 산책을 하듯이 천천히 걸어야만 했다.

군인들의 쿠데타 뒤 공포와 침묵이 지배하던 아르헨티나에서, 실종자 어머니들의 행진은 안개 자욱한 거리에 비쳐드는 햇살과도 같았다. 조용히 시작했지만 모두의 눈길을 끌었다. 아르헨티나를 가리던 안개를 걷어내고 무슨 일이 일어나고 있는지 선명하게 보여 주었다. 소문을 듣고 찾아온 다른 어머니들이 행진에 동참했다. 자녀의 이름을 쓴 흰 스카프를 머리에 쓰고 걸었다. 걷기라도 하지 않으면 미쳐버리고 말았을 것이다. 실제로 당시 자녀를 잃은 부모 중 상당수가 정신과 치료를 받거나 자살했다. 살기 위해서, 잃어버린 자녀를 살리기 위해서, 어머니들은 모여야 했다.

행진에 동참하는 어머니의 숫자는 갈수록 늘어 1980년 8월에는 회원이 2,000명을 넘었고, 군사정권이 막바지로 치닫던 1982년 12월에는 총파업 노동자와 함께 10만 명이 어머니들과 함께 행진했다.

'오월광장의 미치광이들'. 사람들은 어머니들을 이렇게 불렀다. 어머니들의 행진이 시작될 때면 경찰이 곧장 몰려들었다. 집회를 해산하고 돌아가라고 명령했지만, 어머니들은 "내 아이를 찾아내라."며 저항했다. 정부는 납치한 사실이 없다고 부인했다. 시민들은 어머니들에게 손가락질하며 수군댔다. 반역자의 어머니, 실종된 사람을 찾아내라고 애꿎은 정부에 항의하는 엉뚱한 사람들, 정권의 말을 듣지 않는 또 다른 시위꾼. 손가락질은 그런 의미였

오월광장 어머니 모임의 시위

다. 때로는 군인들이 길을 막고 때리기도 했다. 스카프를 벗기고 버스에 태워 강제로 해산시키기도 했다. 다음은 영국의 〈가디언〉이 보도한 베아트리스 레윈이라는 한 어머니의 이야기다.[20]

나에겐 지금 아들이 한 명 있지만, 예전엔 한 명 더 있었다. 그 아이의 이름은 호르헤 마르셀로 디셀. 1978년 5월 18일에 실종됐다. 마르셀로는 1956년에 태어났다. 70년대 초 고등학교에 다닐 때 여러 시위에 참여했다. 그때만 해도 그런 일이 가능했다. 마르셀로는 고등학교에서 미르샤라는 소녀를 만났고, 고교 졸업반 시절 이미 취업을 했다. 어려운 집안

---

20) The GuardianWeekly, Monday 19 May 2008, "Argentina's missing children" by Beatriz Lewin. http://www.theguardian.com/world/2008/may/19/argentina-human-rights

을 도우려고 한 것이다. 1976년 쿠데타가 발생했을 때는 교사가 되려고 공부를 시작했고, 이듬해에는 미르샤와 결혼했다. 마르셀로는 빨리 어른이 되고 싶었던 것 같다.

매일 내가 직장에 도착할 때면 마르셀로는 늘 전화를 걸어 "엄마, 안녕." 하고 말했다. 매일 아침 차분한 목소리였다. 참 조용한 아이였다.

5월 18일 아침, 내 사무실의 전화벨은 울리지 않았다. 마르셀로의 아파트로 전화를 걸었지만, 아무도 받지 않았다. 마르셀로의 직장에도 없었다. 며느리 미르샤의 친정에도 전화를 걸었지만 역시 없었다. 사돈 부인과 함께 아파트로 달려갔다. 반정부 성향의 젊은 사람들이 종종 사라지는 일이 있다는 얘길 들었기 때문에 불안했다. 아들의 아파트에 도착한 것은 그날 오후 5시였다. 경비원에게 아들을 보았는지 물었다.

"아주머니, 그 집에 들어가지 마세요. 절 따라오세요. 말씀드릴 게 있어요." 경비원은 전날 밤 자정쯤 마약 수사대 소속이라고 밝힌 경찰이 와서 아파트에 들어갔다고 했다. 몇 시간 뒤 마르셀로와 미르샤가 경찰에 끌려가는 것을 경비원이 목격했다. 머리는 가려져 있었고 손에는 줄이 묶여 있었다. 경찰차에 타고는 어디론가 끌려갔다고 한다.

그날 바로 경찰을 찾아갔다. 경찰도 아들 부부의 행방을 모른다고 했다. 변호사를 찾아갔더니 이런 일에 연루되고 싶지 않다고 했다. 실종자를 돕던 변호사까지 사라져 버린 일들이 이미 여러 번 있었다.

인권 단체를 찾아갔다. 놀랍게도 단체마다 많은 사람이 줄을 지어 있었다. 줄을 서서 차례를 기다리는 사람들은 저마다 사라진 가족과 고문, 살해 이야기를 했다. 그때야 나는 이 불쌍한 아르헨티나에 어떤 일이 벌어지고 있는지 알게 되었다.

며칠 뒤 아들네 아파트를 찾아갔다. 거기서 선반에 숨겨진 전단을 발견했다. 인민혁명조[21]의 것이었다. 아들은 그 단체의 연락책이었다. 깜짝 놀랐다.

물론 나는 이해할 수 있다. 젊은 사람이 자신의 이상을 지키기 위해 싸우는 것은 훌륭한 일이다. 당시 남미에는 사회의 변화를 위해 싸우는 여러 게릴라 단체가 있었다. 내 아들은 무기를 들진 않았지만 그 단체를 지지했던 것이다.

〈부에노스아이레스 헤럴드〉[22]라는 영자 신문사의 편집장인 로베르토 콕스 씨를 찾아갔다. 콕스 씨는 군대가 사람들을 라플라타 강에 던져버린다고 알려 주었다. 난 그때까지도 비밀 감옥의 존재를 조금 의심했지만, 사람을 잔혹하게 죽이는 일은 없을 거라 생각했다. 하여튼 내 아들 일에 대해선 아무것도 알아내지 못했다. 아무것도. 내가 알아낸 것은, 군인들이 특히 유대인은 더 심하게 고문한다는 사실이었다. 우리 가족은 1920년대에 유럽에서 이민 온 유대인 혈통이었다.

마침내 나는 오월광장 어머니 모임(이하 어머니 모임)[23]에 참여하게 됐

---

21) Ejército Revolucionario del Pueblo, 1960~70년대 아르헨티나에서 주로 활동했던 좌파 무장 조직.
22) 〈부에노스아이레스 헤럴드〉는 스페인어 신문 〈라 오피니언〉과 함께 실종자 문제를 보도하는 유일한 매체였다.

다. 1983년 민주주의가 아르헨티나에 돌아오기까지 많은 날을 거기서 보냈다. 거리에서 행진을 했고, 최루탄에 눈물을 흘렸고, 경찰의 몽둥이에 맞았다. 묻고, 울고, 고통받았던 날들이었다.

그 고통은 견디기 어려웠지만, 나는 어머니 모임의 행사에 참여하기 위해 갖은 노력을 다했다. 군인들이 집권하고 있던 시절이라 모임 자체가 어려웠다. 비밀리에 모여야 했고, 모이면 울기도 참 많이 울었다. 거기서 만난 어머니들과 함께 거리 행진을 하면서도 나는 겁이 났다. 사람들은 우리를 "미쳤다."고 했다. 정말 우린 미쳐 있었는지도 모르겠다. 미쳤다면 희망에 미쳐 있었다. 정말 드물긴 했지만, 실종됐던 사람이 돌아오기도 했다. 마르셀로와 미르샤가 사라진 지 30년 되는 오늘도 사람들은 여전히 실종자 문제를 얘기하길 꺼린다. 내 아들이 살아 돌아올 수 없다는 건 나도 알지만, 지금도 전화벨이 울릴 때면, 수화기를 들어 아들의 목소리가 아닌 걸 알게 될 때면 내 마음은 주먹으로 맞은 것처럼 아프다. 내 아들이 죽은 모습을 보지 못했기 때문에, 늘 이런 고통에 시달릴 것만 같다. 내게 마르셀로는 살아 있지 않지만 죽지도 않은, 그 중간 어디쯤에서 머물러 있는 듯 느껴진다. 우리가 마르셀로를 잊지 않는다면, 진실을 찾기 위해 계속 싸운다면, 마르셀로는 늘 우리와 함께 있는 것이다. 모든 행진, 모든 걸음, 사람의 권리를 지키기 위한 모든 싸움, 사라진 이들의 사진과 이야

---

23) Abuelas de Plaza de Mayo

기 속에 마르셀로는 살아 있다.

내 아들의 이야기는 3만 명의 다른 실종자의 이야기다. 어머니 모임이 하는 일은 3가지다. 진실, 정의, 그리고 기억. 우리 아이들 한 명 한 명에게 무슨 일이 있었는지 그 진실을 알아내는 것이 우리의 임무다. 너무나 느리게 진행되는 정의의 심판은 더는 정의가 아니다. 이 싸움을 계속 해나가기 위해서, 또 이런 일이 다시는 되풀이되지 않도록 하기 위해서 우리는 기억해야만 한다. 이 3가지 사명이 지속되는 한, 실종자들은 살아 있다.

임신 8개월째였던 딸이 실종된 소니아 토레스는 이렇게 말했다.

우리에게 닥친 일을 감당해 내기에는 모임에서 같이 일한 사람이 오히려 집에 머물렀던 사람보다 더 나았는지도 몰라요. 많은 사람이 결국 정신병원에 가거나 알코올 중독자가 되었고, 더러는 스스로 목숨을 끊은 사람도 있어요. 내 딸 실비나가 실종된 시각이 오후 6시 30분이었는데, 그날 저녁 7시에 벌써 나는 경찰서에 달려갔지요. 나는 매일 내 딸을 찾기 위해 뭔가 하나라도 하려고 했어요. 하다보면 또 뭘 해야 할지 알게되더라구요. 뭐든 시작하기 전에는 뭘 해야 할지 몰랐거든요.[24]

어머니들의 행진이 시작되고 얼마 되지 않아 군사정부는 어머니 모임의 대표를 불렀다. 실종된 자식을 찾고 싶다는 호소에 정부는 "아마도 외국으로 도피한 것 같다."며 "당신의 자식들은 반역자다. 당장 오월광장에서 시위하는 것을 중단하라."고 말했다.

어머니들은 두려움을 느꼈다. 자식들에게 혹시 나쁜 일이 생기지 않을까 걱정도 되었다. 어머니 모임의 창립자였던 아수세나 빌라플로르는 어머니들을 격려하면서 정부의 감시를 뚫고 모임을 이끌었다. 미국 국무장관 사이러스 밴스가 아르헨티나를 방문했을 때는 삼엄한 경비를 뚫고 그에게 탄원서를 전달하기도 했다. 어머니 모임의 또 다른 창립자 중 한 명인 라구엘 라디오는 아수세나를 이렇게 묘사했다.

> 아수세나는 환상적인 여자였어요. 사람들에게 전화를 걸어 교회나 광장
> 이나 어디로든 오라고 하지요. 때로는 카페에서 생일 축하 모임인 것처럼
> 어머니들을 모았고, 때로는 아파트에서 모였어요. 하루는 공원에서, 다음
> 날엔 동물원에서 모여 벤치에 앉아서 탄원서를 쓰고 서명을 했지요. 목요
> 일이면 오월광장으로 갔구요.[25]

24) Rita Arditti,<Searching for Life: The Grandmothers of the Plaza de Mayo and the Disappeared Children of Argentina> Kindle Edition. Lo. 1124-1127
25) Rita Arditti, 앞의 책, Kindle Edition. Lo. 774-779

어머니들이 정부의 집회 중단 요구를 거절한 뒤 얼마 지나지 않은 날 푸른 눈에 순진무구해 보이는 한 청년이 행진에 동참했다. 알프레도 아스티즈라는 이름의 26살 청년이었다.

제 가족도 사라졌어요. 저도 어머니들의 모임에 참여하고 싶습니다.

어머니들은 알프레도에게 비밀 모임 장소를 알려 주었다. 알프레도 는 어머니들을 진심으로 돕는 것 같았다. 어머니들은 알프레도를 자 식처럼 받아들였다.

1977년 12월 8일 어머니 모임은 산타크루즈의 한 성당에서 후원 행 사를 열었다. 모임이 끝나갈 때 쯤 알프레도는 자리를 떴다. 그 직후, 군인들이 성당에 들이닥쳤다. 프랑스 출신의 수녀를 포함해 9명이 끌려갔다. 이틀 뒤에는 어머니 모임의 창설자인 아수세나를 비롯한 3명이 실종됐다. 알프레도가 아르헨티나 해군정보부에서 납치와 고 문을 주도한 322 특수부대 소속 장교였다는 사실은 뒷날 밝혀졌다.[26]

실종된 12명의 어머니와 수녀는 군사정권의 가장 큰 비밀 감옥이었

---

26) 1982년 벌어진 포클랜드 전쟁에 참여하기도 했던 알프레도 아스티즈는 2011년 10월 26일 법정에서 반 인륜 범죄를 저지른 죄로 종신형을 선고 받았다.

던 해군기술학교에 끌려갔다. 아수세나의 시신은 2005년 7월 발견됐다. 그녀의 유골은 오월광장의 독립기념탑 아래에 뿌려졌다. 그녀는 납치되기 며칠 전 이런 말을 남겼다고 한다.

> 내게 어떤 일이 일어나더라도 이 일을 계속해 주세요. 제 말을 잊지마세요.[27]

프랑스인 수녀의 실종, 1978년 아르헨티나에서 열린 월드컵[28] 등을 계기로 군사정권의 납치 사건이 국제적으로 알려지기 시작했다. 오월광장에 모인 어머니들은 자신들의 생명을 바쳐 안개를 걷어내고 진실과 정의를 밝히는 공간을 만들어냈다.

오월광장 어머니 모임과 별개로 할머니들의 모임이 만들어진 것은, 행진을 시작한 지 6개월이 지났을 때였다. 집회에 참여해 온 어머니 중 한 명인 치차 마리아니에게 잘 알고 지내던 한 이웃이 전화를 걸어왔다.

> 당신의 손자가 살아 있소. 내가 대부인 경찰 간부가 그 아기를 기르고 있

---

27) Rita Arditti, 앞의 책, Kindle Edition, Lo. 538-539
28) 군사정권은 쿠데타 뒤 외국 기자들을 쫓아냈지만, 월드컵을 계기로 모인 세계 각국의 언론인은 실종된 이들의 사연을 취재하고 보도했다.

다는 걸 알아냈지.

마리아니는 바로 그 경찰 간부를 만나러 달려갔다. 경찰 간부는 사실을 시인하면서도 "절대 이 사실을 외부에 알릴 수 없다."며 끝까지 비밀이라고 고집했다. 또 다른 할머니도 교회의 신부에게서 연락을 받았다. 손주가 부잣집에서 잘 크고 있으니 절대 찾을 생각을 하지 말라, 더 이상은 알려고도 하지 말라는 내용이었다. 마리아니는 오월광장에 모이는 어머니 중에 자기처럼 실종된 딸이나 며느리가 임신 중이었거나 어린 손주가 같이 사라진 경우가 더러 있다는 사실을 알게 됐다. 같은 처지의 어머니들이 모여 손주들의 행방을 찾는 문제를 논의했다.

할머니들은 먼저 가정법원을 찾아다녔다. 손주들이 보호시설에 수용되거나 다른 곳에 갇혀 있을 것으로 생각하고 어디에 있는지 법원의 기록을 뒤졌다. 전국의 가정법원에 편지를 보내고 직접 방문하기도 했다. 판사들은 무관심했다. 할머니들을 비난하는 판사들도 있었다. 부에노스아이레스 가정법원의 판사 델리아 폰스의 욕설을 들으면서, 할머니들은 가정법원이 아기의 부모가 누구인지도 확인하지도 않고 누군가 다른 사람의 손에 넘겨주었다는 사실을 알게 되었다.

실종된 이들의 자녀를 찾아 달라는 할머니들의 시위

당신 손주들은 그대로 있었으면 틀림없이 테러리스트가 됐을거요. 테러리스트는 살인자야. 난 아이들을 당신네에게 절대 돌려보내지 않을 거요. 그건 살인자를 만드는 것이니까. 고귀한 사람들의 손에서 잘 교육 받고 있는 아이들을 왜 당신들에게 돌려보내겠소. 내가 죽기 전에는 아기를 찾지 못할 거외다.

그 말을 들으며 할머니들은 확신했다.

내 손주들은, 살아 있다!

아이데 발리노는 할머니 모임이 만들어진 계기를 이렇게 이야기했다.[29]

나도 모임의 회원이었지. 광장을 도는 그 어머니들 말이야. 내 아들과 딸이 사라졌을 때, 나는 집에 드러누워 빈 천정만 바라보고 있었어. 내가 할수 있는 일은 아무것도 없는 것만 같았거든. 하루는 남편이 신문을 가져와 보여주더군.

"이것 보라고. 사람들이 모이는군."

나는 침대에서 뛰어 일어나며 말했지.

"그랬구나. 나만 혼자가 아니었구나. 다른 사람도 그랬구나."

나는 당장 정부 청사로 달려갔는데, 거기서 만난 한 여자가 이런 얘길 해 줬어.

"목요일에 오월광장으로 가 보세요. 작은 못을 하나 가져가세요. 그러면 그 사람들도 당신을 알아볼 거에요."

그래서 거길 갔지. 남편과 조금 떨어져서 벤치에 앉아 작은 못을 꺼냈는

---

29) Rita Arditti, 앞의 책, Kindle Edition. Lo. 761-773

데, 다른 사람도 못을 손에 쥐고 있더라고. 아, 저 사람들이구나, 그렇게 알게 됐지.

집회에서 한 여자가 자기 딸이 실종된 사연을 내게 말해 주기에, 나도 털어놓았지. 내 딸이 실종됐을 때 임신했었다고 하니까, 작은 공책을 꺼내더니 명단에다 내 이름을 적어 놓더라고. 그 여자의 딸도 배속에 아기가 있었던 거야. 광장에 모일 때 우리끼리 쪽지를 돌려서 따로 모였지. 성당에서도 모였고, 우리 집에서도 모였고, 아파트 12층의 우리 언니 집에서 모임을 할 땐 경비원 아저씨도 잠든 새벽 1시에 엘리베이터도 타지 않고 발끝을 세워 조용히 모였지.

모일 때마다 참석자들이 늘어났지. 우리는 편지를 쓰기로 하고 서명을 모으고 머리를 맞댔지. 우리는 다들 그냥 가정주부였어. 사회적인 활동은 해 본 적이 없었다고. 나는 심지어 혼자서 버스를 타지도 못했다고. 남편 없이 바깥에 나가는 것도 어색했던 사람이야. 지금 생각해도, 우리가 어떻게 그런 일을 해냈는지 모르겠어.

그렇게 어머니 모임 안에 할머니들이 모였다. 할머니들은 실종된 딸과 며느리의 임신한 사진을 들고 오월광장의 행진에 참여하기로 뜻을 모았다. 손주들을 돌려달라는 구호를 쓴 팻말도 따로 만들었다. 자연스럽게 '할머니 모임'이 되었다.

1977년 10월 우리 할머니들이 모임을 만들었다. 사라진 자녀와 손주들
이 그렇게 만들었다. 우리는 결국 여기 오월광장에 모이게 되었다. 우리
의 요구에 응답하지 않는 정부의 건물 앞에서 여기 엄마의 엄마들은 잃어
버린 아이들을 위해 함께 행동하기로 했다. 우리에겐 어떤 정치적 목적도
동기도 없다. 누구도 우리를 불러 세우지 않았고 누구도 우리를 움직이거
나 이용하지 않았다. 우리는 국가든 개인이든 어떤 형태의 폭력과 테러에
도 반대한다. 아르헨티나의 미래를 위해서 우리는 인간의 가장 기본적인
권리가 존중받는 민주주의를 원할 뿐이다.[30]

협박도 있었다. 할머니 모임에 계속 참여한다면 죽여 버릴 것이라는
전화는 부지기수였다. 아파트 담벼락에 '테러리스트의 엄마, 불순분
자의 엄마'라는 글씨가 있기도 했고, 손주를 만나고 싶으면 오월광
장에 가지 말라는 협박도 있었다. 할머니들은 "똑똑히 들어라."면서
당당하게 대답했다.

내가 혼자였을 때는 아무도 나를 만나주지 않았다. 자식과 손주까지 빼앗
긴 처지에 죽인다는 협박도 두렵지 않다.

---

30) 1982년 7월 21일에 발표한 할머니 모임의 원칙 선언.

할머니 모임의 회원인 베르타 슈바로프의 집에 어느 날 군인들이 들이닥쳤다. 군인들은 슈바로프에게 총을 겨누면서 "아들이 어디 있는지 대답하라."고 협박했다.

> 그 순간 내가 계속 나 자신에게 부끄러워하면서 묻고 있던 질문에 답을 찾았어요. 그 질문은, 내 아이들을 위해 내 생명도 내놓을 수 있는가 하는 것이었어요. 그전까지는 그 질문에 답을 할 수 없었어요. 죽는 게 두려웠으니까. 하지만 군인의 총구 앞에선 그날 나는 스스로 답할 수 있었어요. 누구도 나를 막을 수 없다는 것을. 그 순간 나는 굉장한 기쁨을 느꼈어요. 그들이 나에게서 아무것도 빼앗아 갈 수 없다는 것을 깨달았거든요. 그래, 나를 죽여라.[31]

1979년 8월 할머니들을 깜짝 놀라게 한 사건이 벌어졌다. 사라진 손주 2명이 칠레에서 발견된 것이다. 칠레 발파라이소의 한 부부가 2년 동안 빅토리아와 아나톨레 남매를 기르고 있었다. 양부모는 아이들의 사연을 전혀 모르는 상태였다. 빅토리아는 4살, 아나톨레는 6살이었다.

---

31) Rita Arditti. 앞의 책, Kindle Edition Lo. 1166-1170

할머니 모임이 국제적으로 알려지면서 브라질의 인권 단체 CLAM-OR가 남미 전역에 실종된 이들의 이름과 사진을 실은 자료를 만들어 배포했는데, 칠레의 한 여성이 거기에 실려 있던 사진을 보고 아이들을 찾아낸 것이었다. 할머니들은 CLAMOR가 주선한 변호사와 함께 이 남매를 만났다.

6살 소년 아나톨레는 자신과 동생의 실제 이름과 아르헨티나 주소를 기억하고 있었다. 소년은 큰 총을 가진 사람들이 가족을 큰 차에 싣고는 멀리 여행을 보냈다고 했다. 어느 광장에 버려졌고, 거기서 어머니가 피를 흘린 것, 눈으로 덮인 산을 넘은 것도 기억했다. 할머니 모임은 논의 끝에 이 남매를 양부모가 계속 기르되 조부모들이 방문할 수 있도록 해달라고 요청했다.

이 사건은 할머니 모임에 큰 희망을 주었다. 비슷한 과정을 거쳐 살아남은 또 다른 아이들이 있다면, 그 아이들도 찾아낼 수 있지 않을까? 할머니 모임과 CLAMOR는 실종자 명단과 컬러 사진을 실은 책자를 4개 언어로 제작해 남미 전역에 배포했다. 이 책자는 1983년 민주화 이후 아르헨티나 정부의 CONADEP에 중요한 자료로 활용됐다.

할머니들은 탐정이 되었다. 어떤 흔적이든 아무리 작은 실마리든 파고들어 손주를 찾는 일에 매달렸다. 신문에 잃어버린 아이를 찾는다는 광고를 실었다. 효과가 있었다. 목요일 오후 오월광장에서 행진을할 때 낯선 주소가 적힌 쪽지를 누군가 건네준다든지, 익명의 전화가집으로 걸려 온다든지, 할머니 모임 사무실에 사진과 닮은 아이를 봤다는 제보가 접수된다든지 하는 일들이 이어졌다.

할머니들은 현장으로 달려갔다. 불법 입양한 가정으로 의심되는 곳을 살피기 위해 모든 방법을 동원했다. 가게에 고객을 가장해 들어가기도 했고, 남편을 시켜 배관공인 것처럼 꾸며 집의 문을 두드리기도 했다. 망원렌즈를 사용하기도 했다. 누구도 가르쳐 주는 사람이 없었지만, 평범한 주부였던 할머니들은 사람을 찾는 일에 전문가가 되어갔다.

1980년 3월, 아르헨티나에서도 처음으로 잃어버린 아이들을 찾았다. 1977년 실종됐던 2명의 자매를 찾아냈다. 자매는 한 가정에 입양돼 살고 있었다. 친권 확인 요구를 받은 재판장은 할머니들에게 증거를 요구했다. 판사가 불법 입양 사실을 인정하고 친권 확인을 위해증거를 요구한 것 자체가 처음 있는 일이었다. 재판장은 무척 조심스러웠다. 논란의 여지가 없는 확실한 증거가 필요했다.

그때야 할머니들은 중요한 사실을 깨달았다. 잃어버린 손주들의 행방을 알아내는 것은 첫 단계에 불과하다는 것을. 이제 그 아이들이 할머니들의 진짜 손주라는 사실을 판사에게 증명해야 했다. 어린 시절의 사진이나 머리카락 샘플은 증거로 삼기엔 약했다. 게다가 비밀 감옥에서 태어난 아기들의 경우엔 사진은커녕 남자인지 여자인지도 알지 못한다. 머리카락이나 부모의 유골도 남아 있는 않는 대부분의 경우엔 판사에게 뭐라 호소할 여지도 없었다.

군사정권의 위협도 여전했다. 갖가지 조작과 협박이 이어졌다. 그렇다고 포기할 수는 없었다. 그즈음 마리아니가 신문에서 혈액으로 사람을 찾는 기술이 개발됐다는 기사를 읽었다. 할머니들은 해외의 과학자들을 수소문했다. 다행히 미국 뉴욕의 아인슈타인 의과대학에 아르헨티나 출신의 의사가 있었다. 빅토르 펜차자데 박사였다.

할머니들은 유엔에 아르헨티나 상황을 알리기 위해 뉴욕을 방문한 길에 펜차자데 박사에게 전화를 걸었다. 맨해튼의 한 커피숍에서 펜차자데 박사와 할머니들이 만났다. 할머니들은 간절히 물었다.

할머니 할아버지 할머니의 피로 친손주를 찾아낼 수 있을까요?

펜차자데 부모와 자식 간의 유전자 일치 검사를 3대에 걸친 유전자 검사에 그대로 적용할 수는 없습니다. 비슷한 것 같아도, 신뢰도가 훨씬 낮아서 과학이라고 할 수 없습니다.

할머니 손주에게는 틀림없이 조부모의 유전자가 있을 텐데, 어떻게든 검증할 수 있지 않겠어요?

펜차자데 할머니들의 처지는 이해가 가지만, 검증의 신뢰도가 얼마나 될지 확신할 수 없습니다. 누구도 검사 결과를 책임질 수 없어요.

할머니 친가와 외가의 피를 모두 검사하면 어떻겠습니까? 고모, 이모, 삼촌도 있어요. 그러면 신뢰도를 더 높일 수 있지 않겠어요?

할머니들은 간절했다. 판차자데 박사는 아르헨티나의 상황을 잘 알고 있었다. 그 역시 페론 정권 시절인 1975년 반공 극우파의 테러 위협을 피해 미국으로 망명한 처지였다. 펜차자데 박사는 할머니 모임을 알고 있었고, 조국의 인권 문제에도 많은 관심을 가지고 있었다. 그는 할머니들의 바람을 저버릴 수 없었다.

그러려면 유전자 일치 정도와 친조손親祖孫 확률을 계산하는 새로운 검

증 공식이 필요합니다. 어렵겠지만, 만들어봐야죠. 어쩌면 이걸 조부모 유

전자 검증이라고 부르게 될지도 모르겠습니다.

뉴스와 학술지를 통해 조부모 유전자 검증 연구가 소개됐다. 많은 과학자가 협력해 왔다. 워싱턴의 '미국과학진흥회AAAS' 에릭 스토브 박사는 할머니들을 만난 뒤 미국국립보건원NIH에 의뢰했고, NIH는 스탠퍼드 대학교와 버클리 대학교의 유전자 연구소의 협력을 이끌어 냈다.

1983년 군사정권이 물러난 뒤 취임한 라울 알폰신 대통령은 CON-ADEP를 설치하고 '더러운 전쟁'에 희생된 이들의 행방을 추적했다. CONADEP은 이름도 없이 땅에 묻힌 이들의 유골을 발굴해 냈지만, 유전자 검사가 불가능할 정도로 부식된 상태였다. 할머니들은 CONADEP을 찾아가 AAAS의 스토브 박사의 도움이 필요하다고 요구했다. 스토브 박사를 포함한 미국의 과학자들이 아르헨티나에 와서 유전자 감식 작업에 참여했다. 이듬해부터 '조부모 유전자 검증' 방식으로 잃어버린 아기들을 되찾는 사례가 나오기 시작했다. 인권을 위해 새로운 과학적 연구가 이뤄진 사례였다. 펜차자데 박사는 할머니 모임이 과학계에 이룬 성과를 이렇게 평가했다.

할머니 모임 전단지

과학은 가치중립적이지 않습니다. 사회 속에서 정치와 경제의 영향을 받습니다. 또 과학을 적용하는 과정에서 또 사회에 영향을 줍니다. 제2차 세계대전 당시 독일의 과학자들은 유대인 학살을 정당화하는 논리를 제공하기도 했습니다.

1982년 뉴욕에서 마리아니 할머니와 에스텔라 반스 데 카르로토 할머니가 저를 찾아와 조부모 유전자 검증을 요청했을 때, 그분들은 유전 과학을 향해 사회적인 요구를 했던 것입니다. 그분들의 도전적인 요구 덕분에 유전 과학이 잃어버린 아이를 찾는 데 결정적인 기여를 할 수 있었습니다. 오랫동안 죽은 이들 사이를 헤매왔던 유전 과학이 사람을 살리는 역할을 한 것입니다.[32]

이런 노력을 했지만 재판에서 패하는 경우가 적지 않았다. 판사가 할머니 모임을 도우려고 해도 사법적으로 한계가 있었다. 입양에 관한 법과 각종 규제가 어린이들의 신원을 법적으로 확인하는 것을 가로막았다. 아르헨티나의 입양법은 친부모의 신원을 비밀로 하거나 아예 등록하지 않아도 되도록 규정하고 있었다. 친부모의 동의도 필요없었다. 불법적으로 입양한 사례도 밝혀내기 어려웠고, 합법적으로 입양된 아이들조차 자신의 친부모를 찾을 수 없었다. 근본적인 대책이 필요했다. 할머니 모임은 아이들에게 자신의 역사를 알 권리를 부여해야 한다고 주장했다. 이른바 '정체성 권리'였다.

1985년 유엔이 아동권리협약을 만드는 작업에 착수했다. 할머니 모임은 아르헨티나 정부에 어린이의 정체성 권리를 여기에 포함시키도록 국제사회에 요청해야 한다고 요구했다. 1989년 제정된 유엔 아동권리협약 8조에 이 내용이 포함됐다. 이 협약을 승인하는 국가는 어린이들이 자신의 국적과 이름, 가족이 누구인지 알 권리를 보장해야 한다.

이 규정에 따라 아르헨티나에서는 군사독재 시절에 태어난 이들의

---

32) Victor Penchaszadeh, at the 1992 International Seminar on Affiliation, Identity, and Restitution

유전자 검사를 의무화하는 법이 제정됐다. '잃어버린 아이들'로 의심되는 이들이 유전자 검사를 거부할 수 없도록 한 것이다. 2009년 11월 유전자 검사법이 제정되는 순간 아르헨티나 의회 방청석을 가득 메운 오월광장의 어머니들이 박수와 환호를 보냈다.

이 법에는 반대 의견도 있었다. 유전자 검사를 거부할 권리도 보장해야 한다는 것이다. 이런 의견을 강력하게 주장한 이는 아르헨티나에서 가장 부유한 여성인 에르네스티나 에레라 데 노블레였다. 플라밍고 무용수 출신인 그녀는 아르헨티나 최대의 신문인 〈클라린〉을 발행하는 그루포 클라린의 사주다. 그녀는 1976년 마르셀라와 펠리페 남매를 입양했다. 할머니 모임은 2002년 입양 서류의 문제점을 찾아내고는 '잃어버린 아이들'을 불법 입양한 의혹이 있다고 소송을 제기했다. 에르네스티나는 유전자 검사를 거부했고, 2008년 법정은 유전자 검사를 거부할 권리를 인정했다. 2009년에 제정된 유전자 검사법은 다분히 그녀를 겨냥한 것이기도 했다. 유전자은행의 2011년 검사 결과, 은행이 확보한 1976년 전후 실종자들과 그 가족의 유전자 중 마르셀라와 펠리페 남매의 유전자와 일치하는 사례는 없었다. 할머니 모임은 유전자 검사 대상을 더 늘려 다시 검사해야 한다고 주장했으나, 에르네스티나 가족은 "수년에 걸쳐 인권유린과 정신적 고문을 당하고 있다."며 이를 거부했다.

에르네스티나와 같이 유전자 검사법에 반대하는 이들은 이 법이 유전자 정보를 제출해야 하는 이들에게 정신적 충격을 줄 수 있고, 몇 차례에 걸쳐 어떤 방법으로 유전자 정보를 제출해야 하는지 세

'당신이 1975년부터 1980년 사이에 태어났고 정체성이 의심스럽다면 할머니 모임에 연락하라.'는 포스터

부적으로 규정하지 않아 남용될 우려가 있다고 비판했다.[33]

할머니 모임은 어머니 모임과 함께 사랑의 힘으로 폭력과 싸웠고 조용한 걸음으로 침묵을 깨뜨렸다. 자신들의 고통을 드러내고 진실을 찾아 헤매는 그들의 모습은, 납치와 살해를 실종이라는 이름으로 대서양 아래 은폐하려 했던 군사정권의 계획을 막아냈다. 세계인들의 연대를 이끌어 냈고 과학에도 영감을 주었다. 고통스러운 현실을 외면하고 잊으려 했던, 심지어 냉소하고 손가락질했던 사람조차 그들의 싸움에 힘입어 민주주의라는 선물을 받았다.

---

33) AlJazeera English News, "DNA tests for Argentina 'dirty war' children" 19 Nov 09

어머니 모임은 모성에 기초한 운동으로 출발해 다양한 쟁점에 주목하는 세계적인 인권 단체로 성장했다. 정부 주도의 과거사 처리가 대체로 진상 규명보다는 가해자에 대한 처벌의 최소화와 피해자에 대한 보상 논의로 흘러간 경향이 있지만 어머니 모임은 이런 타협을 거부한 채 진지한 화해를 요구해 왔다. 어머니 모임은 오랜 기간에 걸친 외로운 투쟁을 통해 화해의 핵심은 정치적 해법의 모색이 아닌 철저한 진상 규명을 전제로 한 신원(伸寃)과 사회 통합이라는 점을 웅변해 주었으며 2003년 이래 네스토르 키르츠네르 정부가 추악한 전쟁의 청산 문제를 다시 거론하는 데 필요한 불씨를 제공했다.[34)]

평범한 가정주부, 청소부. 사회적으로 목소리를 내어 본 적이 없는 중년의 여성들이 이런 일을 해냈다. 할머니들이 보여 준 용기, 상식적이고 명료한 판단과 변화를 요구하는 끝없는 의지, 사라진 자녀와 손주들을 향한 사랑, 그것이 역사를 바꾸었다. 아니 하마터면 영원히 묻힐 뻔했던 악행을 진실의 빛 앞에 드러내 역사를 바로 세웠다.

---

34) 〈라틴아메리카연구〉 Vol. 19, '추악한 전쟁의 상흔: 실종자 문제와 아르헨티나 오월광장 어머니회의 투쟁', 박구병(한국라틴아메리카학회, 2006), p.89.

말비나스, 눈카 마스

거대한 권력으로 공포와 침묵을 강요하던 군사정권이 스스로 무너진 과정은 할머니 모임과 극적인 대조를 이뤘다.

1982년 4월 2일 이른 새벽, 수륙양용차에 나눠 탄 아르헨티나 해병대 700명이 대서양으로 출발했다. 목적지는 아르헨티나 본토에서 500km 떨어진 영국령 포클랜드 제도의 스탠리 영국군 기지. 57명에 불과했던 영국 수비대는 기습공격에 당했다. 유니언잭이 내려가고 하늘색 바탕에 노란 태양이 빛나는 아르헨티나 국기가 올라갔다. 아르헨티나 국민은 열광했다. 포클랜드 제도는 100여 년 전부터 영국이 지배해 왔지만, 아르헨티나 어린이들이 지도를 그릴 때 '말비나스'라는 이름으로 꼭 그려 넣던 곳이었다.

그 무렵 아르헨티나는 노동자의 임금을 동결시키고 외부 자본을 끌어와 유지하던 군사정권식 경제정책이 한계에 이르고 있었다. 실업률은 18%, 빈곤율은 40%까지 치솟았다. 외국에서 빚을 끌어와 빚을 갚는 식의 대처는 물가를 폭등시켰다.

1981년 12월 대통령에 오른 레오폴드 갈티에리 참모총장은 외부의 적을 만들어 내부의 질서를 유지하려 맘먹었다. 갈티에리 정권은 아르헨티나와 마찬가지로 경제난에 처해 있던 영국, 더구나 마거릿 대처라는 여성 총리가 대서양을 건너와 보복하지는 못할 것으로 계산했다. 외교적으로는 남미의 군사정권에 우호적이었던 미국 레이건 정부가 용인해 줄 것으로 판단했다. 기습 작전은 성공적이었다.

부에노스아이레스의 오월광장에는 환호하는 군중이 가득했다. 할머니 모임과 어머니 모임의 행진에는 한 번도 나타나지 않았던 대통령이 흡족한 표정으로 대통령궁의 발코니에 등장해 광장을 향해 장광설을 늘어놓았다. 아르헨티나의 군인과 정치인은 앞다투어 말비나스를 방문해 사진을 찍어 댔다. 승리감에 취한 갈티에리 대통령은 대처 총리에게 편지를 보냈다.

> 영국 포로 전원과 양 65만 마리 전부를 영국에 돌려줄테니 말비나스를
> 아르헨티나 영토로로 인정하라.

군사정권의 오판이었다. 영국의 대처 총리 역시 이 분쟁을 국내에서 자신의 인기를 회복할 기회로 활용했다. 영국은 3일 뒤 2만 7천여 명의 군인을 100척이 넘는 기동 함선에 태워 보냈다. 항공모함 2대와 핵잠수함도 동원했다. 아르헨티나 해군 전체의 2배가 넘는 화력이

었다. 영국 해군은 대서양에 있는 미군의 편의 시설까지 이용하면서 남대서양으로 진격했다.

이때까지만 해도 외교 전문가들은 두 나라가 서로 전력을 과시하며 정치적 신경전만 벌일 것으로 예상했지만, 뜻밖의 충돌이 일어나면서 격렬한 전투가 벌어졌다. 그래도 시간이 길어질수록 대서양을 건너온 영국군이 더 불리할 것으로 보였다.

결과는 반대였다. 먼저 지친 쪽은 아르헨티나였다. 영국군은 보급선이 멀었지만 압도적인 전력과 정신력을 가지고 있었다. 엘리자베스 2세의 아들 앤드류 왕자가 직접 전투기를 몰며 선두에 섰다. 미국도 영국의 편이었다. 미국과 영국은 신자유주의 동맹 관계였다. 유엔에서도 먼저 공격한 아르헨티나를 비난했다.

반면 아르헨티나의 군인은 왜 싸워야 하는지 이유를 찾지 못했다. 징병제로 끌려온 병사는 영국의 화력 앞에 무기력했다. 소총을 내팽개치고 도망하기까지 했다.

결국 영국은 75일 만인 6월 14일 아르헨티나의 항복을 받아 냈다. 영국군은 256명이 전사하고 2,600명이 부상을 당했으나 아르헨티나군은 670명이 사망하고 994명이 부상을 입었고 포로는 1만 951명이나 됐다.

전쟁 초기 기습 작전의 성공에 한껏 도취됐던 아르헨티나의 군사정권은, 패배와 함께 추락했다. 패잔병이 된 군사정권은 아르헨티나 국민에게 공포와 침묵을 강요할 힘을 잃어버렸다. 시민들이 목소리를 내기 시작했다. 패배한 전쟁의 책임, 경제난 해결을 요구하는 목소리는 결국 민주주의의 외침으로 이어졌다. 포클랜드 전쟁을 주도했던 갈티에리 대통령은 패전의 책임을 지고 사임했다. 그 자리는 최고통치기구인 군사위원회의 또 다른 장군 레이날도 비그노네가 물려받았지만, 아르헨티나 국민은 더는 군인 대통령을 용납하지 않았다. 이듬해인 1983년 10월 30일 치러진 총선거에서 라울 알폰신이 이끄는 급진당UCR이 집권했다.

두려움은 이제 장군들의 몫이 되었다. 군사정권은 선거를 치르기 직전인 1983년 6월 법령 제22924호, 이른바 '국가적 화해와 조정법'을 제정했다. 이 법의 제1조는 이렇게 명시했다.

1973년 5월 25일부터 1982년 6월 17일에 걸쳐 테러 혹은 전복의 동기나 목적으로 행해진 범죄에 대한 형사소송의 소멸을 선언한다. 이 법령은 테러 혹은 전복과 관련된 행위에 개입하거나 음모를 꾸민 행위에 돌발적 혹은 의도적으로 행해진 모든 형사적 성격의 행위에 적용된다. 이 법령의 효력은 당사자, 가담자, 선동자, 공모자, 혹은 은닉자에게 적용되며, 관련된 모든 일반적인 범죄, 그리고 관련된 군사적 범죄까지도 포함한다.

언뜻 보기에는 군사정권 기간 반정부 활동을 한 이들을 심판하지 않겠다는 것처럼 보이지만, 마지막 문장의 마지막 단어 '군사적 범죄'가 이 법의 핵심이었다. 쿠데타가 발발하기 전인 1973년부터 사면 범위에 포함시킨 것도 속이 보이는 일이었다. 군사정권이 스스로 자신이 저지른 납치, 고문, 살인의 범죄를 용서하겠다고 한 것은, 정권의 불법성을 인정한 것이나 다름없었다. 사람들은 이 법을 자기사면법 혹은 망각법이라고 불렀다.

급진시민연맹[35]의 알폰신 대표는 그해 12월 10일 대통령에 취임한 뒤 가장 먼저 자기사면법을 폐지했다. 12월 22일에 제정된 법령 제23040호는 이렇게 시작된다.

제1조 법령 제22924호(자기사면법)는 위헌이므로 폐지되며 완전히 무

---

35) UCR·Unión Cívica Radical, 급진당 혹은 혁신당으로 불리며 1880년에 창당되었고 이데올로기적으로는 정치적 자유를, 경제면에서는 국가간섭정책을 추진했던 정당이다.

효임을 선언한다.

알폰신 정부는 대신 군사정권 시절에 실종된 이들의 규모와 진상을 밝혀낼 CONADEP을 만들었다. 각계각층을 대표하는 이들로 CONADEP을 구성하고, 그 활동을 국민에게 공개했다. CONADEP의 청문회를 요약한 영상이 텔레비전으로 방영했다. CONADEP은 광범위한 조사를 거쳐 1984년 9월 군사정권의 인권탄압 실상을 밝힌 보고서를 발표했다. 이 보고서의 제목은 〈눈카 마스Nunca Más〉, 즉 '다시는 안 된다Never Again.'는 뜻이었다.

CONADEP은 실종자 중 임신한 여성의 사례도 자세히 조사했다. 비밀 감옥 생존자들의 증언을 종합해 수감자의 출산과 불법 입양이 조직적으로 이뤄진 실상이 밝혀냈다.

> 우리가 해군기술학교에 도착했을 때 바닥에 쿠션을 깔아 놓고 많은 여자를 눕혀 놓은 광경을 봤다. 출산을 기다리고 있었다.[36]

해군 병원 소속의 의사와 간호사가 출산을 지켜보았다. 다른 수감자

---

36) Testimony of San Solarz de Osatinsky and Ana María Marti, file No. 4442.

들이 산파로 끌려와 있었다. 아기가 태어나면, 어머니는 즉시 편지를 써야 했다. 아기를 친척에게 맡긴다는 내용이었다. 해군기술학교의 교장은 해군 장성들을 그 현장에 초대해 이런 광경을 보여 주었다. 이들은 아기를 입양하기도 했고, 해군기술학교에 예산을 늘려 주기도 했다. 군사정권의 비밀 감옥 중에서도 가장 악명이 높았던 해군기술학교에는 아기를 입양해 갈 사람의 명단도 있었다.

마리아 델 카르멘 모야노는 해군기술학교에서 출산한 여성 중 한 명이다. 출산 시 고통이 너무 커 의사들이 동료 수감자를 데려와 돕도록 했다. 수감자들은 몸에 사슬을 메고 있었다. 그 소리가 너무 시끄러워 수감자들은 사슬을 잠시 풀어 달라고 요청했지만 거절당했다. 출산 8일 뒤 육군 3여단 소속의 군인은 마리아를 어디론가 끌고 갔다. 아기는 페드로 볼리타라는 사람이 데려갔다. 마리아도 아기도 그 뒤의 행방은 아직도 알려지지 않고 있다.
다음은 〈눈카 마스〉에 기록된 또 다른 증언.

1977년 3월 12일 이네스라는 다른 수감 여성이 고통을 호소했다. 그녀는 첫 출산을 앞두고 있었다. 우리는 소리를 쳐서 간수를 불렀다. 몇 시간 동안 외쳤지만 아무도 나타나지 않았다. 12시간이 지난 뒤에야 이네스는 감옥의 부엌으로 끌려갔다. 내가 그녀의 출산을 도왔다. 이네스는 눈을 가린 채 더러운 식탁 위에 눕혀져서 간수들 앞에서 아이를 낳았다. 의사도 있었지만 고함만 칠뿐이었다. 간수들은 자기들끼리 웃고 있었다.

아들이었다. 이네스는 그 아이를 레오나르도라고 불렀다. 이네스는 감옥에서 아기와 4~5일을 함께 지냈다. 그 뒤 제독이 아기를 보고 싶어 한다며 군인들이 아기를 데려갔다.

이네스의 출산을 도운 여성도 임신한 상태였다. 3일 뒤인 4월 15일 이 여성도 출산했다.

3~4시간 동안 바닥에 누워 진통을 견뎠다. 다른 수감 여성이 고함을 쳐서 간수를 불렀다. 나는 눈을 가린 채 경찰차에 실려 부에노스아이레스 방향으로 가던 도중 한 사거리에서 테레사를 낳았다. 출산할 때 내가 받은 도움이라고는, 같이 타고 있던 여경이 탯줄을 묶어 준 것뿐이었다. 나는 여전히 눈이 감겨 있었다. 차는 어느 건물로 들어갔다. "이제 이건 필요 없어."라며 눈가리개를 벗겼다.
거기서 이네스의 출산 때 있었던 그 의사가 차로 들어와 탯줄을 끊었다. 의사는 나를 끌고 몇 층 더 올라가더니 내 옷을 벗기고 옷과 침대와 바닥을 씻으라고 시켰다. 거기서 내 태반을 꺼냈다. 그 뒤에야 나는 내 아기를 씻겨 줄 수 있었다.

그곳에서 다른 여성의 도움을 받았다. 그 여성은 며칠 전 또 다른 여성이 부엌에서 딸을 낳았는데, 군인들이 아기를 즉시 데려갔다고 했다.

보고서는 고문으로 유산된 사례도 기록했다. 현장에 있었던 의사와 간호사 중 일부가 CONADEP에 자신들이 겪은 일을 보고했다. 의료진 중에는 출산 기록을 숨겼다가 가족에게 전해 주거나 동료 수감자들에게 아기의 이름을 알려 준 이들도 있었다. 이들이 간직하고 있던 기록은 군사정권의 악행을 밝혀 주는 증거가 되었다. 비델라 대통령을 포함한 9명의 군사정권 최고 지도부가 기소돼 처벌을 받았다. 비델라와 해군의 에밀리오 마세라 제독은 종신형, 공군의 오를란도 아고스티 장군은 징역 3년 9개월, 비델라 대통령과 갈티에리 사이에 잠깐 대통령직을 맡았던 로베르토 비올라에겐 징역 16년 6개월이 선고됐다.

〈눈카 마스〉가 발표되고 군의 치부가 드러나면서 비난이 쏟아지자, 일부 군인은 불만을 느끼기 시작했다. 다음은 알폰신이 소속된 급진시민연맹이 집권 4개월 뒤인 1984년 3월 21일 작성한 보고서의 내용이다.

민주 정부 출범 이후 전국 곳곳에서 신원 미상의 시체가 발굴되고 비밀 감옥, 군인의 부패, 그 밖의 만행이 폭로되면서 국민의 반군 정서가 불붙었다. 신문에는 군부에 퍼붓는 욕설과 군부가 국가에 끼친 악영향을 낱낱이 비난하는 글로 가득 차 있다. 국민, 특히 젊은이들은 주저 없이 군에 혐오감을 표현한다. 고위급 장교들은 법원 밖에서 성난 군중에게 조롱을 받고 있다. 언론은 이를 집중 취재한다.

군 장교들은 불가피한 경우가 아니면 공공장소에서 군복을 입지 않는 등 매우 방어적인 태도를 보이고 있다. 군부의 불만이 은근히 커지고 있다. 그들이 보기에는 몇 사람의 월권행위 때문에 모든 군인이 비난을 받고 있었고, 자신들이 테러를 척결하기 위해 목숨을 걸고 국가에 봉사했다는 사실은 잊히고 있었다. 많은 군인은 전직 대통령 비델라와 비그노네 장군, 육군 중령 세이넬딘, 대통령의 군 보좌관 등이 체포되어 재판을 받고 있다는 사실이 군 전체에 대한 모욕이라고 느낀다.

요약하면, 정부와 군 관계는 유동적이긴 하지만 나빠지는 않다. 그러나 군 문제는 지속적으로 주의 깊게 주시해야 한다. 대통령은 국민의 지지가 어느 정도 내려가더라도 군을 챙겨야 할지도 모른다. 대통령은 자신이 가고자 하는 방향에 대한 분명한 생각을 가지고 있다. 그러나 그는 신중하게 행동하고 있고, 강한 반발이 생길 경우 협상할 준비가 되어 있다.[37]

---

37) '알폰신 정부와 군부의 관계' 보고서
http://past.snu.ac.kr/02_document/Argentina/ Argentina_1.html#18

알폰신 대통령은 성탄절을 하루 앞둔 12월 24일 기소종결법을 제정했다. 자기사면법에 따라 기소된 이들, 즉 군사정권 시절의 테러 행위에 가담한 혐의를 받는 이들에 대한 재판을 향후 60일 이내에 모두 끝낸다는 내용이었다. 과거사 재판에 대한 군인들의 반감, 자꾸 늦춰지는 과거청산 절차에 대한 국민의 불만을 모두 해소하면서 '모든 아르헨티나인의 화해'를 이루기 위한 목적이라고 알폰신 대통령은 밝혔다. 하지만 이 법 역시 군부와 인권 단체 모두의 반발을 불러왔다.

어머니 모임은 분노했다. 수많은 의혹을 밝혀내기에 60일은 턱없이 짧은 기간이었다. 군은 정부가 마감 시간을 정해 놓고 300명에 이르는 장교를 기소한 것이 불만이었다. 2,000여 명의 중하급 장교도 자신들이 처벌을 당할지 모른다는 불안을 느꼈다.

이듬해 부활절을 앞두고 군부가 반란을 일으켰다. 4월 16일 부에노스아이레스 중심부에서 30km 떨어진 오월부대의 하급 장교들이 법원의 출두 명령을 거부하면서 '존엄 작전Operación Dignidad'이라는 이름으로 명령 불복종을 선언했다. 이튿날 알도 리코 중령이 얼굴에 위장을 한 특수부대 장병 100여 명을 이끌고 오월부대에 합류했다. 리코 중령은 군사정권의 마지막 작전이었던 말비나스 전쟁(포클랜드 전쟁)에서 영국군에 초기 승리를 거둬 유명해진 전쟁 영웅이었다. 리코 중령은 '이제 필요한 것은 아르헨티나의 평화'라며 군 수뇌부 교체와 재판의 종결을 요구했다.

오월부대 앞에 군중이 모였다. 이들은 '눈카 마스'를 외치며 군의 반란을 규탄했다. 반란군과 군중의 대립은 부활절까지 나흘 동안 이어졌다.

부활절인 19일 오후 알폰신 대통령은 오월광장에서 자신의 부활절 메시지를 기다리는 군중 앞에 나타났다.

잠시만 기다려 주십시오 신이 원하시고 아르헨티나 국민들이 나와 함께 한다면 곧 해법을 가지고 돌아오겠습니다.

대통령은 오월부대 기지로 달려갔다. 몇 시간 뒤 돌아온 그는 환한 표정이었다.

펠리세스 파스콰스Felices Pascuas · 부활절 인사!

군중은 알폰신 대통령의 말에 귀를 쫑긋 세웠다.

다 정리됐습니다. 아르헨티나에 유혈 사태는 없습니다. 집으로 가셔서 아이들에게 키스하시고, 평화롭게 부활절을 즐기십시오!

반란을 일으켰던 군인들은 스스로 해산했다. 어떤 거래가 오갔는지 알지 못했지만, 반란은 실패였다. 군중은 환호했다.[38]

두 달이 채 지나지 않아, 군 수뇌부가 교체됐다. 의회에서는 6월 5일 '강제 명령에 따른 복종법Obediencia debida'이 통과됐다. 군사정권 당시 상부의 명령에 따라 '국가 질서를 바로잡는다'는 명분 아래 이뤄진 군의 폭력 행위는 정당한 직무 수행이므로 죄를 물을 수 없다는 법이었다. 총사령관과 정보기관 간부, 비밀 감옥 책임자까지도 처벌을 면한다고 규정했다. 알폰신 대통령이 반란군의 요구를 전적으로 수용한 것이다.

리코 중령은 이듬해 1월에도 자신의 사법적 처리에 불만을 표하고 다시 한 번 반란을 시도했다. 이때는 닷새 만에 체포돼 강제 전역 당한 뒤 수감됐다. 그 뒤 아랍계 이민 2세대인 모하메드 알리 세이넬딘 대령을 중심으로 한 군인들이 1988년 12월과 1990년 12월 다시 포

---

38) The Argentina Independent "On This Day in…… 1987: Raúl Alfonsín and the Easter Rebellion by Marc Rogers, 19 April 2013.

괄적인 사면과 처우 개선을 요구하며 반란을 일으켰다.

군부의 반발 앞에 아르헨티나의 민주주의는 갈팡질팡했다. 1,500%
가 넘는 초인플레이션까지 겹치면서 결국 알폰신 대통령은 임기를
6개월 남기고 조기 퇴진했다. 뒤를 이어 대통령이 된 카를로스 메넴
은 1989년 10월과 1991년 1월 2차례의 사면을 실시했다. 비델라, 갈
티에리, 비요네 등 군사정권의 최고 지도자와 반란의 주동자였던 리
코, 세이넬딘까지 모두 풀려났다.

진상 조사, 처벌 그리고 사면까지. 이제 아르헨티나는 과거를 털어내
고 미래를 향해 손잡고 나아갈 준비가 된 것일까.

라푼젤, 울지 않는

그렇지 않았다. 군인도 불만이었지만, 어머니 모임도 알폰신 정부
의 과거청산 방식에 강하게 반발했다. 더러운 전쟁의 지휘관들이 형
법이 아니라 군법에 따라 재판받기로 결정됐을 때부터 불신을 가진
어머니들은 기소종결법, 강제 명령에 따른 복종법이 만들어질 때마
다 비판했다. 어머니 모임은 유해 발굴에 반대하고 정부의 보상마

저 거부했다.[39]

어머니 모임도 처음엔 발굴 작업을 통해 실종된 이들의 진실을 밝혀낼 수 있을 것으로 기대했었다. 1982년 10월 처음 실종자가 집단 매장된 곳이 드러나 발굴됐을 때, 아르헨티나 사회는 실종자가 고문 끝에 살해됐다는 어머니 모임의 주장이 사실인 것을 확인하고 충격에 휩싸였다. 유해에 남겨진 총탄 자국과 고문의 흔적은 군사정권을 고발할 증거가 됐다.

하지만 아르헨티나 정부는 기술적인 문제를 내세워 유골의 신원을 밝혀내는데 소극적으로 대처했다. 할머니 모임에서 해외의 과학자들에게 유전자 감식을 의뢰한 것도 이 때문이었다. 알폰신 정권에서도 마찬가지였다. 유골 감식 작업에 참여하는 정부 인사 대부분 군사정권에 협력했던 이들이었다. 이런 상황에서 어머니 모임은 1984년 1월 유해 발굴만 계속하는 것이 어떤 의미가 있는지 의문을 제기했다. 이미 발굴된 유해로도 관련자를 재판정에 보내 처벌할 수 있는데 정부가 소극적이라는 것이다. 진상 규명과 처벌 없이 이뤄지는 발굴 작업은 슬픔과 애도 속에서 어머니 모임 자녀의 죽음을 받아들

39) 안병직 외, 앞의 책, p. 211.

이고 가정으로 돌아가길 바라는 정부의 계략으로까지 비춰졌다. 어머니 모임 실종자의 신원을 일일이 확인하고 사망자로 처리하는 것보다, 자녀가 추구했던 사회주의적 이상을 실현하는 것이 진정한 추모라고 판단하기에 이르렀다.

많은 어머니가 우리 모임을 떠난 다음, 우리는 우리 자식들을 혁명전사로 인정해야 함을 깨달았다. 그것은 위대한 진보였다. 이 당시까지만 하더라도 우리는 "우리 자식은 아무 짓도 저지르지 않았다."고 말하곤 했다. 많은 어머니는 그들이 단지 테러리스트 명단에 있다는 이유로 독재 권력에 잡혀갔다고 말했다.

우리는 독재의 '무고한' 희생자는 존재하지 않는다는 우리의 신념을 강화해 나갔다. 우리의 자식들은 전심전력을 다 해 착취자도 착취당하는 자도 존재하지 않는 무한히 더 정의로운 국가를 염원했다는 점에서 모두 죄를 지었다.

처음에는 우리도 우리의 자녀를 혁명가로 내놓고 인정하기가 두려웠다. 몇몇 어머니는 오늘날까지도 이를 부인하고 있다. 많은 어머니가 우리 단체를 떠났다. 그렇지만 한층 의미 있는 우리의 이데올로기적, 정치적 도약의 순간은 우리의 자녀를 혁명가로 받아들이기로 한 때라기보다는, 바로 그들의 깃발을 들고 그들의 투쟁을 계속하기로 한 순간이었다.[40]

아르헨티나 정부는 피해자 보상도 서둘렀다. 1986년 10월 '실종자 가족을 위한 연금법'을, 이듬해 7월에는 '부모가 실종된 미성년 자녀들을 위한 연금시행령'을 제정했다. 유해 발굴의 중단을 요구했던 어머니들은 금전적 보상도 거부하며 "내 자식을 팔지 않겠다."고 천명했다. 어머니 모임의 회장 에베 데 보나피니 회장은 이렇게 덧붙였다.

> 우리 아이들에게 가격표를 붙이는 것을 용납할 수 없었어요. 그것은 일종의 계급투쟁이었지요. 경제력이 큰 사람들, 다른 생활방식을 가진 사람들은 가버렸고.

어머니 모임이 이념 단체로 바뀌어 가고 정부를 향해서도 강경한 입장을 고수하는 것에 불만을 가진 어머니들도 있었다. 1986년 1월 모임의 회장을 선출할 때에 대표인 보나피니를 비판하는 목소리가 나왔다. 불만을 가진 이들은 '오월광장 어머니 모임 설립자 노선(이하 설립자 노선)'[41]이라는 새로운 단체를 만들었다. 설립자 노선과 기존의 어머니 모임은 진실 규명과 보상에도 다른 태도를 보였다. 출

---

40) 오월광장 어머니 모임 25년간의 발자취(2002년 9월 5일)
http://past.snu.ac.kr/02_document/Argentina/Argentina_1.html#26
41) Madres de Plaza de Mayo-Línea Fundadora

신 배경이나 정치투쟁 방식도 달랐다.

공장 노동자의 아내였던 보나피니는 대학생 출신 노조 지도자로 활동한 두 아들을 잃었다. 설립자 노선을 이끈 마리아 아데랄 안토콜레츠는 외교관의 아내였으며, 그의 아들은 변호사로서 정치범을 위해 일하다가 실종되었다.[42]

설립자 노선과 할머니 모임은 오히려 정부의 책임을 상징적으로 인정한 것이라며 이를 받아들였다. 하지만 정부는 납치와 살해 책임자를 규명하고 처벌하는 일에는 여전히 소극적이었다. 설립자 노선 회원 중 한 명인 노라 테 코르티나스는 이렇게 말했다.

민주화가 되었지만 보나피니의 태도는 독재 시절과 바뀌지 않았지요. 그러나 우리가 갖게 된 헌정 정부와 독재를 비교할 수는 없지요. 보나피니는 다른 사람과 똑같은 어머니일 뿐이지만 구체적인 쟁점에서는 매우 의견이 달랐어요. 그녀는 유해 발굴을 통한 실종자의 신분확인 작업을 찬성하지 않았어요. 우리들은 사체가 있는 그대로 말해 주길 바랐고요.[43]

---

42) 박구병, 앞의 글, p. 211.
43) 〈민족21〉, '우리들은 아이들의 피를 팔지 않았다고요 — 아르헨티나 오월광장 어머니회'(민족21, 2002.06.01)

이런 갈등이 있지만 두 단체는 여전히 부에노스아이레스의 목요일 오후면 오월광장에서 행진한다. 어머니 모임이 앞장서면 설립자 노선이 그 뒤를 따라가며 진상 규명과 처벌을 요구하며 광장을 돌았다.

진상 규명과 처벌을 요구하는 목소리는 '마치 바다의 파도처럼' 돌아왔다. 끈질긴 요구이기도 했고, 반대 입장에서는 되풀이되는 지겨운 주장이기도 했다. 그러나 근본적인 원인은 알폰신 정권과 메넴 정권에서 정치적 타협으로 봉합된 과거청산의 결과가 오히려 사회적 갈등을 더 증폭시키고 숱한 논란을 불러일으켰기 때문이었다.

알폰신 정권은 CONADEP의 활동으로 〈눈카 마스〉를 발간하고 군사정권의 악행을 드러낸 것과 군사정권의 최고 지도자 9명을 재판정에 세운 것으로 과거사를 매듭지으려 했다. 수많은 피해자가 구체적인 진상 규명을 요구했고, 잃어버린 자녀를 되찾아 주는 일은 제대로 시작하지도 못했지만, 군인의 반란이 두려워 이를 외면했다.

사실 알폰신 정권의 작업은 과거청산의 시작에 불과했다. 이제 막 묻혀 있던 진실이 드러나는 상황에서 정부는 경찰과 군인을 사면해 버렸다.

아르헨티나의 경찰은 군사정권 이전부터 부패와 폭력에 익숙했다. 쿠데타 이후 정권의 요구를 국민 앞에서 가장 폭력적으로 집행한 이들도 바로 경찰이었다. 사면받은 이들 중에는 다시 지방선거 등 출마해 공직에 진출한 이들도 있었다. 이들을 선출해 준 유권자가 문제가 아니라, 군사정권에 대한 지지층이 여전히 있고 사면받은 이들이 세력 결집의 중심이 될 것을 알면서도 그 길을 열어 준 정치적 결정이 문제였다. 조급한 사면. 정치적 타협과 강요한 화해, 가해자의 복귀는 역사의 피해자에게 다시 상처와 고통을 안겨 줬다.

> 아르헨티나 민선 정부의 유화 조치와 가해자 사면 정책을 용서와 화해를 통한 사회 통합의 초석으로 이해하기에는 부족한 감이 있다. 몇 차례의 법적, 정치적 수단을 통해 일단락된 아르헨티나의 공식적인 청산 작업은 피해자와 가해자 어느 쪽도 만족시키지 못했다. 무엇보다 사회 일각에서 사면 정책을 야합으로 받아들이면서 밝혀지지 않은 진실의 규명을 끊임없이 요구해 온 피해자 집단이 있었다는 점에 주목할 필요가 있다.[44]

어머니들의 줄기찬 요구는 마침내 받아들여졌다. 아르헨티나에서 군사정권이 물러난 지 20년이 지난 뒤, 군사정권 시대 인물에 대한

---

44) 박구병, 앞의 글, p. 209.

법적 처벌이 재개됐다. 과거의 사면법을 폐기하고 다시 재판을 시작하는 과정은 더욱 복잡했다. 긴 시간이 걸렸다.

- 2003년 5월 중도좌파 네스토르 키르치네르 대통령이 취임했다. 과거 청산 작업은 다시 힘을 얻었다. 국가기억자료보관소가 출범해 5,400여 건의 인권유린 사례를 추가 접수했다.
- 2003년 8월 의회는 알폰신과 메넴 정부의 사면법 폐기를 결의했다.
- 2004년 3월 대법원은 영·유아 납치와 강제 입양 혐의로 지방경찰청장과 경찰청 소속 의사에게 징역 7년형을 선고했다. 법원이 군사정권의 강제 입양을 처음으로 처벌한 사례였다.
- 2005년 6월 대법원은 "국가가 저지른 반인도적 범죄에는 공소시효가 없다."며 기소중지법과 의무복종법을 폐기한 의회의 결정을 승인했다.
- 2006년 6월 사법부는 과거 사면 관련법에 따라 기소 중지된 군사정권 인사의 재판을 다시 시작했다.
- 2007년 4월 대법원은 과거 메넴 대통령이 군사정권 지도자들을 사면한 것은 위헌이라고 판결했다. 비델라는 이듬해 다시 교도소에 갔다.
- 2008년 6월 할머니 모임의 첫 회원이었던 알리시아 수바스나바르가 92세로 사망했다. 군사정권 당시 실종된 아들과 딸(당시 임신 중)의 진실을 끝내 밝혀내지 못했다.
- 2010년 4월에는 군부 정권의 마지막 대통령이었던 비그노네에게 고

문과 납치 등의 혐의로 25년 형이 선고됐다.

· 2012년 7월 비델라에게 유아 납치와 신원 조작, 불법 입양죄로 50
  년형이 추가됐다.

· 2013년 5월 17일 비델라가 부에노스아이레스 인근 교도소에서 87
  세로 사망했다. 그에게 적용된 죄목은 납치, 구금, 살해 그리고 어린이
  강제 입양 등이었다.

· 2013년 8월 할머니 모임은 109번째 '잃어버린 아이'를 찾았다. 1976
  년 4월 5일 생후 6개월 때 실종된 파블로 게르만 아타나시우 라스찬
  (37세)이었다.

· 2013년 8월의 예비선거와 10월의 총선거에서 빅토리아, 오라시오
  등 '잃어버린 아이'들이 대거 출마했다. 특히 집권 여당인 '승리를 위한
  전선'[45]은 선거 포스터에 2명의 '잃어버린 아이'들이 커피를 마시는 사
  진을 활용했다.

과거청산이라는 말 자체가 지나간 날들의 일을 손익계산서처럼 뽑
아내 정리한 뒤 다시는 묻지 말자는 뉘앙스를 담고 있다. 과거를 정
리하는 작업은 반드시 필요하다. 언제까지나 고통 속에 머물 수만
은 없기 때문이다. 폭력과 억압의 공포에서 벗어나야 하기 때문이다.

---

45) FPV·Frente para la Victoria, 아르헨티나의 중도좌파 선거연합이다.

그러려면 과거청산은 가장 큰 상처를 받은 자, 가장 큰 고통에 시달리는 이들의 눈높이에서 이뤄져야 한다. 이들을 무시한 과거청산은 상처와 고통을 오히려 증폭시킨다. 웃음소리는 멀리 퍼지지도 않고 금방 잊히지만, 비명은 멀리서도 들리고 사람들의 마음에 오랫동안 공포를 남긴다. 상처받은 이들의 고통과 공포는 전염성이 강하다.

가장 약한 이들의 인권이 보장될 때 모든 이들의 인권이 보장되듯, 가장 큰 피해자에게 위로와 희망을 줄 때 사회적인 용서와 화해가 가능하다. 피해자가 반드시 가해자를 용서해야만 사회적인 용서가 가능한 것은 아닐 것이다. 피해자가 겪은 깊은 고통과 번민을 사회 구성원 모두가 같이 겪는다는 것은 사실 불가능하다. 피해자가 용서의 손을 내밀지 못하더라도, 그들의 자존심과 자아가 회복되고 그 같은 고통이 되풀이되지 않을 것이라는 확증을 얻는다면, 그때에는 적어도 사회 구성원들 사이에 용서와 화해, 과거청산은 가능하지 않을까.

비밀 감옥 책임자였던 테즐라프 중령의 집에서 자란 소녀를 기억하는가. 2001년 뉴욕 맨해튼의 9·11 테러를 TV에서 바라보며 빅토리아는 남편에게 말했다.

인생이란 얼마나 하잘 것 없는지. 내일이 올지 안 올지 어떻게 알아. 오늘,

할머니를 만나러 가고 싶어.

빅토리아는 남편과 함께 어머니와 아버지의 고향, 할머니가 사는 곳
으로 갔다. 거기서는 모든 사람이 빅토리아 가족을 알고 있었다. 누
구도 빅토리아를 보고 울지 않았다. 웃으며 인사를 건넸고, 팔을 벌
려 포옹했고, 같이 식사했다. 남편이 말했다.

이것 보라고. 이 식탁을 당신 아버지가 만들었대.

빅토리아는 가만히 앉아 잠시 침묵했다. 아무런 기억도 떠오르지 않
았다. 아버지의 이름은 빅토리아 인생의 반대편, '반역자'라고 쓰인
벽에 적혀 있었을 뿐이었다.

빅토리아는 테츨라프가 2003년 옥중에서 사망할 때까지 매주 면회
를 갔었다. 당뇨를 앓고 있던 테츨라프는 빅토리아에게 간호를 요청
했다. 빅토리아는 테츨라프가 저지른 일은 어쩔 수 없는 일이었고 정
당한 일이라고 생각했다.

빅토리아는 서서히 잃어버린 자신을 찾아갔다. 할머니 모임을 거들
면서 자신과 같은 일을 겪은 이들을 만났고, 자신에게 어떤 일이 있

었는지도 알게 되었다. 키르치네르 정권이 들어서면서 정부에서 일하게 되었고, 선거에 출마하라는 권유를 받기에 이르렀다.

2011년의 마지막 날. 빅토리아는 군인병원의 병실에 있었다. 마리아 델 카르멘의 열을 낮추기 위해 얼음을 가져오다가 TV에서 자신이 중도좌파 정당 '승리를 위한 전선'의 부에노스아이레스 시의원 후보로 선출됐다는 뉴스가 나오는 것을 보았다. 병실의 침상에 누워 있는 마리아의 눈빛이 화가 난 것 같았다. 마리아는 테츨라프 중령의 아내, 과거 빅토리아를 불법 입양했고 빅토리아가 어머니라 불렀던 사람이었다. 빅토리아는 테츨라프의 옥바라지를 한 것처럼 마리아를 간호하고 있었다. 빅토리아는 마리아의 눈빛에 지지 않고 마주 바라보았다. 죽음을 앞둔 마리아 너머 유리에 비친 자신의 모습이 눈에 들어왔다. 거기에는 2명의 여자가 있었다. 과거 테츨라프와 마리아를 아빠와 엄마로 불렀던 마리아 솔 테츨라프, 그리고 지금의 빅토리아 몬테네그로. 지금 늙고 병들어 병실의 침대에 누워 있는 마리아는 평생 이 2명의 여자를 돌봤다. 빅토리아는 마리아의 머리에 얼음을 올려놓으며 생각했다.

마리아, 나는 지금 여기 당신의 옆에서 당신을 간호하고 있어요. 나의 어머니가 죽어갈 때 나는 어머니 옆에도 있지 못했고, 어머니를 감싸 주지

도 못했는데 말이에요.[46)]

빅토리아는 마리아를 팔로 감쌌다. 마리아의 거친 숨소리가 그쳤다. 죽어가는 마리아를 보면서, 빅토리아는 한 번도 본 적이 없는 아버지의 모습을 떠올렸다. 라플라타 강 아래로 가라앉는 아버지. 빅토리아는 눈물을 흘렸다. 누구의 죽음을 애도하는 것인지, 라플라타 강에서 숨진 아버지인지 군인병원에서 죽어가는 마리아인지 그녀도 알 수 없었다.

이듬해 우루과이에서 아버지의 유골이 발견되었다. 잃어버린 기억의 조각을 찾은 느낌이었다. 이제 테블라프를 놓아 보내 줄 수 있을 것 같았다. 빅토리아 자신이 테블라프에게서 자유로워지는 것 같았다. 목을 조르고 있던 악몽에서 풀려난 느낌이었다.

마리아 솔 테블라프는 서서히 사라지고, 빅토리아 몬테네그로가 되어갔다. 마치 집을 새로운 페인트로 칠하는 것처럼, 화초를 옮겨 심는 것처럼. 빅토리아는 여전히 테블라프를 미워하지 않는다고 말했다.

---

46) El Pais, 2013. 8. 11. "La resistencia de Victoria" by Por Marta Dillon
http://www.pagina12.com.ar/diario/elpais/1-226520-2013-08-11.html

진실이 고통스러울 수는 있지만, 그게 사람을 해칠 수는 없어요. 하지만,
사랑이란 것은 또 다른 것이더라고요.

빅토리아는 2013년 부에노스아이레스 시의원 선거에 출마했다. 그
의 집 가정부에게 입양됐던 오라시오도 정치에 뛰어들었다. 그녀가
선거사무소에서 사람들을 독려하고 이끄는 모습을 보면서, 어떤 이
들은 "엄마를 닮았다."고 말한다. 빅토리아는 한 번도 본 적이 없는.
그는 인생의 벽 반대편에 서 있었다.

빅토리아는 디즈니의 만화영화 '라푼젤'을 보았을 때, 마치 자신의
이야기를 보는 것 같았다고 했다. 그러나, 아니었다.

라푼젤이 부모를 다시 만나는 장면에서 저는 울었어요. 왜냐하면, 제 인
생에는 그런 장면이 없거든요.

하지만 빅토리아는 이제 웃을 수 있다.

왜냐면, 전 이제 마리아 솔 테츨라프가 아니거든요. 저는 역사의 희생자
이길 그만 두고, 싸우기로 했으니까요.

프랑스의 세계대전 부역자

단호한 숙청,

제2차 나치 청산

폭력과 증오의 재생산을 경계하다

"가해자의 증오에
희생자의 증오가 화답했다.
그리고
가해자가 떠나자
프랑스인은 다 써먹지 못한
증오를 지닌 채 남았다.
그들은
여분의 분노를 가지고
여전히
서로를 쳐다보고 있다."

— 알베르 카뮈

프랑스의 과거청산은 실패했다고 알베르 카뮈(이하 카뮈)가 토로했다. 1945년 8월 30일, 그가 편집장으로 있는 〈콩바Combat〉의 사설에 그는 이렇게 썼다.[1]

오늘은 시작부터 극히 중요한 한 가지 진실을 지적하는 것을 양해해 주기 바란다. 그 진실이란, 이제 프랑스에서 숙청은 실패했을 뿐만 아니라 신뢰마저 잃고 말았다는 분명한 사실이다. 숙청이란 말 자체가 이미 입에 담기에 충분히 힘든 표현이었다. 그것은 지금은 추악한 것이 되고 말았다. 그것이 추악해지지 않을 수 있는 가능성은 오직 하나, 즉 복수심이나 경솔함과 거리가 먼 실천뿐이었다. 한편으로는 증오를 외치는 사람들과 다른 한편으로 양심의 가책을 변호하려 드는 사람들 사이에서 단순한 정의의 길을 찾아내는 것은 쉬운 일이 아니다.[2]

---

1) '전투'라는 뜻의 제호를 내건 이 신문은 나치에 저항하는 레지스탕스를 이끈 여러 지하 매체 중 좌파 성향을 대변해 온 매체였다.
2) 〈알베르 카뮈 전집4〉, 알베르 카뮈, 김화영 옮김(책세상, 2010), p.456~457.

처형당한 프랑스의 나치 부역자

제2차세계대전이 이제 막 끝난 시점이었다. 독일이 항복하고 일본이 무릎 꿇었다. 파리가 해방된 지 1년이 지났고, 훗날 전범 재판의 모범이 된 뉘른베르크 재판은 시작도 하지 않았다. 그런데, 카뮈는 이날 자신이 편집장으로 있는 신문의 사설을 통해 나치 정권에 부역한 작가들을 처단해야 한다고 목소리 높여왔던 자신의 주장을 철회했다.

우리는 프랑스를 과거청산의 가장 성공적인 사례로 언급한다.

> 프랑스의 친독 인사 심판이 얼마나 냉혹했던가는 세계사의 교훈이 되고 있으며 … 일본에게 독일을 본받으라고 하기 전에 우리가 프랑스를 스승으로 삼아야 할 순간이 온 것이다.[3]

---

3) 〈내일을 여는 역사〉 16호, '왜 친일파가 문제인가', 임헌영(선인, 2004), p.26~27.

프랑스는 1944년 8월 나치에서 해방된 후 곧 과거청산에 들어가 약 2년간에 걸쳐 조국을 배반하고 나치에 협력한 1만여 명의 부역자를 처형했다. 프랑스는 왜 이렇게 많은 사람을 가혹하게 처벌했는가. 그것은 지난날의 부끄러운 과거를 바로잡지 않으면 국가 정체성을 확립할 수 없고, 민족정기를 바로 세울 수 없으며, 올바른 미래를 건설할 수 없다고 보았기 때문이다.[4]

역설적이게도, 프랑스에는 과거청산이라는 말이 없다. 숙청l'épuration이 있었을 뿐이다.[5] 우리가 앞에서 남아공과 캄보디아, 아르헨티나의 사례에서 살펴봤듯이 과거청산은 가해자의 처벌 외에도 진상규명이나 피해자 보상, 사회적 공감대 형성과 같은 여러 요소가 있다. 하지만 프랑스에서는 다른 어떤 것보다 부역자 처벌이 강조되었다. 특수한 경우다. 제2차세계대전이라는 전쟁 상황이었고, 독일의 점령이 4년이라는 비교적 짧은 시간이었[6]는 점을 생각하면 이해할 수 있다. 레지스탕스와 연합군의 승리는 곧바로 비시 정권[7]이라는 괴뢰정부의 패배였다. 상황은 분명했다. 전쟁에서 레지스탕스가 이기고

---

4) 2013년 5월 4일 오늘의 유머 사이트에 닉네임 릴케 님이 작성한 '카뮈를 통해 본 프랑스 부역자 청산론'이라는 글. 대중이 사안을 어떻게 인식하는지 알 수 있는 좋은 사례.
http://m.todayhumor.co.kr/view.php?table=history&no=8783
5) 《세계의 과거사청산》, '프랑스의 대독협력자 숙청', 안병직 외(푸른역사, 2005), p.80.
6) 프랑스는 1940년 6월 22일 독일에 항복(휴전협정 체결)하면서 독일 강점에 들어갔다. 1944년 8월 파리 해방까지 4년 2개월간 이어졌다.

비시 정권의 나치 협력자들이 졌을 뿐, 진상 규명이 필요한 일은 아니었다. 승리자가 패배자를 심판하는 것에 사회적 저항이 있을 수도 없었다. 전후戰後의 상황이었기에 가능한 일이었다.

남아공이나 캄보디아, 아르헨티나 혹은 대한민국처럼 민주화와 점진적 체제 변화의 과정을 겪은 사례와는 달랐다. 프랑스가 단호하게 과거의 부역자를 숙청했다, 혹은 과거를 깨끗하게 청산했다고 평가한다 해도 우리의 처지에 견주어 비교할만한 일은 아니었다. 그럼에도 우리는 프랑스와 비슷한 시기에 '반민족행위특별조사위원회'가 좌절되었고 1980년대 민주화 이후에도 군사정권에 대한 철저한 단죄와 진상 규명에 실패했기에, 프랑스의 사례를 칭송하며 부러워할 수밖에 없었다.

그런데 그 가운데에서 가장 힘차게 숙청을 주장했던 카뮈는 정작 실패를 선언했다. 나치에서 해방된 프랑스, 숙청의 칼을 높이 들어 올린 파리, 그곳에서 무슨 일이 있었기에 카뮈가 "그것(숙청)은 지금은 추악한 것이 되고 말았다."고 일갈했을까.

---

7) 독일과 휴전 협정 체결 뒤 1940년 7월 10일 프랑스 중부의 온천 휴양 도시인 비시(Vichy)에 상하원 의원들이 모여 제1차세계대전의 영웅인 필리프 페탱 국가원수에게 통치권을 부여했다. 페탱은 10월 히틀러를 만나 나치와의 협력을 공식 선언했다.

1년 전인 1944년 8월, 파리가 나치로부터 해방되던 시점부터 프랑스에서는 카뮈의 동료였던 작가와 언론인의 숙청을 둘러싼 다양한 사건이 있었다. 작가와 언론인 숙청은 다른 어떤 분야보다 신속하고 과감하게 진행되었다. 그 과정에서 카뮈는 반대편에 섰던 이들과 논쟁이 있었다. 카뮈가 숙청의 실패를 선언할 때까지 그 1년간의 기록을 따라가 보자.

거리의 숙청

1944년 8월 24일, 파리에서 독일군이 철수했다. 자유가 찾아왔다. 오후부터 레지스탕스의 허가를 받은 지하신문들이 파리의 골목에 뿌려지고 있었다. 지하신문 중 하나였던 〈콩바〉에는 '자유의 피'라는 제목으로 카뮈의 감격적인 글이 실려 있었다. 나치와 맞선 투쟁으로 숨진 이들을 추모하면서 자유의 가치를 옹호하는 내용이었다.

> 인간들의 고통을 넘어서, 피와 분노에도 불구하고, 그 무엇과도 바꿀 수 없는 이 죽음들, 부당한 이 상처들, 이 맹목의 총탄들에도 불구하고, 우리가 입 밖에 내뱉어야 할 것은 회한의 언어가 아니라 희망의 언어, 인간들의 몸서리쳐지는 희망의 언어인 것이다.

알베르 카뮈

하늘과 거리 양쪽에서 퍼붓는 폭풍과 더불어 어둡고 뜨거운 이 엄청난 파리가 우리의 눈에는 결국 전 세계가 선망하는 저 계몽의 도시보다도 더 눈부신 것이다. 파리는 모든 희망과 고통의 불빛으로 폭발한다. 파리는 명증한 용기의 불꽃으로 가득 차서 온통 해방의 광채일 뿐만 아니라 나라의 자유의 광채가 된다. 《콩바》, '자유의 피', 1944년 8월 24일)[8]

다음날에도 카뮈는 평화의 이름을 거듭해서 부르며 승리를 찬양했다.

오늘 저녁 우리의 진실, 이 8월의 하늘에 떠 있는 진실은 바로 인간의 위안이다. 그리고 그것은 죽은 우리 동지들의 평화인 동시에 우리 마음속

---

8) 알베르 카뮈, 앞의 책. p.405.

의 평화, 되돌아온 승리 앞에서 보복하거나 요구하려는 마음도 없이 다만 '우리는 마땅히 해야 할 일을 했다.'라고 말할 수 있는 평화다. (〈콩바〉, '진실의 밤', 1944년 8월 25일)[9]

'승리 앞에서 보복하거나 요구하려는 마음'이 없다고 카뮈가 밝힌 다음 날인 26일 드골 정부는 독일에 협력한 비시 정권 인사들과 여기에 동조한 이들을 처벌하기 위해 특별 법정을 설치하는 법을 발표한다. 29일 〈콩바〉는 '순교자들의 증언'이라는 제목으로 프랑스인 34명이 고문을 당하고 피살되었다는 기사를 보도했다.

다음날인 30일 카뮈는 〈콩바〉에 '모멸의 시간'이라는 제목의 글을 발표한다. 보복을 요구하지 않겠다는 1주일 전 평화의 선언에서 돌아섰다. 카뮈는 숙청의 필요를 주장했다. 이 글은 프랑스의 과거청산을 설명하는 글로 지금까지도 널리 읽힌다. 그가 숙청의 실패를 선언하기 꼭 1년 전에 실린 글이다.

> 지금도 여전히 수많은 동지들은 배가 갈라지고 사지가 찢기고 구둣발에 차여 두 눈이 짓이겨지고 있다. 이런 짓을 저지른 사람들은 지하철 전동

---

9) 앞의 책. p.408.

차 안에서 자리를 양보할 줄 아는 사람들이었다. 고문을 과학으로, 직업으로 개발한 힘러 또한 밤에 자기 집에 돌아갈 때에는 애지중지하는 카나리아의 잠을 깨우지 않기 위하여 뒷문으로 들어가곤 했듯이 말이다. …

10년 전부터 한 민족이 바로 그러한 영혼의 파괴에 몰두해 왔다. 그 민족은 자신들의 힘을 너무나도 굳게 믿었기에 이제부터는 영혼이 유일한 장애물이라고, 그러니 그 영혼을 손봐야 한다고 생각했다. 그래서 그들은 영혼을 손보게 되었고, 그들에게는 불행한 일이지만, 그들은 때때로 그 일에 성공을 거두었다. 그들은 언제나 하루 중 낮 혹은 밤의 어떤 시간이면 인간 중에서 가장 용기 있는 사람들도 문득 비겁해지는 때가 온다는 사실을 알고 있었다.

그들은 언제나 그런 시간을 기다릴 줄 알았다. 그런 시간에 그들은 몸의 상처들을 통해서 그 영혼을 찾아냈고 그 영혼을 사납게 미쳐 날뛰게 만들었고 때로는 배반자나 거짓말쟁이로 만들었다.

여기서 누가 감히 용서를 말할 수 있겠는가? 인간 정신이 마침내 칼은 칼로만 이길 수 있다는 것을 깨달았을진대, 그리하여 무기를 들고서야 승리를 얻었을진대, 누가 그에게 잊어버릴 것을 요구하려 하겠는가? 내일, 입을 열고 말할 수 있는 것은 증오가 아니다. 내일 입을 열고 말할 수 있는 것은 바로 기억에 근거한 정의, 그것이다. 우리들 가운데서 결코 한 번도 남을 배반해 본 적이 없는 가슴으로 고귀한 평화를 맛보며, 입을 열어 말해 보지도 못한 채 죽은 사람들에게는 어쩌면 가장 영원하고 가장 성스러운 정의란 용서하는 것일지 모르지만, 우리들 가운데서 가장 용기 있는 사람들, 저들이 그 영혼을 더럽혀서 비겁자로 만들어 버린, 그래서 돌이킬 수 없도록 황폐해진 가슴속에 타자들에 대한 증오와 그들 자신에 대한 모멸을 안고 절망하여 죽은 사람들에게는 무섭게 후려치는 것만이 가장 영원하고 가장 성스러운 정의다. (《콩바》, '모멸의 시간', 1944년 8월 30일)[10]

카뮈는 왜 평화를 버리고 칼을 선택했을까. 이 글에서 그의 시선은 나치에 고통당한 레지스탕스 동료들을 향했다. 카뮈는 이런 잔인한 일을 행한 독일이라는 민족을 떠올렸다. 또 독일이 거짓말쟁이나 미치광이로 만들어 버린 프랑스의 영혼, 즉 나치 협력자에게로 시선을 옮겨 갔다. 카뮈는 우리가 남을 배반하지 않을 정도로 순수하지 못하기 때문에, 우리 자신의 영혼이 타락하는 것을 막기 위해서라도 부역자들을 용서해선 안 된다고 주장했다. 이것은 '증오가 아니라 정의'라고 역설했다. 즉 우리가 부역자가 되지 않기 위해서라도 부역자를 처벌해야 한다는 것이다.

"부역자가 다시 생기지 않도록 부역자를 처벌해야 한다.", "증오가

---

10) 앞의 책, p.409~411.

1944년 8월 26일 파리로 개선하는 드골의 프랑스군

아니라 정의의 실현이다."라는 논리는 앞으로 카뮈가 숙청론을 비판하는 이들을 향해 거듭 주장하는 내용이다. 이 주장은 과거청산의 필요를 설명하는 일반론이기도 하다. 역사의 비극이 되풀이되는 것을 막기 위해서라도 비극의 가해자를 처벌해야 한다는 주장과 카뮈의 숙청론은 논리적으로 똑같다.

이 당시 프랑스는 이미 열정적인 숙청을 단행하고 있었다.

> 대독협력자들에 대한 최초의 숙청은 재판소가 아니라 거리에서, 혹은
> 숲 속에서 이루어졌다. … '약식처형'이었다. 이러한 처형 방식은 일찍이
> 1941년부터 레지스탕스 대원의 '테러'라는 형태로 진행되었고 독일 군
> 당국과 비시 정부가 레지스탕스 탄압에 박차를 가하자 이에 대한 대응으
> 로 1943년 가을부터 본격화되었다. 레지스탕스 대원들은 종종 자체 조
> 직의 '군법회의'를 통해, 혹은 독일과 비시 군경의 전투 과정에서 다양한
> 범주의 대독협력자들, 혹은 그렇게 간주된 자들을 처형했다. 재판소가 설
> 치되고 사법적 숙청이 시작된 뒤에는 군중들이 재판의 지연이나 미온적
> 판결에 분개한 나머지 부역 혐의자들을 공개 처형하기도 했다.[11]

약식처형Lynchange, 즉 거리의 숙청은 1944년 6월 연합군의 노르망
디 상륙작전 이후 나치가 프랑스에서 후퇴하면서 본격적으로 시작
되었다. 프랑스 전역에서 연합군과 레지스탕스의 전투가 전개되었
다. 전선이 노르망디 해안에서 독일을 향해 동쪽으로 조금씩 옮겨질
때마다, 나치에게서 해방된 마을의 거리와 숲에서는 부역자를 불러
낸 숙청이 이루어졌다. 프랑스의 현대사연구소가 집계한 바로는, 노

---

11) 안병직 외, 앞의 책, p.85.

르망디 상륙 뒤 그해 11월까지 약식처형이 집중적으로 이뤄졌다. 레지스탕스는 자체적으로 군법 재판을 열거나 때로는 재판 절차도 없이 비시 정부의 관료, 경찰, 민병대원, 밀고자, 암거래 상인 등을 처형했다. 남부 프랑스 알레스에서는 사형을 선고받았던 전 시장이 부역자재판소에서 감형을 받자, 군중이 분노해 교도소를 습격, 다른 사형수 부역자들을 폭행하고 전 시장을 총살한 사건도 있었다. 이렇게 약식처형으로 사망한 이들의 숫자는 1만 822명에 이른 것으로 1952년 프랑스 정부는 조사했다. 이 중 레지스탕스가 처형을 했는지 레지스탕스로 위장한 단순 범죄인지 알 수 없는 동기 불명의 살해 건수도 1,955명이나 되었다.

> 소문에 의하면, 어느 마을에서는 부역자들이 가족과 함께 침대에 누운 채로 살해되었다고도 했다. … 주민들이 감옥을 점령해서 부역자들을 솎아냈고, 그들의 시체는 다음 날 숲 속에서 발견됐다는 소문도 나돌았다. … 소문은 무성했고, 일부 정보들은 거짓으로 드러났다. 하지만 너무 늦은 일이었다. 이미 '심판'하고, 형을 선고하고 집행한 뒤였다. 급격하게 돌아가는 상황 속에서 일부 사람들은 자신의 개인적 이득과 국가의 이익을 혼동하기도 했다. 최고형이 지나치게 많아 복수의 악취를 풍기고 있었다.[12]

---

12) 〈지식인의 죄와 벌―글 쓰는 것과 말하는 것의 두려움〉, 피에르 아술린, 이기언 옮김(두레, 2005), p.40.

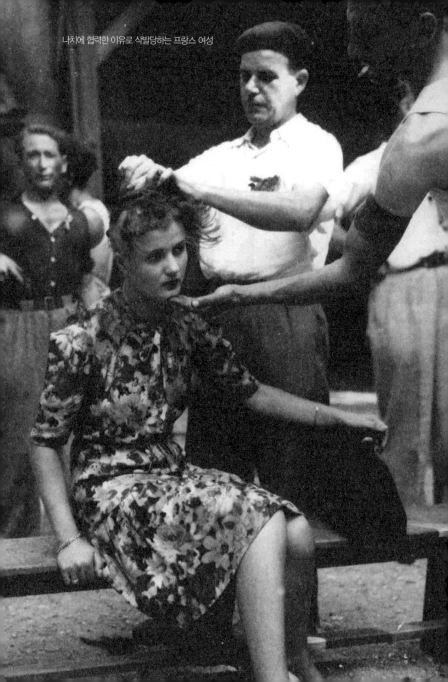

나치에 협력한 이유로 삭발당하는 프랑스 여성

약식처형과 함께 프랑스식 숙청을 상징하는 또 다른 사례는 여성 삭발식이었다. 나치에 협력했던 여성 부역자, 혹은 독일인과 사귀거나 성관계를 가졌던 프랑스 여성을 붙잡아 거리에서 머리를 깎고 옷을 찢거나 때리면서 이리저리 끌고 다니는 행위가 전국에서 벌어졌다. 1943년부터 1946년 초까지 프랑스 전국에서 약 2만 명의 여성이 삭발을 당했다.

연합군의 노르망디 상륙에서부터 해당 지역의 해방에 이르기까지 몇 달간에 걸친 기간에 벌어진 약식처형 대부분은 '숙청'이나 '과거사 청산'이라기보다는 영토 해방을 위한 전투 행위의 일환으로 볼 수 있을 것이다. 따라서 그 행위의 정당성 여부도 일반적 정의의 기준이 아니라 군사적 필요성이라는 기준에 따라 판단해야 할 것이다. …

많은 역사가들은 해방 전후의 약식처형(종종 '야만적 숙청'으로 불리는)으로 무고한 자들이 희생된 사례는 극히 일부에 국한되며, 약식처형된 사람들 상당수는 가장 일선에서 레지스탕스를 체포, 고문, 살해한 자들이므로 이후 정식 재판소에 회부되었더라도 중형을 면하기 어려웠을 것이라고 진단하고 있다.[13]

---

13) 〈프랑스의 과거사 청산〉, 이용우(역사비평, 2008), p.66~67.

레지스탕스의 숲 속에서 이루어지던 약식처형도 전선을 따라 파리로 가까워지고 있었다. 파리의 거리에서도 여성 삭발식이 이어졌다. 승리의 축제, 잔인한 축제였다.[14]

9월 1일 교황 비오 12세가 라디오 연설을 했다. 전쟁의 참화를 겪은 유럽인, 특히 이탈리아인을 위해 국제사회의 도움이 필요하다고 호소하면서 인류애에 기초한 국제 원조 기구 설립을 제안했다.[15] 교황의 호소도 전쟁의 패배자들을 향한 분노를 달래어 주지 못했다. 이탈리아는 독일, 일본과 함께 전범 국가였다. 가톨릭교회는 히틀러가 유럽을 전쟁 속으로 몰아넣는 동안 침묵했었다. 카뮈는 가톨릭교회의 이런 비겁한 침묵을 비난했다.

프랑스 지식인들 사이에서도 숙청론이 제기되기 시작했다. 프랑스인의 정신을 지배하는 작가와 언론인의 부역은 다른 어떤 전쟁범죄보다 엄벌해야 한다는 주장이 힘을 얻기 시작했다.

그 중심에 전국작가회의Comité national des écrivains가 있었다. 레지스탕스 운동에 참여한 작가들의 지하 모임인 전국작가회의는 파리가

---

14) 앞의 책, p.64.
15) 교황 연설문의 영어 번역문 참고. http://www.ibiblio.org/pha/policy/1944/1944-09-01a.html

해방되자 9월 4일 처음으로 공개회의를 열었다. 나치와 비시 정권을 옹호하거나 대변한 작가들을 엄중히 사법 처리해야 한다는 결의문을 채택하고 처음으로 부역 작가 명단, 즉 작가 블랙리스트를 발표했다. 모두 12명이었다.

> 전국작가회의가 지하 시대를 벗어나 공개적으로 처음 내린 몇몇 결정 사항들을 언급하려면, 당시의 상황에서 살펴보아야 한다. 당시 파리는 해방의 기쁨에 들떠 있었고, 멀지 않은 전선에서는 여전히 전쟁이 계속되고 있었을 뿐만 아니라, 독일로 피신한 부역 기자들이 살인을 부추기는 선전 공격을 해대던 상황이었다. 이러한 분위기에서는 호의도 냉정한 심판도 어려웠다.… 이들(최초 블랙리스트의 12명―필자 주) 가운데 몇몇은 당연했고, 어떤 이들은 의외였고, 명단에 포함되지 않은 자들도 있었다. 하지만 이제 시작일 뿐이었다.[16]

블랙리스트에 포함된 이들은 크게 당황했다. 일부 작가들은 자신의 이름이 명단에 올라온 것은 부당하다며 작가회의 측에 편지를 보내고 해명했다. 명단에서 이름이 지워지기도 했고, 또 다른 이름이 추가되기도 했다.[17]

---

16) 피에르 아술린, 앞의 책, p.165~166.
17) 이와 관련한 자세한 내용은 피에르 아술린이 자신의 책에서 자세히 소개하고 있다.

처음에 12명이었던 그 명단은 9월 16일에는 94명으로 확대되었고, 최종적으로 10월 21일에는 158명이 되었다.[18]

9월 7일 비시 정권의 국가원수였던 필리프 페탱(이하 페탱)과 수반이었던 피에르 라발(이하 라발)이 독일로 도피했다. 이들은 이듬해 파리의 부역자 법정에 세워져 반역죄로 처벌당한다.

모리아크, 혹은 매국노의 사제

숙청은 이제 나치를 쫓아낸 프랑스가 반드시 치러야 할 피의 축제처럼 여겨지고 있었다. 이런 축제의 분위기에 찬물을 끼얹는 사람이 등장했다. 프랑수아 모리아크(이하 모리아크)였다. 그는 페탱과 라발이 독일로 도피한 다음 날, 자신이 정기적으로 칼럼을 써 온 〈르피가로Le Figaro〉에 숙청에 반대하는 글을 발표했다. '진정한 정의'라는 제목으로 실린 이 글로 숙청을 둘러싼 논쟁이 본격적으로 시작되었다.

우리의 기쁨을 짖어들게 하는 것은 비를 뿌리는 하늘인가, 아니면 저 애

---

18) 이용우, 앞의 책, p.134.

원하는 전화와 편지들인가? 얼마 전까지도 여전히 웃고 있던 남자와 여자들. 이제는 그들이 눈물을 흘릴 차례이다. 우리는 그들에게 다음과 같이 말할 권리가 있을 것이다. 당신들은 그토록 많은 형제들이 고통을 받으며 죽어 갔던 그 세월 동안 행복하게 살아가는 데 성공했다. … 그러나 사람들은 입증할 수 없는 오해와 오류들이 있음을 우리에게 알리고 있다. 체포된 많은 사람이 오해의 희생자라고들 한다. 그리고 비시 정부가 국민에게 억지로 받아들이게 했던 가증스런 애매한 말 속에서 변명할 여지를 찾는 사람들도 있다. …

이 글은 죄인들을 변호하려는 것이 아니다. 단지 여기서 상기시키고 싶은 것은 이 사람들 모두가 피고인이나 피의자들이며, 그 어떤 법원에서도 아직 이들의 범죄 혹은 중죄 사실이 입증되지 않았다는 사실이다.

오의 나 역시 잘 알고 있다. 게슈타포와 비시 정부 경찰들에게는 이와 같은 신중함이 결여되어 있었다는 것을. 그렇지만 바로 그렇기 때문에라도 우리는 사형집행인과 희생자가 번갈아 교차되는 것보다는 더 나은 것을 열망하고 있는 것이다. 무슨 일이 있더라도 제4공화국이 게슈타포의 군화를 신어서는 안 된다.

내가 쓸데없이 걱정하고 있는 것일 수도 있다. 어쨌거나 내 자신이 지나치게 앞서 걱정하는 것이라면 다행이다. 그러나 감히 나는 이 글에서 내가 가진 모든 생각들을 이야기하려고 한다.

경찰국가 체제의 치졸한 분위기 속에서 국민이 아무 탈 없이 4년을 지낼 수는 없는 법이다. 자기 자신의 기술에 푹 빠진 직업 사형집행관들은 4년 동안 여러 사형 방법들을 다듬어 왔고, 이 방법들은 이름 모를 무덤에 누워 있는 옛 프랑스의 종교 재판관이나 사법관의 유골들을 감동시키고도 남음이 있었다. 그 옛날 옛적의 재판관들은 사람들이 다시금 고문으로 되돌아오리란 걸 잘 알고 있었다. 마치 형제 중 하나가 다른 하나를 팔아넘기거나, 친구 중 하나가 다

프랑수아 모리아크

른 하나를 밀고하게 하는 또 다른 방법이 있기라도 한 것처럼!

잘못 억압된 고대의 잔혹성, 몽테뉴가 "나는 잔혹성이 끔찍이도 싫다."고 말했던 이 잔혹성이, 이제 아돌프 히틀러 덕분에 인간이 인간에게 있어서 가장 사나운 짐승이었던 시절만큼이나 창의적이고 쾌활하게 솟구치게 된 것이다. 우리도 모르는 사이에, 또한 우리가 그 잔혹성으로 고통받았던 만큼 더욱 우리가 그 파렴치한 고문 기교들에 익숙해졌다는 것, 그리고 사람들이 다른 사람들을 다루는 방식이 더 이상 우리를 놀라게 하지

않는다는 사실에 유의하자.

나는 핑곗거리를 만들기 위해서, 혹은 정의에 굶주리고 목마른 사람들에게서 그들이 응당 누려야 할 만족감을 얻을 계기를 빼앗으려고 이 글을 쓰는 것은 아니다. 불쌍한 어린 양처럼 기차 짐칸들 속에 빽빽이 들어찬 유대인 아이들을 본 자가 어찌 엄정한 재판의 요구 앞에서 물러설 수 있겠는가? 젊은 남편이 다른 포로들과 함께 지금 막 처형되었다던, 한 여인의 끔찍한 눈길이 아직도 나를 쫓고 있다. 또 내가 차마 다시 읽지 못하고 있는 편지도 있는데, 거기에서는 우리의 딸 중 한 명이 어떻게 총살당한 소년들의 눈을 감겨 주었는지, 또 어떻게 그들을 묻어 주었는지 말하고 있다. 그러나 바로 이런 엄정함의 필요성이야말로 우리를 더욱 세심하게 만들어 줄 것이다. 일단 우리가 강하게 가격하려고 결심했다면 과연 정확하게 가격하고 있는지를 확실히 해 두어야 한다.

그리고 다음의 사실을 결코 잊지 말자. 연합군의 이러한 승리, 즉 우리의 승리는 인간의 승리일 것이다. 민주 국가들은 전 유럽에서 히틀러의 사행 집행인들이 파괴하고 우롱했던 인간 존엄에 대한 하나의 이념 안에 단결한 채로 있을 것이다. 마르크스주의자들이 보기에 인간은 인간에게 있어서 지고의 존재이다. 그러나 우리 기독교도들은 인간이 하느님의 자손임을 믿으며, 신에게 나서 신에게로 돌아가는 피조물 각각의 무한한 가치를 믿는다. 이와 같이 우리는 다양한 경로를 통해, 비록 죄인이건 범죄의 책임이 있는 사람이건 간에 모욕받지 않고 벌을 받아야 한다는 인간에 대

모리아크는 "사형집행인과 희생자가 번갈아 교차되는 것보다는 더 나은 것을 열망하고 있다."며 숙청이 지난날의 피해자가 가해자를 복수하는 차원이 되어서는 안 된다고 비판했다. "무슨 일이 있더라도 제4공화국이 게슈타포의 군화를 신어서는 안 된다."는 문장은, 나치와 똑같은 폭력적인 방식으로 부역자들을 대하는 것은 스스로 나치와 같은 존재로 추락하는 행위라는 비난이었다. 모리아크는 "인간이 하느님의 자손임을 믿는다."는 기독교적 신념을 바탕으로 "죄인이건 범죄의 책임이 있는 사람이건 간에 모욕받지 않아야 한다."고 주장했다. 모리아크는 숙청 자체를 반대한 것이 아니라, 숙청에 임하는 프랑스의 태도를 지적했다. 권력에 기댄 폭력, 복수심, 인간 이하로 취급하는 모욕이 숙청의 정당성을 훼손할 것이라는 우려였다. 처벌하기로 했다면 정확하게 처벌해 자신들의 승리가 인간의 승리가 되게 하자는 호소에 가까웠다.

그러나 모리아크의 주장은 과도한 숙청에 대한 이성적 비판으로만 받아들여지지 않았다. 당시에도 그랬지만, 프랑스 역사학자 피에르

---

19) 서울대학교 인문학 연구원 '역사와 기억' 홈페이지 참고.
http://past.snu.ac.kr/02_document/France/france_1.html#26

아술린은 1992년 자신의 저서에서 모리아크가 '계급의식에서 자유로울 수 없는 부르주아 귀족'이며 '그의 형인 피에르 모리아크 박사가 페탱 지지자'였다며 "이런 사실을 보면 그의 입장이 이해되기도 한다."고 냉소적으로 평가했다.[20]

모든 '인간이 하느님의 자손'이라고 모리아크가 외친 바로 그날, 카뮈는 반대로 기독교의 관용적 태도를 비난하는 사설을 발표했다. 제목은 '정의와 자유'였다.

> 기독교는 그 본질에 있어서 (그것이 역설적이게도 기독교의 위대함이기도 하지만) 불의의 독트린이다. 그 종교는 죄 없는 이의 희생과 그 희생을 받아들임에 바탕을 두고 있다. 그와 반대로, 파리가 이제 막 그 저항의 불꽃들로 어둠을 밝히면서 증명한 바 있듯이, 정의는 반항 없이는 성립되지 못한다.
>
> 그렇다면 얼른 보기에 별 힘이 없어 보이는 그런 노력을 포기해야 할 것인가? 아니다. 포기해서는 안 된다. 다만 거기에 따르는 엄청난 어려움을 헤아려야 하고 또 모든 것을 단순화해서 생각하려 드는 선의의 사람들에게 그 어려움을 알아차리게 해야 한다.

---

[20] 피에르 아술린, 앞의 책, p.51~52.

너무나도 절망적인 조건 속에서 이 세기가 져야 할 힘들고도 경탄할 만한 책무는 가장 부당한 세계 속에서 정의를 건설하고, 처음부터 종속의 운명을 타고난 영혼들의 자유를 지키는 데 있다. 만약 우리가 실패한다면 사람들은 어둠 속으로 되돌아가게 될 것이다. 그러나 적어도 우리로서는 일단 시도는 해 본 셈이 될 것이다.

너무나도 어려운 항심恒心을 기독교가 이웃에 대한 사랑을 통해서 지탱해 줄 수 있다고 생각하는 도르메송[21]의 말은 옳다. 그러나 신앙을 갖지 않고 살아가는 다른 사람들은 진실에 대한 단순한 배려, 자기 자신을 잊어버린 채 인간의 위대함을 증명해야 한다는 마음만으로 또한 그 목표를 이룩하기를 희망하고 있다. (《콩바》, '정의와 자유', 1944년 9월 8일)[22]

카뮈는 16일 〈콩바〉에 좀 더 직접적으로 교회를 비판하면서 강력한 숙청을 주장하는 사설을 발표했다.

(전쟁이 벌어진) 여러 해 동안 많은 유럽인은 영적 지도자들이 꾸짖어야 할 대상을 향해 꾸짖기를 기다렸다. 그리고 여러 해 동안 그 영적 지도자들은 침묵했다. 교회가 어느 한 편을 들지 않고 생존하기 위해 국민들의

21) 바티칸 주재 프랑스 대사를 역임했던 장 도르메송이 9월 7일 〈르피가로〉에 교황의 담화에 대해 논평하면서 기독교와 그 자비의 율법만이 조화롭고 행복한 사회를 만들 수 있다고 썼다. 카뮈는 이를 비판한 것이다.
22) 알베르 카뮈, 앞의 책, p.428~429.

고통에서 떨어져 있었던 것은, 교회가 얼마나 타락했는지 보여주는 가장 강력한 명백한 증거였다. 많은 사람을 숙청하자는 게 아니라 제대로 숙청하자는 것이다.

카뮈는 "숙청이 무분별하게 이루어지고 있어 질서가 필요하다."는 주장에도 정면으로 반박했다.

> 우리는 일단 게임에 끌려들었으니 그 끝을 보지 않을 수 없다고 믿는다. 그러므로 우리의 책임 회피를 기정사실화하고 인간의 희망에 종지부를 찍는 질서라면 우리는 그 질서를 원하지 않는다. 그렇기 때문에 마침내 정의로운 질서의 기초를 세우는 데 도움이 되기로 굳게 결심한 우리는 언제나 불의보다는 무질서를 택한다는 사실을 분명히 밝혀두고자 한다. 《콩바》, 1944년 10월 12일)[23]

"불의보다 무질서를 선택한다."는 카뮈의 주장은 정의로운 질서를 세우기 위해서는 어느 정도의 혼란을 감수해야 한다는 논리였다. 숙청 과정에서 예기치 못한 부작용이나 사고가 있더라도, 숙청 자체를 의심해선 안 된다는 항변이었다. 모리아크는 동의하지 않았다. 그

---

23) 앞의 책, p.436.

는 10월 19일 〈르피가로〉에 실린 '재판과 전쟁'이란 글에서 혼란과 부작용이 숙청의 정당성마저 훼손할 지경에 이르렀다고 비난했다. 불의보다 무질서가 낫다는 카뮈의 주장은 감상적이라고 지적했다.

진실을 말하자면, 고통받는 국민들은 화합과 국가적 화해를 열망하고 있다는 사실이다. 날이 가면 갈수록 국민은 재판의 요구가 아닌 체제에 맞서 강경한 입장을 견지하게 될 것이다.

커다란 나라에서 전체 규모의 숙청 작업은 갑자기 이루어지는 것이 아니라는 사실을 인정하기에 너무 늦지 않았다. 당신들이 아무리 사람들의 혼란이 심하다고 말해도 소용없다. 혼란은 날이 갈수록, 시간이 지날수록 점점 더 커져가고 있다. 언론은 당신들에게 여론을 은폐하고 있다.

물론 다른 불평분자들은 투덜거린다. 이들은 죄인들을 벌하는 데 늑장을 부린다고 파리를 비난한다. 그들의 불평 중 일부분은 정당한 것일 수 있다. 그렇다고 그들이 몇몇 지방에서 벌어지는 성급한 재판을 더 선호할 것인가? 과연 불법체포가 규칙이 되어버린 이 시대에, 피고들에게서 사면 청원의 마지막 기회를 박탈해야만 하는가? 한 번 더 말하건대, 우리를 감상벽感傷癖으로 비난하지 마시라. 우리들은 사면 청원에 대해 말하면서, 이것은 국가적 특권에 관련된 일이며, 또 몇몇 판결들은 국익과 관계되어 있음을 냉정하게 말하고 있는 것이다.

바로 우리가 제일 먼저, 그리고 항상 유념해야 할 대상은 바로 프랑스다.

프랑스에 해를 끼치는 재판이란 있을 수 없다. (〈르피가로〉, '재판과 전쟁',
1944년 10월 19일)[24]

모리아크의 반론에 카뮈는 즉시 답했다. 다음날, 카뮈는 모리아크의
사설 '재판과 전쟁'을 정면으로 반박했다.

우리는 프랑수아 모리아크 씨에게 동의하지 않는다. … 우리는 모리아크
씨가 말하고자 하는 게, 어떤 이들이 적의 총탄에 얼굴을 내맡기고 있을
때 즐기거나 배반했던 자들의 목소리를 고려해야 한다는 게 아니라고 생
각한다. … 모리아크 씨는 혁명의 지나침만을 말한다. … 프랑스는 전쟁
과 동시에 혁명을 해야 한다는 게 분명하다. … 우리는 자기 자신을 거스
르고 말할 줄 알아야 하며, 또 그와 동시에 마음의 평안까지도 포기할 줄
알아야 하는 시기가 있다는 것을 굳게 믿고 있다. 현재가 바로 이러한 시
기이며, 이 시대의 가혹한 법은, 논의의 여지도 없는 것이지만, 한 나라의
영혼 그 자체를 구제하기 위해서 이 나라의 아직도 살아있는 한 부분을
없애야 한다는 것이다. (〈콩바〉, 1944년 10월 20일)[25]

24) 서울대학교 인문학 연구원 '역사와 기억' 홈페이지 참고.
http://past.snu.ac.kr/02_document/France/france_1.html#27
25) 이용우, 앞의 책, p.195. 서울대 역사와 기억의 번역 합침.

모리아크도 〈르피가로〉의 지면에 카뮈의 주장을 조목조목 비판하는 글을 실었다.

그에게 있어서 '한 나라의 영혼'이라는 것은 무엇을 의미할까? 어떤 점에서 이 영혼의 구원이 '아직 살아있는 그 나라의 어떤 부분'을 희생하는 데 달려 있다는 것일까? 이런! 〈콩바〉의 젊은 지도자들에게는 아직 완전히 제거되지 않은 기독교의 편린들이 남아 있는 것이다. 그나마 어휘라도 간직하고 있으니 아예 없는 것보다는 나은 일이고, 또 나는 그 점에 대해 그들을 비난할 자격이 없다.

그러나 청소년기에 내가 익숙하게 듣던 이 신학용어가 그들에게 숨기고 있는 것, 바로 그것을 내가 파악하기 힘든 것이다. 우리가 토론할 수 없고 또한 프랑스의 살아있는 부분을 파괴하라고 우리에게 강요하는, 그 법은 과연 무엇인가? 내 논쟁 상대께서는 이 점에 대해 부디 깨우쳐 주길 바란다. (〈르피가로〉, '콩바에 대한 답변', 1944년 10월 22일)[26]

카뮈와 모리아크가 숙청의 방향과 태도를 두고 정면으로 주먹을 주고받으며 치열하게 논쟁을 벌이고 있는 사이, 프랑스의 지식인을 향한 숙청은 빠르게 진행되고 있었다. 10월 20일에는 비시 정권 아래

---

26) http://past.snu.ac.kr/02_document/France/france_1.html#28

에서 독일 정부와 친밀한 관계를 맺고 많은 언론사를 경영했던 알베르 르쾬이 법정에 섰다. 그는 나중에 사형을 선고받고 처형되었다. 21일, 작가회의는 숙청 대상 작가 명단 즉 블랙리스트의 최종본을 발표한다. 12명으로 시작했던 블랙리스트는 158명으로 늘어나 있었다. 23일, 이번에는 〈오주르디Aujourd'hui〉의 편집국장 조르주 수아레즈(이하 수아레즈)에게 사형이 선고되었다.

작가와 언론인 숙청이 신속하게 이루어지는 광경은 또 다른 비판을 불러왔다. 독일의 통치에 협력하며 막대한 이익을 얻은 기업가에게는 관대한 처벌을 내리거나 재판이 느리게 진행된 반면, 작가와 언론인은 손쉽게 몇 편의 글을 첨부하는 것만으로도 가혹한 판결이 내려진다는 것이었다.

> 숙청 때문에 작가들은 힘든 나날을 보내고 있다. 대서양 장벽[27]을 건설했던 기술자와 사업자들은 우리들 틈에서 너무나 한가로이 거닐고 있다. 그들은 또 다른 장벽들을 건축하려고 애쓰고 있다. 그들은 새로운 감옥들의 담장을 세우고 있다. 그들이 세운 이 감옥에 대서양 장벽이 잘 세워졌다고 기사를 잘못 썼던 기자들이 투옥되고 있다.[28]

---

27) 나치 정권이 영국의 반격에 대비해 프랑스의 대서양 연안 곳곳에 설치한 군사용 바리케이드.
28) 피에르 아술린, 앞의 책, p.193, 프랑스 언론인 장 폴랑의 비판 재인용

프랑스인의 여론은 여전히 숙청을 지지하는 쪽이었다. 수아레즈의 사형 선고 직후 이루어진 여론조사에서 응답자의 65%가 판결에 찬성했다. 징역 20년형이나 5년형을 선고받은 작가와 종교인에 대해선 "충분하지 않다."는 의견이 가장 많았다. 카뮈도 여전히 숙청을 옹호했다.

> 25년간의 초라한 세월에 뒤이어 4년간 겪었던 집단적인 고통을 앞에 두고서, 회의懷疑란 있을 수 없다. 비록 인간의 정의가 너무나 불완전함에도 불구하고, 우리의 선택은 인간의 정의를 완수하고자 하는 것이다. 우리는 정직함을 필사적으로 견지함으로써 그 불완전함을 교정하고자 한다. 《콩바》, 1944년 10월 25일)[29]

11월 7일 독일로 도피한 프랑스인들이 〈라프랑스La France〉라는 자신들의 매체에 선언문을 발표했다. 제목은 '재독 프랑스 지성인 선언'이었다.

> 지금 현재 프랑스에서는, 수많은 작가, 학자, 기자, 교수, 교사, 예술가, 학생, 자유직 종사자들이 그들의 사상 때문에 기소당하고, 투옥되고, 심판

---

29) 앞의 책, p.61 재인용

받고, 처형되고 있으며, 그들의 재산이 몰수당하고 그들의 책이 판금당하거나 폐기처분되고 있는 현실을 우리는 씁쓸한 심정으로 확인하는 바이다.[30]

이 선언문에 이름을 올린 이들은 비시 정권에서 레지스탕스 작가들을 탄압하고 글을 검열했던 이들이었다. 그렇기에 이들이 숙청을 비판한 것은 오히려 숙청론자들의 정의감에 불을 붙이는 행동이었다. 대부분의 프랑스인은 여전히 숙청은 정당하다고 생각했다. 선언문이 발표된 이틀 뒤 수아레즈의 처형이 실행되었다. 부역 언론인 중 첫 번째였다.

카뮈는 원래 사형반대론자였다. 숙청을 목소리 높여 옹호하던 그가, 부역 언론인의 첫 처형을 경험한 뒤에는 주춤했다. 카뮈도 점차 숙청의 한계와 비판을 의식하기 시작한 것일까, 11월 22일 〈콩바〉에 '자아비판'이라는 의미심장한 제목의 글이 실렸다.

최선의 판단을 원한 나머지 최악의 판단을, 또 때로는 다만 차선일 뿐인 판단을 내릴 수밖에 없는 경우가 있다. … 시사적 문제들의 요청은 까다

---

30) 앞의 책, 부록1에서 인용.

롭고 모럴과 모럴리즘을 구별하는 경계선은 불확실하다. 피곤과 망각 때문에 우리가 그 경계선을 넘는 일도 없지 않다.

어떻게 하면 이 위험에서 벗어날 수 있을까? 아이러니를 통해서 벗어날 수 있다. 그러나 유감스럽게도 우리는 아이러니의 시대에 살고 있는 것이 아니다. 우리는 여전히 분격의 시대를 살고 있다. 다만 어떤 일이 있더라도 상대성의 센스를 잃지 않도록 하자. 그러면 모든 것이 잘 되어갈 것이다. 《콩바》, '자아비판', 1944년 11월 22일)[31]

자신을 돌아보기 위해 잠시 멈춘 카뮈와 달리, 프랑스 사법부는 작가와 언론인을 향한 숙청에 더욱 속도를 가하고 있었다. 부역자를 재판하는 특별 법정의 판결이 속속 이어졌다. 숙청을 빨리 끝내고 지긋지긋한 전쟁 이야기에서 벗어나고 싶어 하는 열망마저 느껴졌다. 월간지 〈에스프리Esprit〉 12월호는 단호한 숙청을 요청하는 두 편의 글이 실렸다.

숙청이란 그릇된 저항을 유발하는 모든 것을 청산하는 것이고, 악을 뿌리부터 잘라내는 것이고, 우리를 질식케 했던 구조들을 정리하는 것이다. 그러기 위해서는 우리의 승리를 반대하던 자들을 거세해야 한다. 모든 적

---

31) 알베르 카뮈, 앞의 책, p.422~423.

대행위나 적과의 내통에 대해 전쟁규칙과 군법을 적용해야 한다. 특히, 우리의 동료 시민 중 적지 않은 사람들로 하여금 공개리든 암암리든 우리와 싸우도록 부추겼던 관료들을 제거해야 한다. 이런 점에서 볼 때, 부역자들을 심판하는 것은 물론이고 공장을 국유화하는 것도 숙청이 해내야 할 일이다.[32]

신속, 냉혹, 명확 … 질질 끈다는 것, 주저한다는 것은 곧 대중의 감수성에 일련의 병을 안겨주므로 그만큼 정치적 오류를 범하는 것이다. 신비론자들은 다시 한 번 기독교적 용서를 외친다. 그들은 영적 질서에 속하는 내면의 문제와 정치적 요구사항을 다시 한 번 혼동하고 있다. 정치적 요구사항은 내면의 문제와는 별개의 것이다.[33]

그해의 마지막에 작은 사건이 하나 있었다. 비시 정권 아래에서 영국을 비판했던 언론인 앙리 베로(이하 베로)에게 12월 30일 사형이 선고되었다. 그의 죄목 중에는 사형에 이를 정도로 특별할 게 없었다. 베로는 비시 정권 시기에도 독일과는 아무런 접촉을 하지 않았다. 다만 제2차세계대전 이전부터 종종 좌파 세력을 혹독하게 비판했던, 당시 프랑스에서 가장 많은 연봉을 받는 기자였다. 드골의 레지스탕

32) 피에르 아술린, 앞의 책 p.68.
33) 앞의 책 p.68~69.

스파에도 비판적이기는 했다.[34]

그에게 사형선고가 내려진 순간, 방청석에서 한 남자가 일어나 선고의 부당함을 지적했다. 〈르피가로〉의 논설자, 부역자들의 사제, 모리아크였다.

앙리 베로

해가 바뀌어 1945년이 되었다. 모리아크는 베로의 사형 판결이 부당하다고 지적하는 사설을 발표했다. 카뮈는 숙청에 대한 회의감을 더욱 짙게 드러내는 글을 썼다.

> 우리가 바라던 재판은 실행되기 어려운 것이었다. 왜냐하면 조국이 배신한 자신의 일부분을 가차 없이 없애야 한다는, 당시 조국이 처했던 어려운 형편과, 인간에 대한 존중을 저버려서는 안 된다는, 당시 우리가 직면했던 염려를 그러한 재판이 양립시켜야 했기 때문이다. 이를 위해서 재판은 신속해야 했다.
>
> 사람들은 우리에게 신속한 재판이 가능하지 않았다고 말한다. 변절자들

---

34) 앞의 책, p.72~74.

을 몇 주 동안에 확인하고 판결하고 처벌할 수는 없었다는 것이다. 그러나 우리는 그 점을 잘 알고 있다. 문제는 거기에 있지 않았다. 재판이 신속해지기 위해서는 재판을 명료하게 하는 일이 문제였다. …

우리는 다음의 사실을 분명히, 그것도 반복해서 말해야 한다. 즉 우리 모두가 겪었던 변절의 형태에 적용되는 법은 존재하지 않는다. 우리가 해결해야 할 문제는, 결코 명기된 적이 없는 법과 관련하여 제기되는 양심의 문제이다. 우리는 끊임없이 법을 존중하면서도 명예를 저버리는 세계에 살고 있는 것이다.

그러므로 우리에게 결여된 법을 제정하지 않는 대신 대체 무엇을 해야 했단 말인가? 그러나 여기에서도 소심함이 우리에게 장애가 되었다. 마땅히 제정되어야 했던 법은 필연적으로 그 법의 제정 이전에 저질러진 범죄들에 적용되어야 했다. …

이제 너무 늦어 버렸다. 사람들은 여전히, 사형을 당할 만한 짓을 하지 않은 기자들에게 사형을 선고할 것이다. 능란한 말주변을 가진 징병담당관들은 여전히 형량이 반으로 감면될 것이다. 그리고 절름발이 정의에 질린 인민들은 더 이상 자신들과 아무런 관련도 없을 사건들에 가끔씩만 개입하게 될 것이다. 모종의 당연한 상식이 최악의 무절제로부터 우리를 지켜줄 것이고, 피로와 무관심이 그 나머지를 처리할 것이다. …

실상 이 모든 것은 불가피하다. 그러나 우리는 쓰라림과 슬픔 없이 이러한 말을 할 수 없다. 숙청에 실패한 나라는 자기 혁신에도 실패할 준비를 하고 있는 것이다. …

우린 모리아크가 옳았음을 알게 된다. 우리는 자비심을 필요로 할 것이다.

〈콩바〉, 1945년 1월 5일)[35]

'숙청에 실패한 나라는 자기 혁신에도 실패할 준비를 하는 것'이라
는 카뮈의 문장은 단호한 과거청산의 필요성을 주장한 것으로 자주
인용되고 있다. 하지만 카뮈는 오히려 프랑스의 숙청이 실패로 접어
들고 있음을 비관하는 맥락에서 이 문장을 언급했다.

모리아크는 〈르피가로〉 1월 7일과 8일 자 사설에서 카뮈를 더욱 밀
어붙였다.

〈콩바〉의 논설위원인 알베르 카뮈는 숙청에 대해 우리보다 더 불만을 가
지고 있다. 그의 말에 따르자면 우리들이 현행법에 저촉되지 않게 반역죄
들을 심판해야 한다는 사실에서 모든 어려움이 비롯되므로, 그는 가장 좋
은 방법이란 소급 효과가 있는 특별법의 제정이었으리라고 생각하고 있
다. 그런데 바로 이 부분이 그의 약점이다. 모든 것에 명석한 우리의 젊은
지도자께서 이 특별법에 대한 그 어떠한 명석함도 우리에게 보여주지 않

35) http://past.snu.ac.kr/02_document/France/france_1.html#24

았다는 점은 참으로 유감이다. 그리고 그는 그 법이 없으므로 '우리들은 부질없는 위로를 필요로 하게 될 것'이라고 말했다. 또 그는 우리가 익히 짐작할 수 있는 우월감에 찬 조소를 띠면서 다음과 같이 덧붙인다. "우린 모리아크가 옳았음을 알게 된다. 우리는 자비심을 필요로 할 것이다." … 내게 있어서 이 말들은 죽음의 슬픔을 풍기고 있다. 왜냐하면 점점 자비에서 멀어져 가는 한, 공포에 떨게 되어 있는 세상 한복판에서 우리가 어쩔 수 없이 살아야 한다면, 내가 알기로는 아직 그 어느 누구도 그에 대해 미소 지을 용기를 가져 본 적이 없기 때문이다.

자비와 사랑, 파스칼은 이 두 단어를 가리켜 다음과 같이 썼다. "모든 육체와 모든 영혼 전체를 합쳐 보아도 자비의 가장 작은 움직임에 값할 수 없다. 자비는 아주 한없이 고결한 영역이다." 자비는 모든 진영에서 동시에 물러나며, 자비의 부재는 확고하게 화합할 수 없다고 스스로를 믿는 적들 사이에 생각지 못한 일치를 만들어낸다. 물론 카뮈 못지않게 우리도 적들이 만약 다시 주도권을 잡는다면, 숙청에 관한 문제를 어떻게 해결할지 모르는 바는 아니다. 그러나 곰곰이 생각해 보아야 할 것은 바로 그들이 거의 손상되지 않은 그들의 형무소 체계를 재발견하게 될 것이란 점이다. 우리는 그들로부터 물려받은 기구에 녹이 슬도록 내버려두지 않았다. 천만다행인 것은, 그들과 우리들의 방식에 있어서의 유사성은 전혀 절대적이지 않다는 것이다. 이 유사성은 오로지 우리 역시 그들처럼 자비심을 잃을 때 존재할 따름이다. 자비가 세상에서 영원히 사라지는 날에, 보복을 위한 수용소, 시체 소각로, 또 공동 묘혈은 모든 민족에게로 골고루 분배될 것이며, 또 우리는 담배의 불타는 끝 부분이 남기는 기묘한 화상 자국들을 고문당한 몸 구석구석에서 발견하게 될 것이다. (《르피가로》, '자비에 대한 경멸', 1945년 1월 7~8일)[36]

카뮈는 자비와 사랑을 이야기하는 모리아크와 더는 논쟁하고 싶지 않았던 듯하다. 그는 논쟁을 끝내고자 했다. 사설이 아니라 자신의 이름을 내건 글을 1월 11일 자 〈콩바〉에 실었다. '정의와 자비'라는 제목이었다.

나는 내 이름을 걸고 마지막으로 내가 말하고자 하는 바를 분명히 밝혀 보고자 한다. 숙청과 관련하여 내가 정의를 말하면 그때마다 모리아크는 자비를 말했다. 그런데 자비라는 덕목은 참으로 기이한 것이어서, 정의를 요구하는 내가 마치 증오를 부르짖는 것같이 보였을 정도다. 모리아크 씨의 말을 듣고 있으면 정말이지 우리는 이 일상의 사건들에 있어서 절대적으로 그리스도의 사랑이냐 아니면 인간들에 대한 증오냐 양자택일을 하지 않으면 안 될 것만 같다. 그런데 정말이지 그건 아니다! 우리 몇 사람은 한쪽에서 우리에게 밀려오는 증오의 외침과 다른 한쪽에서

---

36) http://past.snu.ac.kr/02_document/France/france_1.html#29

우리에게 찾아오는 저 측은한 간청을 다 같이 거부한다. 그리하여 우리는 그 두 가지 사이에서 우리에게 부끄럽지 않은 진실을 가져다줄 올바른 길을 찾고자 한다. 그러기 위해서 우리가 모든 것을 명명백백하게 다 알고 있을 필요[37]는 없다. 다만 지성과 마음의 열정과 함께 명백함을 바라기만 하면 된다. …

모리아크는 아직 입 밖에 내지 않았던 말, 즉 용서라는 말을 곧 글로 쓸 생각을 하고 있는 것이다. 다만 내가 보기에 이 나라가 죽음으로 가는 길은 (그리고 죽음보다 나을 것 없는 살아남는 방법들은) 두 가지라는 것을 그에게 말하고 싶다. 즉 증오의 길과 용서의 길이 그것이다. 내 눈에는 그 두 가지가 다 파멸의 길로 보인다. 내게 무슨 증오 취미가 있는 것은 결코 아니다. 적敵을 가진다고 생각만 해도 그것은 세상에서 가장 따분한 것으로만 느껴진다. 그래서 나의 동지들과 나로서는 적을 두고 지내는 것을 견디기 위해서는 엄청난 노력이 필요했다. 그렇다고 용서가 내게 더 행복해 보이는 것도 아니다. 지금으로서는 그것이 모욕처럼 느껴질 것 같다. 그 어떤 경우에 있어서건 용서는 우리의 소관 사항이 아니다. …

인간으로서 나는 반역자들을 사랑할 수 있는 모리아크를 우러러볼 수 있을 것이다. 그러나 시민으로서 나는 그를 불만스럽게 생각할 것이다. 왜냐하면 그런 사랑이 우리에게 줄 수 있는 것은 반역자와 하찮은 인간들의

---

37) 앞의 모리아크의 사설 중 '모든 것에 명석한 우리의 젊은 지도자'라고 비꼰 부분을 지칭한다.

나라, 우리가 더 이상 바라지 않는 사회일 것이기 때문이다. … 우리는 인
간에 대하여 절망하기를 거부한다. 인간을 구원하겠다는 분에 넘치는 야
심은 없지만, 그래도 우리는 인간에게 봉사하기를 고집한다. 우리는 신도
없고 망덕望德도 없이 살아가는 데는 동의하지만 인간 없이는 쉽사리 살
아갈 수가 없다. 이 점에 대하여 모리아크에게 분명히 말할 수 있거니와,
우리는 절망하지 않을 것이며, 정의에 대한 인간들의 욕구를 충족시켜주
지 못하는 신의 자비라면 우리는 마지막 순간까지 그것을 거부할 것이다.
《콩바》, '정의와 자비', 1945년 1월 11일)[38]

카뮈의 바람과는 반대로, 모리아크는 바로 다음날 다시 반박에 나섰
다. '숙청의 정치적 영향'이란 글이었다. 모리아크는 '물론 숙청은 필
요악'이라며 자신이 무조건적인 용서나 반역자까지 사랑하는 태도
를 취한 것은 아니라고 상기시키면서 "우리는 저 천편일률적이고 피
가 흥건한 미로의 출구를 발견하려고 애쓰는 것은 아무리 서둘러도
지나치지 않다고 믿고 있다."고 주장했다.

카뮈와 모리아크의 논쟁이 한바탕 지나간 뒤인 13일, 드골은 베로
를 사면했다. 카뮈는 정의의 이름으로 숙청의 정당성을 옹호했지

---

38) 알베르 카뮈, 앞의 책, p.449~453.

로베르 브라지야크

만, 현실에선 모리아크가 작은 승리를 거두게 되었다.

카뮈를 더욱 불리하게 만든 사건이 잇따랐다. 그 중 대표적인 것이 로베르 브라지야크(이하 브라지야크) 처형 사건이었다. 당시 35세의 브라지야크는 제2차세계대전이 일어나기 전만 해도 프랑스 문단에서 가장 촉망받던 젊은 작가였다. 그는 비시 정권 아래에서 친독일 매체의 편집장을 지냈고 독일의 문인들과 활발하게 교류했다.

브라지야크가 법정에서 사형선고를 받자 모리아크와 카뮈가 함께 사면을 요청했다. 그들은 브라지야크의 사면 탄원서에 동료 문인들과 함께 이름을 올렸다.

모리아크는 브라지야크의 변호사에게 따로 편지를 보내 그가 '너무 어린 나이에 이념 체계와 완벽한 논리 속에 빠진 것'이라며 "브라지야크는 늘 나를 적으로 취급했습니다. 그럼에도 불구하고 나는 저 뛰어난 재능이 영원히 꺼져 버린다면, 그것은 프랑스 문학에는 커다란 손실이라고 생각하는 바입니다."라고 옹호했다.

카뮈 역시 따로 편지를 보냈다. 그는 서명을 주도한 마르셀 에메에게
보낸 편지에서, 브라지야크에게는 문학적 재능이 없고 비시 정권에
서 그의 처신도 부적절했다고 비난하면서도 개인적으로 사형제도를
끔찍하게 생각하고 반대하기 때문에 탄원서에 서명했다고 밝혔다.[39]

그러나 브라지야크에게는 사형이 선고되었고, 2월 6일 형이 집행되
었다. 비시 정권에 직접 부역한 이들이 받은 형과 비교했을 때에도
명백하게 과도한 것이었다. 비시 정권의 통치자였던 페탱은 처형을
당했지만, 나머지 인물들은 대부분 징역형에 그쳤다.

또 다른 사건은 피에르 드리외 라 로셸(이하 라 로셸)의 자살이었
다. 3월 15일 친독 매체 〈신프랑스La Nouvell Revue Francaise〉의 발행
인이었던 라 로셸은 파리 17구의 아파트 부엌에서 가스에 질식된
채 발견되었다. 그는 파리가 해방된 1944년 8월에도 "잠시만 숙청
의 광기를 피하라."며 은신처를 제공해 준 동료 문인들의 호의를 거
절하고 두 차례 자살을 시도한 적이 있었다. 라 로셸은 비시 정권

---

39) 피에르 아술린, 앞의 책, p.251~252, 부록 '카뮈의 입장'

피에르 드리외 라 로셸

시절 독일군을 설득해 앙드레 말로, 장 폴랑, 가스통 갈리마르, 아라공과 같은 레지스탕스 작가들을 보호했다. 그럼에도 라 로셸은 이런 말을 남기고 자살을 감행했다.

내가 부역자의 자존심에 충실하듯이, 레지스탕스의 자존심에 충실하시오. 내가 속이지 않듯이, 속이지 마시오. 내게 사형을 내리시오. ··· 우리는 저마다 자기 플레이를 한 것이고, 나는 졌소. 나는 죽음을 요구하오.[40]

라 로셸이 죽은 그날, 카뮈는 "프랑스인은 증오에 중독된 마음을 치유 받아야 한다."고 선언했다. '프랑스의 우정'이라는 모임이 주최한 모임에서 발표한 연설이다.

우리는 너무 오랫동안 거짓과 증오의 영향 속에서 살아왔다. 그리고 아마도 온 힘을 다해서 히틀러주의에 맞서 싸운 사람들 자신의 마음속에 남아

---

40) 앞의 책, p.133.

있는 저 부끄러운 흔적들이야말로 히틀러주의의 최종적이고 오래 지속될 승리일 것이다. 어떻게 보면 그것은 당연한 일인지도 모른다. 수년 전부터 이 세계는 유례없이 확산되는 증오에 내맡겨져 왔다. …

4년 동안 매일 아침 모든 프랑스인은 일용할 증오와 모욕을 지급 받았다. … 우리에게는 증오가 남았다. 우리에게 남은 충동은 급기야 지난 어느 날 디종의 열네 살짜리 어린아이로 하여금 린치당한 한 나치 협력자의 얼굴을 뭉개 버리게 했다. 거기서 우리에게 남은 분노는 어떤 이미지들과 어떤 얼굴들에 대한 기억으로 우리의 영혼을 불로 지지는 듯 달구고 있다. 가해자들의 증오에 희생자들의 증오가 화답했다. 그리고 가해자들이 떠나자 프랑스인은 다 써먹지 못한 증오를 지닌 채 남았다. 그들은 여분의 분노를 가지고 여전히 서로를 쳐다보고 있다.

진정 우리가 물리쳐야 할 것이 바로 그것이다. 이 중독된 마음을 치유해야 한다. … 증오에 굴복하지 않는 것, 그 어떤 것에도 폭력을 허용하지 않는 것, 우리의 마음속에 일어나는 정념이 맹목적이 되는 것을 용인하지 않는 것, 바로 이것이 아직도 우리가 프랑스의 우정을 위해서, 히틀러주의에 맞서서 할 수 있는 일이다. … 우리에게 필요한 것은 우리의 반대자가 옳을 수도 있다고, 어쨌든 그 반대자의 이유들이, 심지어 그릇된 이유라 하더라도, 사심 없는 것일 수도 있다고 인정하는 것이다. 요컨대 우리에게 필요한 것은 우리의 정치적 사고방식을 개조하는 것이다.[41]

5월 8일 독일은 마침내 연합군에 항복을 선언했다. 5월 30일 드골의 프랑스 임시정부는 문인과 음악가, 미술가 중 적의 도발을 도왔거나 프랑스 국민의 저항 활동을 막은 이들을 숙청하기 위한 위원회를 설치했다. 거리의 숙청, 감정적인 논쟁을 이제 정부의 행정적 조치로 수렴하기 위한 것이었다. 공식적인 숙청이 본격적으로 시작되었다.

그리고 8월 30일, 카뮈는 숙청이 실패했다고 선언했다.

실수할 권리

카뮈만이 아니라, 훗날 프랑스의 역사학자들은 당시의 과거청산이 민족주의적인 감정에 치우쳐 있었다고 평가했다. 대표적인 인물이 『비시 신드롬The Vichy Syndrome』을 쓴 앙리 루소(이하 루소)였다.

이들의 문제의식은, 나치 독일의 폭력을 경험한 프랑스가 왜 아프리카의 식민지 알제리의 독립을 폭력적으로 탄압했는가 하는 점이었다. 68혁명 세대가 프랑스를 향해 던지는 질문이기도 했다. 루소는

---

41) 알베르 카뮈, 앞의 책, p.488~491.

2006년 『비시 신드롬』의 한국어판에 붙인 서문에서 "해방 직후 대독 협력자들은 조사를 받아 대략 12만 명이 재판을 받았지만 그들의 죄는 조국을 배신한 죄로 처벌을 받은 것이지, 파시스트였다거나 반유대주의자였기 때문에 처벌을 받은 것은 아니었다."며 "1970~80년대에 전쟁세대가 아닌 새로운 세대의 노력에 의해 그런 점이 자각되었다가, 비로소 그 열매(유대인에 대한 프랑스 정부의 보상-필자 주)를 맺게 되었다. 그리고 1990년대에 프랑스인은 비로소 그들의 과거를 정면에서 바로 대면하는 습관을 가질 수 있게 되었다."고 설명했다. 루소는 자신이 프랑스어로 책을 쓴 1987년 이후 전 세계적에서 제기된 과거청산 문제를 이렇게 평가했다.

1989년 이후 냉전의 종식 및 베를린 장벽의 와해와 함께 라틴아메리카, 남아프리카, 동유럽의 많은 국가가 민주주의 체제로의 전환을 달성했고, 많은 국가가 과거에 대해 투명 원칙을 주요 과제로 채택하고 있으며, 다소 성공을 거두고 있다. 과거에 대한 토론은 아직도 제2차세계대전에 대한 기억이 생생한 아시아를 포함하여, 지구의 모든 대륙적 규모에서 이루어지고 있는 것이 사실이다. 따라서 우리는 오늘날 보편적인 현상이 존재에 직면하고 있다고 말할 수 있다. 그것은 바로 우리가 과거를 바라보는 방식에 있어서 근본적인 변화, 즉 지구의 한쪽 끝에서 다른 쪽 끝까지 보아야 하고, 각자의 민족적 전통을 뛰어넘어 과거를 보는 변화가 일어

나고 있음을 의미한다.[42)]

루소의 지적은 1944년 8월부터 이듬해 8월까지 1년간 이어진 논쟁에서 왜 카뮈가 모리아크에게 패배했는지를 설명해 준다. 카뮈는 숙청이 복수가 아니라 프랑스의 재건을 위한 것이라고 주장했다. 전쟁중에 숨진 레지스탕스 동료의 이름으로 숙청을 요구했다. 반면 모리아크는 기독교적 세계관 위에서 인류 보편의 가치 기준으로 관용을 요청했다. 모리아크가 보기에 프랑스에서 벌어지고 있는 숙청은 인류의 공존과 평화를 보장할 수 있는 책임 있는 태도와는 거리가 멀었다. 심지어 당시의 숙청은 드골이 권력 장악을 위해 레지스탕스를 신화화하면서 반대 세력을 제압하기 위해 다소의 폭력적 양상을 허용한 것이라는 평가까지 있다.[43)]

따라서, 우리가 프랑스의 과거청산을 같은 시기 우리가 경험한 친일파 청산의 실패나 민족정기의 회복 같은 차원에서 인용하는 것은 카뮈 혹은 드골과 똑같은 잘못을 되풀이하는 것이 되기 쉽다.

---

42) 〈비시 신드롬〉, 앙리 루소, 이학수 옮김(휴머니스트, 2006), p.9.
43) 피에르 아술린은 자신의 책 〈지식인의 죄와 벌〉에서 이런 사례의 대표적인 학자로 필립 로브리외를 거명하면서 자신도 "숙청이 일부 숙청 주도자들의 진정한 의도를 감추는데 이용되어선 안되었다."고 지적했다.(피에르 아술린, 앞의 책, p.230.)

물론 프랑스의 사례가 과거청산 무용론의 근거가 되어서는 더더욱 안 된다. 논란 끝에 처형당한 브라지야크의 처남이었던 모리스 바르데슈는 모리아크에게 보낸 공개서한에서 "귀하는 숙청을 잘못이라 부르지만 우리는 숙청을 범죄라고 부른다. 귀하는 사면을 말하지만, 우리는 보상을 요구한다."고 주장했다. 하지만 숙청 자체가 비시 정권 아래에서 레지스탕스의 처형에 협력한 프랑스인을 처벌하는 의미

레지스탕스의 영웅으로 행세했으나 1998년 유대인 학살죄로 단죄받은 모리스 파퐁

가 있었다는 것까지 부인할 수는 없다. 또 4년간의 독일 강점기에 억눌렸던 분노를 배출해 더 큰 폭력을 막는 역할을 했다는 점[44]도 인정해야 한다.

무엇보다, 해방된 파리에서 대독협력자들은 사과와 용서를 거부했다. 라 로셸은 자신의 실수를 인정하면서도 용서를 구하기보다는 자살을 선택했다. 독일로 도피한 이들도 있었고, "나는 독일 안에 은밀

44) 이용우, 앞의 책, p.146.

하게 파견된 레지스탕스의 정보원이었다."고 주장하는 이들도 있었지만 공개적으로 사죄를 요구하는 이들은 없었다.

> 부역자들은 어느 누구도 용서를 구하지 않았다. 용서가 아니라 복권을 요구했다. … 그런데 용서에서 구원을 얻으려는 사람들은 도덕적으로 누구에게 용서를 구해야 하는 것인가? … 그들의 반역은 실체가 있었던 것인가?[45]

숙청과 처벌을 요구하는 거센 여론 앞에서 엄청난 공포감을 극복하고 사실을 고백하며 용서를 구하는 것은 용기가 필요한 일이었다. 또 용서를 누구에게 어떻게 구해야 하는지 조차 알 수 없었다. 그런 용기와 지혜를 갖춘 인물이 부역자 중에 없었기에 모리아크의 관용론도 결국에는 브라지야크의 처남에게 조롱 받는 처지가 되었는지 모르겠다. 어쨌든 아쉬운 일이다. 부역자로 심판대에 선 사람 중 누군가 고백과 용서를 했다면, 프랑스인은 자신들을 사로잡고 있던 증오와 흥분된 정의감에서 조금 더 빨리 벗어날 수 있지 않았을까.

부역자에게서 용기와 지혜를 요구하는 것은, 사죄를 요구하는 것보

---

45) 피에르 아술린, 앞의 책, p.221~224.

다 더 황망한 소리로 들릴 것이다. 하지만, 이 책을 읽은 독자를 포함
해 인간은 누구나 실수를 할 수 있고, 또 그것을 고칠 수 있는 능력
을 갖고 있지 않은가?

미국의
흑인 차별

마틴과 말콤,

역사

청산

낡은 질서에 새로운 질서로 대항하다

"억압 받는 이들이
적들을 사랑하는 능력을
기르지 못하면
문제는
영원히 해결될 수 없습니다."

—마틴 루터 킹 주니어

마틴 루터 킹 주니어(이하 마틴)[1]가 "내게 꿈이 있습니다."라고 말할 때, 말콤 리틀(이하 말콤)[2]은 "나는 매일 악몽을 꿉니다."라고 말했다. 마틴이 사랑을 이야기할 때, 블랙모슬렘Black Moslem의 사제 말콤 엑스는 증오를 이야기했다. 마틴이 흑인과 백인의 통합을 주장할 때, 엘 하지 말릭 엘 샤바즈[3]는 철저한 분리를 주장했다.

두 사람은 공통점이 많았다. 마틴과 말콤은 1920년대 미국에서 침례교의 흑인 목사의 아들로 태어났다. 당시로써는 드물게 대학을 졸업한 여성과 결혼했다. 신앙에 심취한 두 사람은 신의 가르침은 천국에서만 이루어지는 것이 아니라 이 땅의 억압 받는 자들을 위한 투쟁 속에서 실현된다고 믿었고, 흑인만이 아니라 온 인류의 해방을 주장했다. 감옥에 갇혔다가 풀려났고, 둘 다 39살의 봄에 총을 든 사내에게 암살당했다.

---

1) 마틴 루터 킹 목사의 본명
2) 말콤 엑스의 본명. 아버지의 이름은 얼 리틀이었다.
3) الحاج مالك الشباز 1964년 말콤 엑스가 성지순례를 다녀온 뒤 바꾼 이름.

마틴 루터 킹과 말콤 엑스의 만남

그러나 다른 점도 많았다. 킹 박사라 불린 마틴은 기독교 목사였고, 172cm 남짓한 키에 둥글둥글한 몸집, 굵고 부드러운 바리톤의 음색을 지녔다. 말콤은 190cm가 넘는 키에 마른 몸집, 높고 허스키한 음색을 지녔다. 마틴은 사람들을 사랑으로 설득하려 했고, 말콤은 자신의 증오를 직접 드러내며 청중의 마음을 뒤흔들었다. 마틴의 마음은 조지아의 푸른 들판에 있었고, 말콤의 시선은 뉴욕 할렘의 차가운 뒷골목을 향해 있었다.

두 사람은 살아 있는 동안 딱 한 번 만났다. 1964년 3월 26일 워싱턴DC에서 상원의회가 개최한 시민권법 토론회에서 먼저 기자회견을 마친 마틴이 막 들어오던 말콤과 마주쳤다. 마틴이 먼저 말했다.

마틴 반갑습니다, 말콤.

말콤 안녕하세요.

흑인인권운동을 상징하는 마틴과 말콤이 서로 웃으며 악수하는 장면을 찍으려 카메라 플래시가 터졌다. 두 사람은 복도를 따라 나란히 몇 발짝 걸으며 가벼운 대화를 나누고 헤어졌다. 그것이 마지막이었다.

마틴은 1929년 1월 15일 미국 조지아주 애틀랜타에서 태어났다. 그의 아버지와 외할아버지는 모두 침례교회 목사였다. 15세에 애틀랜타 모어하우스 대학교에 들어간 그는 의학과 법학에 관심을 가졌지만 아버지의 뜻을 따라 졸업 후 크로저 신학교에 진학한다. 그곳에서 그는 간디의 비폭력주의Non-violence와 현대 프로테스탄트의 자유로운 신학을 접한다. 신학교를 수석으로 졸업한 뒤 보스턴 대학교에서 폴 틸리히와 헨리 넬슨 위먼에 대한 논문으로 박사 학위를 받았다. 보스턴에서 그는 뉴잉글랜드 음악학교의 코레타 스콧을 만나 1953년에 결혼, 1954년에는 박사 학위를 마친다. 그 해 10월 31일 아내의 고향인 앨라배마 주 몽고메리에 위치한 덱스터 애비뉴 침례교회로 부임한다.

1955년 12월 1일 몽고메리의 한 공장 재봉사인 로자 파크스 부인은 클리블랜드 가로 가는 버스에 올라탔다. 42세의 그녀는 종일 이리저리 오가느라 피곤했다. 파크스 부인은 앞쪽 백인 좌석 바로 뒤 첫 번째 열에 앉았다. 그녀가 앉자마자 운전기사는 "방금 올라탄 백인 손님이 앉아야 하니 흑인이 앉는 뒤쪽으로 옮겨 앉으라."고 말했다. 버스 뒤쪽에는 빈자리가 없었다. 기사의 말을 따르면 그녀는 서서 가야 하고 늦게 탄 백인은 자리에 앉아 가게 된다. 파크스 부인과 함께 버스에 오른 흑인들은 운전기사의 말에 따랐지만 그녀는 조용히 그 자리에 앉아 있었다. 운전기사는 경찰을 불렀고 그녀는 체포되었다.

흑인과 여성운동가들은 버스 안 타기 운동을 전개하기로 하고 덱스터 애비뉴 침례교회를 빌려 집회를 열었다. 그 교회의 담임목사인 마틴은 그때까지 로자 파크스 사건을 알지 못했다. 마틴은 당시 26세로 부임한 지 1년이 채 되지 않았을 때였다. 게다가 몇 주 전 마틴은 목회에 전념하기 위해 전미흑인지위향상협회National Association for the Advancement of Colored People(이하 NAACP) 의장직을 거절한 참이었다.

나흘 뒤 집회가 열리는 날 마틴은 준비회의에 조금 늦게 참석했다. 참석자들은 "우리는 방금 몽고메리진보연합Montgomery Improvement Association(이하 MIA)을 결성했소. 그리고 당신을 의장으로 뽑았소."라고 인사했다. 흑인들이 저항한다는 사실에 백인들이 분노하고 있었다. 흑인 단체의 우두머리는 그 증오의 창끝에 서는 일이었다. 마틴은 천천히 대답했다.

　좋소. 누군가 해야 하는 일이라면.

그는 불과 20분 뒤 교회에 모인 5,000명의 군중과 기자들 앞에서 연설해야 했다. 아무런 메모도 없이 연단에 오른 마틴은 "우리는 억압 당하고 짓밟히는 데 지쳤다."고 입을 열었다. 청중은 갈채를 보냈다. 텔레비전 카메라의 불빛이 그를 응시하고 있었다.

마틴은 백인들의 폭력적 인종차별단체인 큐클럭스클랜Ku Klux Klan (이하 KKK)의 행태와 시의회의 잔혹함을 언급하면서 흑인들은 평화적 방법과 그리스도의 사랑을 바탕으로 싸워야 한다고 강조했다. 몽고메리 버스 보이콧Montgomery Bus Boycott이 시작된 것이다.

집에 돌아온 마틴에게 조롱과 협박의 전화가 줄을 이었다. 1956년 1월 27일 저녁에도 "사흘 안에 이 도시를 떠나지 않으면 집을 날려버리겠다."는 협박 전화가 걸려왔다. 다른 날과 다르게 마틴은 마음이 크게 불안했다. 그 집에는 갓 태어난 딸이 있었다. 마음을 가라앉히기 위해 부엌으로 가서 커피 한잔을 마셨다. 커피를 머금은 그의 마음에, 어린 시절 아버지가 기도하고 의지했던 바로 그 하나님이 자신에게도 필요하다는 절박감이 몰려왔다. 그 자리에서 무릎을 꿇은 마틴은 밤새 기도를 했다.

주님, 저는 의로운 일을 위해 투쟁한다고 믿습니다. 제가 이렇게 무력하게 용기를 잃고 그들 앞에 서면 그들도 흔들릴 것입니다. 저는 더 이상 지탱할 수 없습니다.

자신의 어깨에서 무거운 짐이 벗겨지고 예전에는 느끼지 못한 하나
님의 임재를 경험했다.

> 그때 머릿속에서 조용히 확신에 찬 목소리가 들려오는 것 같았다. "마틴,
> 고결함을 위해 일어나라. 정의를 위해 일어나라. 진리를 위해 일어나라.
> 보라, 세상 끝날까지 내가 너와 함께 있을 것이다." 순간 불안과 의심은
> 눈 녹듯이 사라져 버렸다. 어떤 일이 닥쳐온다 하더라도 의연히 나설 용
> 기가 생긴 것이다.[4]

사흘 뒤, 마틴의 집 베란다에서 찢어지는 폭발음이 들렸다. 아내와
아이들은 급히 대피했다. 뒤이어 폭발음이 집을 뒤흔들었다. 유리조
각이 깨지는 소리가 들리고 연기가 났다.

밖에서 연설 중이던 마틴은 즉시 집으로 돌아왔다. 집에는 많은 사
람이 모여 접근을 막는 경찰과 마찰을 일으키고 있었다. 모두 흥분
한 상태였다. 시간이 갈수록 사람들이 늘어났다. 마틴은 폭탄으로 부

---

4) 《나에게는 꿈이 있습니다》, 마틴 루터 킹, 클레이본 카슨 엮음, 이순희 옮김(바다출판사, 2000), p.103.

서진 베란다에 나와 손을 들었다. 군중은 갑자기 조용해졌다. 그는 낮은 음성으로 말했다.

제 아내와 아이는 무사합니다. 제발 무기를 버리고 집으로 돌아가십시오. 복수를 통해서는 문제를 해결할 수 없습니다. '칼을 쓰는 자는 칼로 망한다.'는 예수님의 말씀을 기억합시다. 백인 형제들이 우리에게 어떤 일을 하든 우리는 그들을 사랑해야 합니다. 우리는 그들을 사랑한다는 것을 보여줘야 합니다. 증오를 사랑으로 이겨야 합니다. 내가 이 투쟁을 계속할 수 없을 때라도 하나님이 당신들과 함께하는 한 이 운동은 계속될 것입니다. 우리는 승리할 것입니다. 확신을 갖고 집으로 돌아가십시오.

사람들은 흩어졌다. 군중 가운데서 한 경관은 '흑인 목사가 아니었다면 우리는 지금 모두 시체가 되었을 것'이라고 중얼거렸다. 마틴은 흥분한 군중을 진정시킨 일은 다음날 신문에 보도되었다. 사람들은 그를 흑인들의 위대한 지도자로 보기 시작했다.

그해 12월 20일 연방법원은 버스 안에서의 인종차별은 위헌이라는 판결을 내렸다. 몽고메리의 흑인들이 버스를 타지 않은지 382일 만의 일이었다. 마틴을 비롯한 흑인 목사들은 그날 아침 일찍부터 하루 종일 버스에 올라타고 다녔다. 운전기사에게 "당신의 버스를 타

게 되어 기쁩니다."라고 인사하고 앞자리에 앉아 승객들에게도 미소
를 지었다. 흑인에게나, 백인에게나.

몽고메리 지역 흑인의 비폭력 운동이 성공을 거두자 남부 도시 곳곳
에서 비슷한 운동이 일어났다. 노스캐롤라이나 주 그린즈버러에서
는 흑인 학생이 백인만 들어가는 식당에 들어가서 연좌농성을 벌였
다. 흑인과 백인이 함께 버스를 타고 남부 지방을 순회하는 '자유의
여행Freedom Rides'도 시작되었다. 남부기독교연합회의Southern Chris-
tian Leadership Conference(이하 SCLC)에서는 흑인의 투표권을 요구
했다. 농성과 평화행진에 참여한 마틴은 여러 차례 체포당하고 법정
에 섰다. 흑인 지도자에 대한 구속과 시위금지령 같은 탄압이 계속
되었다. 곳곳에서 물리적인 충돌이 빚어졌다. 마틴의 비폭력 노선에
대한 비판이 나오기 시작했다. 실질적인 결실이 보이지 않는 데 대해
조바심을 느낀 흑인들은 점점 호전적으로 변해 갔다.

1963년에는 10주간 186개 지역에서 750회 이상의 시위가 일어났
다. 흑인인권운동 단체들은 링컨 기념일인 8월 28일 미국 역사상
최대의 군중을 워싱턴DC 링컨기념관 앞에 모아 일자리와 자유를
위한 워싱턴대행진March on Washington for Jobs and Freedom을 벌이기
로 했다. 마틴은 이날 집회에 가장 마지막 연설자로 나설 참이었다.

말콤은 1925년 5월 19일 네브래스카 주 오마하에서 태어났다. 그는 다른 형제들보다 피부가 옅었다. 말콤은 자신의 피부색이 옅은 것은 "백인이 외할머니를 강간했기 때문"이라며 "내 몸에 흐르는 백인의 피 한 방울 한 방울 모두 증오한다."고 훗날 말했다.

침례교회의 순회 목사였던 그의 아버지는 '흑인은 단결해 아프리카로 돌아가야 한다.'고 주창한 마커스 가비를 신봉했다. 집은 가난했다. '도넛의 구멍까지 먹어버리고 싶을 정도'로 늘 배고팠다. 말콤은 반장에 뽑힐 정도로 인기가 좋았고 공부도 잘했다. 8학년 때 "변호사가 되고 싶다."고 말했다가 "흑인은 현실적인 목표를 가져야 한다."는 교사의 충고에 충격을 받고 학교에 거부감을 느끼기 시작했다. 아버지가 사망하고 어머니가 정신병원에 입원하자 말콤은 이복 누나를 따라 보스턴으로 갔다.

말콤은 보스턴과 뉴욕과 같은 대도시에 있는 흑인 거주지에 매료되었다. 뉴욕 할렘에서 마약과 성매매, 도박을 배웠다. 백인 유부녀 애인도 있었다. 말콤은 백인 집을 골라 강도 행각을 벌이다 결국 1946년에 붙잡혔다. 2년 정도의 형을 예상했지만, 판사는 8년 형을 선고했다. 백인 여자를 건드렸다는 죄가 더 컸다.

교도소에서 그는 블랙모슬렘을 접한다. 모든 인류는 흑인에서 시작되었고, '악마인 백인'은 흑인의 열성유전자를 물려받은 종족이라고 가르치는 종교였다. 위대한 신 알라가 백인에게 6,000년간 권력을 주었지만, 너무나 많은 죄를 지어 이제 흑인이 권력을 쥘 때가 되었다고 했다. 흑인이 아메리카 대륙에 노예로 팔려 온 것은 백인의 악마 본성을 더 잘 알게 하도록 한 신의 섭리 때문이라고도 했다. 마침내 월리스 D. 파드가 블랙모슬렘을 일으켰고, 1931년 디트로이트에서 일라이저 무하마드(이하 무하마드)에게 "북아메리카 황야에 사는 흑인을 구원할 알라의 말씀을 전하라."는 신탁을 내렸다는 것이 블랙모슬렘의 골자다.

블랙모슬렘에 심취한 말콤은 교도소에서 매일 무하마드에게 편지를 썼다. 그는 무하마드를 '무하마드'라고 불렀다. 그리고 말콤은 도서관에 있는 책을 닥치는 대로 읽었다. 그의 출신 학교는 책이고, 고향은 도서관이었다. 그는 아버지에게서 물려받은 성姓 '리틀'을 버리고 '나의 진짜 선조인 아프리카인의 성을 알 수 없기에' 스스로 '엑스x'라고 불렀다.

1952년 교도소를 나온 말콤은 무하마드를 찾아갔다. 1954년에는 뉴욕에 제7성전을 세우라는 임무를 받고 할렘의 전도자가 되었다. "백인은 악마다."라는 그의 설교는 많은 흑인에게 논란을 일으켰고, 그 중 적지 않은 이들이 그에게 매혹되었다.

> 백인은 흑인을 강간했습니다. 흑인은 공포 때문에 그들에게 아무 짓도 못 했습니다. 형제자매 여러분! 돌아서서 서로를 봐 주십시오. 여러분이나 저나 모두 이렇게 더럽혀져 있습니다. 그럼에도 불구하고 뻔뻔스러운 백인 악마들은 희생자인 우리에게 백인을 '사랑'해야 한다고 합니다.[5]

> 어느 흑인에게라도 좋다. "백인은 악마다."라는 말을 해 보라. … 일생을 돌이켜 생각해 본다면 그들이 자기 자신에게 악마와 같은 행동을 했음을 확실하게 느낄 수 있을 것이다.[6]

> 부도덕으로 뒤덮인 사회에서 흑인이 구원받을 수 있는 길은 단 하나, 이 부패한 사회에 합처지는 것이 아니라 그 사회에서 분리, 우리의 땅으로 가는 것입니다. 그 땅에서 우리는 마음을 고치고 도덕적 수준을 높여 신을 공경할 수 있는 사회를 건설할 것입니다. 흑과 백이 뒤섞여서 좋은 것은 밀크커피뿐입니다.[7]

---

5) 〈말콤 엑스 자서전〉, 말콤 엑스, 알렉스 헤일리 엮음, 박종규 옮김(기원전, 1993), p.260~261.
6) 앞의 책, p.239.
7) 앞의 책, p.311.

독일, 일본, 한국전쟁에서 미국이 스스로를 지키기 위해 했던 폭력적 행위에 대해서는 아무 말도 하지 않던 흑인 성직자들이 지금 이 순간 우리 여성들과 아이들의 삶을 위협하고 난폭한 짐승처럼 날뛰는 백인들에 대항해 그와 똑같은 투쟁을 준비하려 하면 왜 그렇게들 잔소리를 해대는가?[8]

도발적인 설교와 달리 말콤은 일상생활에서는 돼지고기와 술을 입에 대지 않고 도시 빈민가의 흑인을 형제라 부르며 친절하게 대했다. 백인과도 정중한 토론을 즐겼다.

1957년 4월 26일 뉴욕에서 블랙모슬렘 회원 존슨 힌튼이 흑인을 때리는 경찰에 항의하다 폭행당하는 사건이 벌어졌다. 경찰은 뇌진탕에 빠진 그를 포함해 현장에 있던 흑인 4명을 경찰서로 끌고 갔다. 이 소식이 전해지자 수백 명의 흑인이 경찰서에 몰려갔다. 말콤은 그들의 석방을 요구했다. 경찰서에 모인 흑인의 숫자는 4,000여 명으로 불어나 있었다. 금방이라도 폭동이 일어날 수 있는 상황이었다. 말콤은 경찰서 안에 들어갔다 온 뒤, 그 자리에 있는 흑인들을 향해 조용히 손을 들었다. 모든 이들이 조용히 자리를 떴다. 그 장면을 지켜보았던 한 경찰은 "누구도 저런 힘을 가져선 안 되는데."라고 말했다.

---

8) 〈맬컴X vs 마틴 루터 킹〉, 제임스 콘, 정철수 옮김(갑인공방, 2005), p.293, 말콤 엑스의 코멘트 재인용

이 사건을 계기로 말콤은 뉴욕의 유명인사가 되었다. 뉴욕 경찰국은 말콤과 블랙모슬렘을 사찰하기 시작했다. 1958년 1월 말콤은 간호학교에 다니던 여신도 베티와 결혼했다.

1959년 〈증오를 만든 증오The Hate That Hate Produced〉라는 다큐멘터리가 뉴욕 WNET TV를 통해 방송되었다. 블랙모슬렘을 고발하는 내용이었다. 말콤의 도발적인 인터뷰도 포함되어 있었다. 대중들은 그에게 '인종주의자', '파시스트'라는 비난을 쏟아냈다. 그의 독설은 자극적인 뉴스를 찾는 언론에는 좋은 기삿감이었다. 기자와 카메라가 앞다투어 말콤을 찾았다. 블랙모슬렘은 오히려 전국적으로 유명해졌다. 그가 교도소에서 나오기 전 400여 명에 불과했던 블랙모슬렘은 4만 명이 넘는 규모로 성장했다. 말콤은 블랙모슬렘의 2인자이자 가장 뛰어난 설교자로 불렸다.

1963년 4월 무하마드가 말콤을 자신의 거처로 불렀다. 두 사람은 포옹을 나눴다. 무하마드는 말콤에게 블랙모슬렘 사원에 떠돌아다니던 오랜 소문에 대해 말했다.

나는 다윗[9]이야. 다른 사람의 아내를 소유한 바로 그 다윗이야. 그리고 롯[10]에 대해서도 읽었겠지. 자기 딸과 동침했어. 나는 그걸 모두 체험하려는 거야.

사랑이냐, 증오냐

말콤은 15세 때부터 할렘에서 여자를 질리도록 경험했다. 교도소에 들어가 이슬람교도가 된 뒤부터는 결혼할 때까지 어떤 여자와도 접촉한 적이 없었다. 무하마드가 말콤에게 은근히 암시한 쾌락은 그에게 경멸감만 일으켰다.

두 달 뒤인 6월 12일 NAACP의 지도자 메드가 에버스(이하 에버스)가 암살당했다. 전국에서 흑인들의 시위와 경찰의 폭력적인 진압으로 인종갈등이 최고조에 이르렀다. 마틴은 6월 22일 케네디 대통령을 만났다. 케네디는 시민권법의 제정을 적극 주도하겠다고 천명했다. NAACP는 8월에 워싱턴DC에서 미국 역사상 최대 규모의 인권 집회를 개최한다고 밝혔다. 한 편에서는 워싱턴DC의 집회가 폭력 사태로 번질 수 있다는 우려가 제기되었다. 마틴은 폭력을 일절

---

9) 고대 이스라엘의 왕으로, 자기 휘하 장수 우리아가 전쟁터에 나간 사이에 그 아내 밧세바를 취하고 우리야 장군은 최전방으로 보내 죽게 했다.(구약성경 사무엘하 11~12장)

10) 구약성경에 등장하는 인물로 타락한 도시 소돔에 살던 의인. 천사의 도움으로 딸들과 함께 간신히 탈출하였다. 배필을 구하지 못한 그의 딸들은 아버지 롯에게 술을 먹인 뒤 동침해 자녀를 낳았다.(창세기 19장)

1963년 7월 31일 말콤이 마틴에게 보낸 편지

배제하는 평화적인 집회가 되어야 한다고 호소하면서 백인과 교회의 동참을 호소했다.

7월 31일, 말콤은 뉴욕의 제7성전에서 애틀랜타 남부 SCLC 사무실에 편지를 보냈다. 수신자는 마틴이었다.

친애하는 분께

현재의 이 나라 인종 위기는 강력한 파괴적 요소를 지니고 있어, 곧 걷잡을 수 없이 폭발할 수 있습니다. 상황이 심각합니다. 인종의 화약이 폭발하기 전에 진정으로 이 사태를 우려하는 이들이 나서서 즉시 핵심적인 문제를 해결하기 위한 조치에 착수해야 합니다.

모든 흑인 파벌과 지도자들을 포함하는 연합전선이 절대 필요합니다. 인종 폭발은 핵폭발보다 더 파괴적입니다.

자본주의자인 케네디와 공산주의자 크루셰프조차도 이념의 격차를 넘어 연합전선을 형성할 공통점을 찾을 수 있을진대, 흑인 지도자들이 우리끼리의 작은 차이를 넘어서지 못하고 공통의 적이 만들어낸 공통의 문제에 공통의 해결책을 찾아내는 데 실패한다면 얼마나 부끄러운 일입니까?

토요일인 8월 10일 오후 1시부터 7시 사이에 이슬람교도들은 레녹스 애비뉴 116번가에서 또 하나의 거대한 야외 집회를 엽니다. 앞서 올해 여름 같은 장소에 개최한 두 번의 집회에는 5,000~7,000명의 할렘 주민들이 모였습니다. 이번에는 비가 오든 해가 나든 가장 많은 이들이 모일 것으로 보입니다.

우리는 흑인 지도자들을 초청해 현재의 인종 문제에 대한 분석과 해법을 들으려 합니다. 또한 저희도 무하마드의 해법을 설명하겠습니다.

토론, 논쟁, 비판이나 비난은 없을 것입니다. 저는 행사 진행자로서 모든 연사들을 존중하고 질서를 보장하겠습니다. 이 집회는 일치의 정신을 높이는 것만이 아니라, 대도시 뉴욕의 가장 크고 가장 폭발적인 이들에게 당신의 시각을 제시할 기회를 드릴 것입니다.

직접 오지 못하신다면 대리인을 보내 주십시오. 이 행사에는 가드너 테일러 박사와 애덤 파월 박사, 제임스 파머, 휘트니 영, 필립 랜돌프, 랠프 번치, 조지프 잭슨 박사, 그리고 제임스 포먼도 초청하였습니다. 빠른 답장을 부탁드립니다.

당신의 형제,

말콤 엑스

말콤이 마틴에게 연대를 요청한 것은 이례적인 일이었다. 마틴과 말콤은 꿈과 악몽의 차이만큼이나 철학이 달랐다. 또 공개적으로 서로를 비난해 왔다. 1961년, 말콤은 엘리너 피셔와의 인터뷰에서 이렇게 말했다.

> 마틴 루터 킹은 미국의 흑인을 무장해제 시키고 있습니다. 하나님이 주신 자연적인 권리를 포기하게 합니다. 사람이 공격을 받으면 자신을 지키려 하는 것은 자연의 법칙입니다. 하나님의 법칙이기도 합니다. 평화롭게 고통을 받아들이고 수동적으로 저항하는 것은 인도 같은 곳에선 괜찮을지 모르겠습니다. 거기는 인도 사람이 백인보다 훨씬 많아서 백만 대 일 정도가 되니까요. 인도의 간디가 쥐 위에 앉아 있는 코끼리라면, 여기 미국은 흑인이 코끼리 위에 앉은 쥐 꼴입니다. 쥐가 코끼리를 움직이려 한다는 건 어처구니없는 일이죠.

마틴 역시 1963년 6월 23일 디트로이트 연설에서 말콤의 무리는 위험한 이들이라고 지칭했다.

> 그들(말콤의 블랙모슬렘)은 인종적 분리를 논함으로써 문제에서 멀어지려고 합니다. 이해는 하지만 흑인 우월주의는 백인 우월주의만큼이나 위험합니다. 하나님이 단지 피부가 검은 사람, 갈색인 사람, 노란 사람의 자유에만 관심 있는 게 아닙니다. 하나님은 전 인류의 자유를 원합니다. … 만일 미국의 흑인민권운동이 백인에 대항하는 흑인의 몸부림으로 타락

한다면 정의와 불평등 사이에서 균형을 잃을 것입니다.

이즈음 말콤은 스승인 무하마드의 도덕적 타락에 실망하면서 서서히 블랙모슬렘과의 결별을 준비하고 있었다. 말콤이 8월 23일에 있을 대규모 집회를 준비하고 있던 마틴을, 8월 10일 공개적인 자리에 초대한 것이 그가 이야기한대로 흑인들의 연대를 위한 것인지, 아니면 흑인들 사이에 가장 인기 높았던 마틴을 토론으로 제압해 명성을 얻기 위한 것인지는 확실하지 않다. 하지만 스승이었던 무하마드를 떠나기에 앞서 마틴에게 손을 내민 것은 분명했다. 마틴은 거절했다. 회피한 것인지, 거부감을 보인 것인지는 역시 확실하지 않다.

말콤은 토론의 대가였으며 토론하기를 좋아했다. … 항상 토론의 주도권을 쥐었고 자신의 지적인 장점을 발휘할 수 있는 방향으로 토론을 몰고 가 자신이 선택한 순간에 결정적인 펀치를 날릴 수 있었다. …
마틴은 말콤의 이런 토론 기술을 잘 알고 있었기 때문에 그와 함께 대중앞에 서는 일을 피했다. 청중 앞에서 토론으로 마틴을 제압하는 일은 말콤이 가장 바라던 일이었을 것이다. 마틴은 이런 일이 결코 일어나지 않도록 사력을 다했다. 마틴은 자신이 출연하기로 예정된 〈데이비드 서스킨드 쇼〉에 말콤이 출연한다는 소식을 듣고는 그렇다면 출연을 취소하겠다고 으름장을 놓았다. 캘리포니아 오클랜드 KDIA 라디오의 프랭크 클라크가 말콤과 마틴의 토론을 준비하며 초청하자, 마틴은 출연을 거절하는 편지를 보냈다. 자신은 이런 토론이 유익하리라 생각하지 않기 때문에 그런 초청을 일관성 있게 거절해 왔으며, 자신은 부정적이기만 한 토론에 참여하기보다는 긍정적으로 행동하는 일을 선호한다는 것이 출연 거절 사유였다.[11]

말콤과 마틴은 미국의 흑인 현실을 고발하고 변화를 촉구하는 입장은 똑같았다. 다만 태도와 방법, 실천에서 견해가 극명하게 엇갈렸다. 공개적으로 비난을 주고받았고, 마틴이 직접적인 토론을 피하기는 했지만, 인간적인 적대감을 가지고 있었던 것은 아니었다. 마틴은 자신의 자서전에서 말콤에 관한 의견을 이렇게 밝혔다.

> 말콤 엑스는 조리정연한 사람이었다. 하지만 나는 그가 지닌 정치적, 철학적 견해에 상당 부분 동의할 수 없었다. 물론 나는 그가 지금 견지하는 태도를 이해할 수는 있다. 그가 독선적인 사람이라고 말하고 싶지는 않다. 나는 유일한 진리와 유일한 방법만을 인정하는 사람이 아니기 때문에 그의 견해가 문제를 해결할 수 있는 해답이 될 수도 있다고 생각한다. 하지만 나는 폭력으로는 우리의 문제를 해결할 수 없다고 생각하기 때문

---

11) 제임스 콘, 앞의 책, p.173~174.

에 그가 폭력을 사용하자는 주장을 덜 했으면 한다. 말콤은 흑인들이 처한 절망적인 상황에 대해서 장황한 이야기만을 늘어놓을 뿐 긍정적이고 창조적인 대안을 제시하지 않는다는 점에서 자신뿐 아니라 흑인에게 나쁜 영향을 미치고 있다. 흑인이 거주하는 빈민가에서 격정적이고 선동적인 말투로 무장과 폭력을 사주하는 그의 태도는 재앙 외에는 아무런 성과도 거두지 못할 것이다.

폭력적 행동을 취한다면 우리는 절대적인 열세에 처하게 될 것이다. 또한 폭력적 행동이 끝나도 흑인은 변함없이 가난하고 굴욕적인 삶을 살아야 할 것이다. 흑인이 느끼는 증오와 원한은 더욱 심해질 것이며 현실로 돌아오면 더 심한 비참함을 느끼게 될 것이다. 따라서 도덕적인 면에서도, 실제적인 면에서도, 미국 흑인들이 의지할 수 있는 합리적인 방법은 비폭력 밖에 없다.[12]

말콤은 무하마드의 블랙모슬렘과 완전히 결별한 뒤부터는 흑백 분리를 주장했던 자신의 견해를 수정했지만, 폭력 문제에서는 물러서지 않았다. 마틴 역시 비폭력 투쟁에 관해선 끝까지 원칙을 고수했다. 마틴의 역사적인 '나에게는 꿈이 있습니다I Have a dream.' 연설에

---

12) 마틴 루터 킹, 앞의 책, p.340~341.

도 그 점이 명확히 나와 있었다.

흑인의 시민권을 보장하지 않는 한 미국은 평화로울 수 없습니다. 정의의 새벽이 밝아 오는 그 날까지 폭동의 소용돌이가 계속되어 미국의 토대를 뒤흔들 것입니다.

정의의 궁전에 이르는 문턱에 서 있는 여러분께 이 점을 말씀드리고 싶습니다. 정당한 자리를 되찾으려는 우리의 행동은 결코 나쁜 것이 아님을 명심하십시오. 자유에 대한 갈증을 증오와 원한으로 채우려고 하지 맙시다. 위엄 있고 규율 잡힌 태도로 투쟁해야 합니다. 우리는 창조적인 항의 운동을 물리적 폭력으로 타락시켜서는 안 됩니다. 거듭해서 당부하지만, 우리는 물리적 힘에 대하여 영혼의 힘으로 대처하는 당당한 태도를 가져야 합니다.

흑인 사회를 지배하는 새로운 투쟁에 이끌려 백인을 불신해서는 안 됩니다. 오늘 이 자리에 참가한 많은 백인을 보면 알 수 있듯이, 백인 형제 중에는 백인과 흑인이 운명공동체라는 사실을 인식하는 사람들이 많습니다. 여기 있는 백인은 자신의 자유는 우리의 자유와 단단히 얽혀 있음을 인식한 사람들입니다. 우리 혼자서는 걸어갈 수 없습니다. 우리는 언제나 앞장서서 행진해야 합니다. 결코 뒷걸음질해서는 안 됩니다. …

여러분 중에는 큰 시련을 겪고 있는 사람들이 있을 것입니다. 여러분 중에는 좁디좁은 감방에서 방금 나온 사람도 있을 것입니다. 여러분 중에

"나에게는 꿈이 있습니다."라고 연설하는 마틴

흑인의 일자리와 자유를 요구한 워싱턴대행진

는 자유를 달라고 외치면 갖은 박해를 당하고 경찰의 가혹한 폭력에 시
달려야 하는 곳에서 오신 분들도 있을 것입니다. 여러분은 갖은 고난에
시달려왔을 것입니다.

우리는 지금 비록 역경에 시달리고 있지만, 나에게는 꿈이 있습니다. 나
의 꿈은 미국의 꿈에 깊이 뿌리내리고 있는 꿈입니다. 나에게는 꿈이 있
습니다. 조지아의 붉은 언덕에서 노예의 후손과 노예 주인의 후손이 형제

애로 손을 맞잡고 나란히 앉는 꿈입니다.

나에게는 꿈이 있습니다. 이글거리는 불의와 억압이 존재하는 미시시피가 자유와 정의의 오아시스가 되는 꿈입니다.

나에게는 꿈이 있습니다. 내 아이들이 피부색을 기준으로 사람을 평가하지 않고 인격으로 사람을 평가하는 나라에서 살게 되는 꿈입니다.

지금 나에게는 꿈이 있습니다. 지금은 지독한 인종차별주의자들과 주지사가 간섭이니 무효니 하는 말을 떠벌리는 앨라배마에서 흑인 어린이가 백인 어린이와 형제자매처럼 손을 마주 잡을 수 있는 날이 올 것이라는 꿈입니다.

지금 나에게는 꿈이 있습니다. 모든 골짜기가 메워지고 모든 산이 낮아지며 고르지 않은 땅이 평탄케 되고 험한 곳이 평지가 될 것이요, 주님의 영광이 나타나고 모든 육체가 그것을 함께 보게 될 날이 있을 것이라는 꿈입니다. …

모든 주, 모든 시, 모든 마을에서 자유의 노래가 울린다면, 흑인과 백인, 유대교도와 기독교도, 개신교인과 가톨릭 교인을 가리지 않고 모든 주님의 자녀들이 손에 손을 잡고 오래된 흑인영가를 함께 부르게 될 그 날을 앞당길 수 있을 것입니다.

'마침내 자유를 얻었네, 마침내 자유를 얻었네, 전능하신 주님의 은혜로,

마침내 우리는 자유를 얻었네.'

워싱턴대행진은 텔레비전을 통해 방영되었다. 집회가 열리기 전까지 엄청난 폭동과 혼란을 우려했던 미국의 언론은 진지한 표정으로 당당하게 조직적으로 거리를 행진하는 흑인들의 모습에 놀랍다는 반응을 보였다. 흑인의 힘을 넘어 인류의 진취적인 능력을 보여준 장엄한 장면이었다.[13]

말콤은 그 자리에 초대받지 못했지만 개인적으로 가서 지켜보았다. 그는 "두 눈으로 그 서커스를 모조리 보았다."면서 이렇게 소감을 밝혔다.

> 적과 팔짱을 끼고 몸을 흔들어대며 '우리 승리하리라'를 함께 부르면서 행진하는 분노한 혁명가의 이야기를 들어본 적이 있는가? 분노한 혁명가들이 그 억압자들과 나란히 수선화가 핀 공원의 연못에 발을 담그고서, 기타를 치고 흑인영가를 부르며 '나에게는 꿈이 있다.'는 식의 강연을 듣고 있는, 이런 어처구니없는 이야기가 또 있을까? … 워싱턴대행진의 성과는 흑인들을 잠시 달랜 것뿐이었다. 그 뒤에도, 그리고 오늘날까지도 미

13) 마틴 루터 킹, 앞의 책, p.291~292.

국의 흑인은 악몽과 같은 나날을 보내고 있는 것이다.[14]

워싱턴대행진으로부터 2주 후 버밍햄에서 백인들이 침례교회를 폭파해 4명의 소녀들이 죽는 사건이 터졌다. 마틴은 "이 죄 없는 소녀들이 흘린 피가 버밍햄 시민을 새로운 미래로 이끌어 갈 수도 있다. 이 비극적인 사건으로 인해 남부 백인들이 가슴에 손을 얹게 될 수 있다."고 말했지만, 말콤은 또 비웃었다.

이제 쇼는 끝났지만 흑인들에게는 여전히 땅도, 직업도, 집도 없다. 흑인 교회는 여전히 폭탄 세례를 받고 죄 없는 어린 소녀가 살해당하고 있다. 그렇다면 워싱턴대행진이 달성한 것은 무엇인가? 아무것도 없다.[15]

말콤은 10월 11일 버클리 대학교에서 마틴의 비폭력 노선을 비난했다. 백인이 자신들의 자유를 위해 독립 전쟁을 벌였다면, 흑인 노예를 위해 벌인 남북전쟁 이후에도 흑인이 여전히 노예 상태에 있다면, 왜 흑인이 직접 해방을 위해 무력을 사용해선 안 되느냐는 논리였다.

미국 전역에서, 여기 북부와 남부에서 흑인 군중이 미국 백인의 억압과

---

14) 말콤 엑스, 앞의 책, p.353.
15) 제임스 콘, 앞의 책, p.193.

착취에 반대해 시위를 벌이고 있다. 우리는 백인을 향한 두려움을 떨쳐냈다. 백인을 사랑해 온 헛된 일을 그만두었다. 폭력적인 백인에게 비폭력적으로 뺨을 내어 주길 그만두었다. 이렇게 새롭고 두려움 없는 전투적인 태도를 우리가 갖게 되면서 피와 폭력이 백인 억압자들과 억압당해온 이들 사이에, 백인 착취자와 착취당해 온 이들 사이에, 백인 노예주들과 2,000만 명의 노예들 사이에 더 빈번해지고 있다.

언제 이 모든 것이 끝날까 묻는다면, 나는 반복해서 말하건대, 미국은 남북전쟁 이후 최악의 내적 위기에 직면해 있다고 하겠다. 독립 전쟁 이후 최악의 위기다. 미국은 이제 인종 전쟁에 직면했다. 온 나라가 인종폭력과 피 튀기는 싸움을 곧 보게 될 것이다. 이전에 노예였던 2,000만 명이 여기 미국에서 이전의 노예주들에게 자유, 정의, 평등을 요구하고 있기 때문이다.

2,000만 명의 이른바 검둥이, 이등시민이 요구하는 것은 오로지 인간으로서 존엄하게 살 인권이다. 미국의 백인은 여러분이 비폭력적으로 외치는 인권의 요구에 폭력으로 답했다. 백인은 여러분의 기도와 자유의 노래에 거짓 약속, 속임수, 끔찍한 유혈극으로 답했다.

우리는 백인의 교과서에서 이렇게 배웠다. 독립 전쟁과 남북전쟁은 자유와 민주주의를 위해 이 땅에서 치른 전쟁이었다고. 두 전쟁이 진정 모든 인간의 자유와 존엄을 위한 싸움이었다면 왜 2,000만 명의 민중이 여전히 여기 미국에서 이등시민으로 노예처럼 얽매여 있는가? 독립 전쟁은 미국의 백인이 영국의 백인에 맞서 싸운 전쟁일 뿐이었다. 사실, 독립선언서에 서명한 백인 국부Founding Fathers는 대부분 노예 주인이었다.[16]

말콤이 국부를 언급한 것은 누가 보더라도 미국의 꿈을 이야기하는 마틴을 겨냥한 것이었다. 한 달 뒤인 11월 10일, 그가 가장 강력한 정치적 메시지를 던진 '풀뿌리를 향한 메시지A Message to the Grassroots'에서 그는 더욱 잔혹하게 미국의 역사를 호출했다.

> 우리는 모두 흑인이다. 이른바 검둥이, 이등시민, 노예 출신Ex-slaves. 당신은 예전에 노예였을 뿐이다. 이런 말 듣기 싫어하겠지만, 그럼 뭐였나? 당신은 예전에 노예였다. 메이플라워호를 타고 이 나라에 온 게 아니다. 노예선을 타고 왔다. 말처럼 쇠사슬을 찼다. 소처럼, 아니면 닭처럼. 당신을 여기 끌고 온 사람들은 메이플라워호를 타고 온 바로 그들이었다. 이른바 청교도, 아니면 국부라는 바로 그 사람들이 당신을 여기 데려왔다.[17]

그러나, 이즈음 말콤은 흑인과 백인을 인종으로 구분하는 무하마드의 가르침에서 벗어나고 있었다. 그의 자서전 대필을 위해 개인적으

---

16) Malcolm X at UC Berkeley(October 11, 1963)
17) A Message to the Grassroot(November 10, 1963)

로 자주 만났던 알렉스 헤일리(이하 헤일리)[18]는 당시 말콤의 차를 타고 가다가 있었던 일화를 이렇게 소개했다.

> 교차로에서 신호를 기다리던 중이었다. 백인이 운전하는 다른 차가 옆에 나란히 멈춰 섰다. 그 백인은 말콤을 알아보고는 얼른 말을 건넸다. "흑인들이 당신 편에 선다고 해도 비난할 수가 없다고 봐요. 내가 흑인이라면 나도 당신을 따를 겁니다. 계속 분발하십시오!" 말콤은 그 남자에게 무척 진지한 어조로 말했다. "당신 같은 사람들로 된 백인지부를 만들고 싶군요." 신호등이 바뀌고 다시 차가 움직이기 시작하자 말콤은 빠르게 말했다. "방금 한 말을 절대로 쓰지도 말고 되풀이하지도 마요. 무하마드의 귀에 들어가면 분노로 발작을 일으킬지도 몰라요." 나중에 돌이켜 생각해 보니, 그건 의미심장한 사건이었다. 말콤이 무하마드에 대해서 불손하게 말한 것은 그때가 처음이었다.[19]

11월 22일 낮 12시 30분, 텍사스 댈러스에서 케네디가 오스왈드의 총에 맞아 숨졌다. 케네디는 워싱턴대행진을 전후해 마틴을 만나 흑인민권운동 문제를 의논했다. 마틴은 백악관이 흑인과 백인을 한 시간씩 만나면 흑백 간 화해가 이루어질 것처럼 군다고 비난했지만, 사

---

18) 흑인 노예제도를 고발한 세계적인 베스트셀러 《뿌리》의 지은이
19) 말콤 엑스, 앞의 책, p.494, 부록 '뒷 이야기' 중

실 케네디에게 기대를 하고 있었다. 마틴은 케네디의 암살이 그 해 있었던 NAACP 에버스의 암살, 앨라배마 버밍햄의 교회 폭파와 소녀 사망 사건과 동일 선상에서 벌어진 일이라고 말했다.

케네디 대통령의 죽음은 우리에게 중요한 사실을 이야기하고 있습니다. 스테인드글라스로 장식된 안전한 은신처 뒤에 몸을 숨긴 채 침묵을 지키는 모든 성직자에게, 선거구민에게 증오라는 이름의 상한 빵과 인종주의라는 썩은 고기를 먹이는 정치가에게, 최고법원과 국제연합에 대해서 독설을 퍼붓고 자신의 견해와 다른 사람들은 모두 공산주의자로 모는 극단적인 우익 인사에게, 목적이 수단을 정당화하며 계급 없는 사회라는 목적을 달성하기 위해서는 폭력적인 수단과 기본적인 자유를 부인하는 수단도 정당화된다고 주장하는 그릇된 공산주의자에게 중요한 이야기를 하고 있습니다.

케네디는 우리나라의 핏줄 속에 퍼져 있는 증오의 바이러스를 제때에 제거하지 않으면 우리의 도덕과 영혼은 괴멸되고 말 것이라는 사실을 우리 모두에게 말하고 있습니다.[20]

말콤의 생각도 마틴과 다르지 않았다. 그는 자서전에서 1963년에 잇

---

20) 마틴 루터 킹, 앞의 책, p.303~304.

따른 암살 사건에 대해 이렇게 견해를 밝혔다.

> NAACP의 에버스가 미시시피에서 고성능 라이플총에 맞고 즉사했을
> 때, 나는 무슨 일이 있어도 진실을 노골적으로 털어놓고 싶었다. 버밍햄
> 에 있는 흑인 교회에 폭탄을 터뜨려 아름다운 흑인 소녀 넷이 숨졌을 때
> 도 나는 백인이 만들고 조장하는 증오에 대해 당연히 말해야 할 것을 말
> 하지 않았다.
> 증오는 증오를 부르고, 증오를 조장하면 할수록 그 증오는 더욱 대담한
> 모습으로 커져 나간다. 백인이 만들고 조장한 증오는 마침내 그들의 지도
> 자와 자기의 동포를 향해서 타오르기 시작했다.[21)]

케네디의 사망은 말콤에게 큰 변화를 일으킨 계기가 되었다. 케네디
가 총에 맞는 장면이 텔레비전으로 생중계된 지 불과 몇 시간 뒤 무
하마드는 블랙모슬렘의 모든 성직자에게 "언론의 논평 요구에 노코
멘트 하라."고 지시했다. 무하마드는 당시 12월 1일 뉴욕 맨해튼에
서 연설할 예정이었다. 무하마드는 말콤을 대신 강연에 내보냈다. 말
콤은 케네디가 암살당하기 일주일 전에 쓴 원고를 발표했다. 제목은
'미국 백인에 대한 신의 심판'이었다. 그 주제는 '씨를 뿌리는 대로

---

21) 말콤 엑스, 앞의 책, p.368.

거두리라.'는 내용으로, 백인들이 뿌린 죄악의 씨가 어떤 열매를 맺을 것인가 하는 것이었다. 연설 뒤 "케네디 대통령의 암살에 대해 어떻게 생각하십니까."라는 질문이 나왔다. 말콤은 자신이 느낀 그대로 정직하게 말했다고 훗날 회상했다.

> 닭이 닭장에 돌아가듯[22] 일어나야 할 일이 일어난 것뿐입니다. 이렇게 빨리 벌어질 줄은 몰랐습니다. 제가 농장 인부라면, 닭이 닭장에 들어가는 걸 보고 슬퍼할 리 없죠. 기뻐했겠죠.[23]

말콤의 말은 백인들 속에서 자라난 증오가 힘없는 흑인들을 죽이는 데 만족하지 않고, 마침내 이 나라의 대통령을 죽였다는 것이었으나, 언론이 보기에 중요한 것은 그의 말뜻이 아니었다. 다음날 〈뉴욕타임스〉는 '말콤이 미국과 케네디에게 상처를 주었다.'는 제목으로 보도했다. 700여 명의 블랙모슬렘 청중이 그의 표현에 박수를 치고 웃었다는 묘사도 덧붙였다. 무하마드는 그에게 90일간 침묵하라는 명령을 내렸다. 말콤은 헤일리에게 이렇게 털어놓았다.

> 예전에 그보다 더 강경한 말을 했을 때도 아무런 시비가 없었는데 숨겨

---

22) Chicken coming home to roost. 인과응보를 일컫는 관용어.
23) The New York Times, 1963년 12월 20일 'Malcolm X scores US and Kennedy'

진 진짜 이유는 (무하마드의) 시카고 본부가 나를 질투했기 때문입니다.
내가 다른 사람보다 더 도덕적이라고 말로만 주장하는 사람의 부도덕성
에 항의를 했기 때문이오.[24)]

더욱 근본적인 이유도 있었다. 말콤은 블랙모슬렘이 흑인만의 종교
를 넘어 동방의 이슬람교와 연결되어 있다고 믿었다. 실제로 1959년
에는 무하마드의 대리자 자격으로 중동과 아프리카를 방문했고, 유
엔이 있는 뉴욕에서 그는 이슬람 세계에서 온 지도자를 초청하거나
그들의 행사에 초청을 받았다. 동시에 미국에서 흑인을 결집시켜 백
인의 차별을 끊어 내는 도구로 만들려고 했다.

말콤은 블랙모슬렘이 흑인에 대한 억압을 더욱 조장하는 기독교의 이데
올로기에 맞서 미국에서 흑인 민족이 당하는 사회정치적 압제를 풀 수 있
는 '신이 내린 해결법'이라고 생각했다.[25)]

무하마드는 이런 말콤이 불안했다. 그에게 블랙모슬렘은 종교적 차
원에 머물러 있어야만 했다. 마틴의 흑인민권운동에 대해서도 무하
마드는 불개입 원칙을 천명했다. 무하마드는 백인의 죄악에 신의 심

---

24) 말콤 엑스, 앞의 책, p.501, 부록 '뒷 이야기' 중
25) 제임스 콘, 앞의 책, p.310.

판이 내릴 것이라고 하면서 1970년에 최후 심판의 날이 올 것이라는 예언까지 했다.

> 아마겟돈 전쟁, 즉 하나님과 마귀 사이의 최후의 대결을 목 놓아 기다리는 구성원들이 급격히 많아지면서, 블랙모슬렘 지도부(특히 무하마드의 가족들)는 '이슬람민족Nation of Islam'의 경제적 성장이 낳은 물질적 이윤을 지나치게 소유했다. 괜히 백인 권력 구조에 대항해 새롭게 생겨난 부수입을 잃고 싶지 않았던 그들은 '이슬람민족'에 흑인 해방의 정치론을 편입시키려는 말콤의 노력에 더욱 강경하게 대응했던 것이다.[26]

정치적 행동주의를 설파했다는 이유로 블랙모슬렘 안에서 제재를 받은 말콤의 처지는 미국의 기독교를 향한 마틴의 비판을 연상케 한다. 마틴 역시 교회로부터 지나치게 정치적이라는 비난을 받았다. 백인은 물론 흑인 목사도 마틴의 정치적 행동을 비판했다. 마틴은 흑인의 비참한 현실 앞에 침묵하는 백인 교회의 위선을 비판하면서 흑인교회 역시 "복음의 내용보다 설교자의 큰 목소리에 따라 감정이 좌우되고 영성을 힘과 혼동하여 예배를 파티로 전락시켰다."고 비판했다. 마틴은 "목사라면 자신이 속해 있는 사회의 지옥과 같은 현실을

---

26) 제임스 콘, 앞의 책, p.311.

말콤 엑스

무시한 채 천국의 영광만 설교해서는 안 된다."고 일깨웠다.

저 위의 천국에 대해서만 복음을 전하는 교회라면 뭔가 문제가 있는 교회입니다. … 인간이 억압에 짓밟히는 이곳, 수천 명의 하나님의 자녀들이 빈곤이라는 우리에 갇혀 있는 이곳, 수천 명의 남녀가 투쟁 때문에 좌절하고 고통스러워하는 이곳, 너무나 많은 하나님의 자녀들이 암흑 같은 삶에 둘러싸인 이곳. 종교는 단지 하늘나라에 있는 저택에만 신경을 쓸 것이 아니라 이 지구상의 빈민굴도 염려해야 합니다. … 천국의 은으로 만든 슬리퍼에만 관심을 두지 말고 사람들이 이 지구상에서 제대로 신을 신이 있는지도 염려해야 합니다.[27]

말콤은 90일이 지난 뒤에도 침묵을 강요받았다. 말콤은 무하마드가 자신을 죽이려 한다고 믿었다. 제7성전의 한 목회자가 찾아와 그의 자동차를 폭파하라는 명령을 받았다고 털어놓기도 했다.[28] 마침내 말콤은 무하마드와 완전히 결별했다. 말콤은 종교의 테두리를 넘어서 흑인의 인권 회복에 기여하고 흑인이 안고 있는 정신적, 경제적, 정치적 병을 치유하는 데 기여하는 조직을 만들겠다고 하였다. 1964년 3월 12일 그가 설립한 단체의 이름은 '무슬림모스크사

---

27) 앞의 책, p.247에서 재인용.
28) 말콤 엑스, 앞의 책, p.386.

Muslim Mosque Incorperated(이하 무슬림모스크)'였다.

말콤은 무슬림모스크 활동을 시작하면서 마틴을 겨냥했다. 미국의 꿈을 이야기하는 마틴을 향해 그는 악몽을 말했다.

> 지난날 우리는 미국 사회를 아메리칸 드림이라고 동경했습니다. 그러나 오늘날 흑인들은 이것이 아메리칸 나이트메어, 미국의 악몽이라는 점을 깨닫고 있습니다. 당신에게는 꿈이지만, 우리에게는 악몽입니다.[29]

말콤이 마틴의 꿈을 악몽에 비유한 것은, 그만큼 말콤이 마틴을 의식하기 시작했다는 의미이기도 했다. 무하마드의 가르침에서 놓여난 말콤은 흑인의 정치력을 키워야 한다는 점을 깨닫고 마틴의 투쟁 방식에 주목했다. 마틴은 케네디를 설득해 흑인이 투표권이나 취업, 공공장소 이용에 차별받아서는 안 된다는 시민권법을 제정하도록 했다. 1964년 여름에는 이 법이 실제 시행되기 시작했고, 대통령 선거가 실시될 참이었다. 말콤과 마틴이 시민권법 토론회장에서 마주친 것도 이 무렵이었다.

---

29) 1964년 3월 18일 하버드대 연설.

4월 12일 그는 '투표냐 총탄이냐Ballot or Bullet'라는 제목의 연설을 했다. 뉴욕, 클리블랜드, 디트로이트에서 이 연설을 반복했다. 그는 자신은 미국인이 아니라 미국에 사는 2,200만 명의 흑인 중 한 사람이라고 하면서도, 시민권법에 따라 확대된 흑인의 투표권이 중요한 역할을 할 것이라고 말했다. 이 연설에서도 그는 '아메리칸 드림'을 비판하고 "내 눈에는 미국의 꿈이 보이지 않는다, 미국의 악몽만 볼 뿐이다."라고 말했다.

이 당시 말콤이 진정으로 마틴과 손잡을 뜻이 있었다면, 왜 비난하는 표현을 되풀이했을까. 말콤은 이전에도 공개석상에는 도발적인 악담을 퍼부으면서도 개인적으로는 지극히 신사적인 태도로 모든 사람을 대했다. 따라서 여전히 공개적인 발언과 정치적 협상의 상관관계를 깨닫지 못했던 것으로 보인다.

무슬림모스크를 설립한 뒤 말콤은 메카를 방문했다. 무하마드의 울타리를 벗어나, 전 세계 이슬람교도들과 직접 연결되고 싶은 열망의 표현이었다. 이 메카 여행은 그를 변화시켰다. 사우디아라비아에서 그는 '겉으로 보아서는 확실히 백인'인 사우디인에게 큰 도움을 받았다. '진정한 이슬람교도인지' 의심을 받아 공항에 억류된 그를 뉴욕에서 친분을 쌓았던 사우디 외교관의 가족들이 풀어 주었고, 말

메카 순례 뒤 수염을 기른 말콤

콤은 사우디 왕자의 국빈으로 대접받았다. 말콤은 그 모든 과정에서 이들이 '백인'인 듯한 태도를 보이지 않고, '흑인'을 대하듯 하지도 않으며 같은 무슬림이라는 이유만으로 자신과 말콤을 한 형제로 대한다는 것을 체험했다.

그날 아침 나는 처음으로 백인을 재평가하기 시작했다. 흑인들이 통상적으로 생각하고 있는 백인이란 외견상의 모습만을 의미한다는 것을 비로소 깨달았다. 인간에게 무엇보다 중요한 것은 피부색이 아니라 태도와 행동이라는 사실에 비로소 눈뜨기 시작했다.[30]

메카 순례 예식을 마치고 아라파트 산에 올랐을 때, 순례 중 가장 인상 깊은 것이 무엇이었냐는 질문에 말콤은 '형제애'라고 대답했다. "

30) 말콤 엑스, 앞의 책, p.413.

세계 각국에서 모여든 모든 피부색의 인종이 하나로 어우러진 형제애! 나는 그것을 통해 유일신의 증거를 보았습니다." 말콤은 그같은 사실을 미국에서는 깨닫지 못했던 이유를 '비인간적인 처지에서 심리적으로 거세되어 있었기 때문'이라고 설명했다. 미국에 돌아온 날, 말콤은 기자들에게 이렇게 말했다.

> 그전까지 나는 백인이라면 무조건 비난했습니다. 두 번 다시 그런 오류는 저지르지 않을 것입니다. 진정한 이슬람교는 모든 백인을 무조건 비난하는 것은 백인이 모든 흑인을 무조건 비난하는 것과 마찬가지로 잘못이라는 사실을 나에게 보여주었습니다. ⋯ 이곳 미국의 백인들은 뿌리 깊은 인종차별 의식을 갖고 있습니다. 이곳 미국의 백인들은 뿌리 깊은 우월의식을 갖고 있습니다. 이런 의식이 이 나라 백인들의 잠재의식 속에 뿌리내리고 있습니다. 많은 백인이 이런 사실조차 깨닫지 못하고 있습니다.[31]

어느 기자가 흑인민권운동의 지도자들과 연대할 계획이 있는지 물었다. 말콤은 이렇게 답했다.

> 이런 식으로 설명해야겠군요. 어떤 사람이 목적지를 향해 차를 운전하고

---

31) 말콤 엑스, 앞의 책, p.444~445.

미국의 흑인 차별 역사 청산 335

있습니다. 그런데 그들이 잘못된 길을 가고 있으면서도 바른 길을 가고 있다고 믿고 있다면 모름지기 그들이 탄 차에 도중에라도 올라타서 그들에게 말해 주어야 합니다. 그러면 결국 그 사람도 자신들이 가고 있던 길이 잘못된 길이라는 사실을 알게 됩니다. 그때 어느 길로 가라고 이야기해주면 비로소 귀를 기울이게 될 것입니다.[32]

말콤은 실제로 뉴욕에서 흑인 교회를 중심으로 이루어진 수업 거부 운동, 집값 투쟁 집회와 같은 민권 투쟁에 동참했다. 폭력에 대한 그의 생각에도 변화가 있었다. 말콤은 여전히 비폭력주의를 비판하며 폭력을 옹호했지만, 방어적인 맥락을 강조했다. 1964년 6월 2일 로버트 펜 워런과의 인터뷰에서 이런 말을 주고받았다.

말콤 백인 중에 자신의 문제를 비폭력적으로 혹은 수동적으로 해결하려는 사람을 본 적이 없습니다. 이른바 '검둥이의 권리를 위한 투쟁'에서만 비폭력으로, 수동적으로, 사랑으로, 뭐 그렇게 접근하라 합니다. 하지만 백인 자신이 공격을 받으면 그들은 자신을 방어해야 한다고 믿지요. 검둥이들과 항상 같이 감옥에 가는 백인이라면 검둥

---

32) 말콤 엑스, 앞의 책, p.504, 부록 '뒷 이야기' 중

이들에게 사랑해라, 친절해라, 인내해라, 폭력은 안 되니 다른 쪽 뺨을 내주라고 말할 수 있겠죠.

워런 하지만….

말콤 만약 흑인을 향해 달려오는 차를 막기 위해 자기 몸을 날리는 백인이 있다면, 저는 그에게 묻고 싶습니다. '당신은 검둥이가 공격을 받을 때, 공격하는 자를 죽이게 되는 위험을 무릅쓰고서라도 자신을 방어해야 한다고 생각합니까?' 그 사람이 '그렇다.'고 답한다면, 나는 그의 손을 잡고 흔들 겁니다. 하지만 검둥이에게 잔인하고 흉폭한 적의 면전에서 힘없이 다른 쪽 뺨을 내밀고 비폭력을 고수하라고 가르치는 백인은 믿을 수 없습니다. 이게 바로 내가 백인을 판단하는 기준입니다.

워런 질문이 있습니다. 여기서 '힘없이depenseless'라는 건 무슨 뜻입니까?

말콤 폭력적인 적 앞에서 비폭력을 고수하라고 말하는 사람은 그를 힘없게 만드는 겁니다. 하나님이 주신 스스로를 방어할 수 있는 권리를 그에게서 빼앗는 겁니다.

워런 방어라는 게 말 그대로 방어라면 누구도 자신을 방어하지 말라고 하지 않을 겁니다. 하지만 방어의 목적을 위해 공격하는 것은 사회적으로 다른 차원입니다.

말콤 검둥이도 자신을 방어하기 위해 어떤 수단이든 쓸 수 있는 권리가 있습니다. 어떤 방법, 어떤 수단이든 자신을 방어하기 위해서라면 그는 다른 사람들과 마찬가지로 그럴 권리가 있는 것이죠.

워런 글쎄요. 예를 들어 정치적 암살이라면?

말콤 그것에 관해선 전 전혀 모릅니다. 그런 질문에는 답변도 하지 않겠습니다.

1964년 여름, 흑인들의 폭동이 뉴욕 브루클린, 필라델피아와 같은 동부의 대도시에서 확산되었다. 〈뉴욕타임스〉는 중상층 흑인의 지지를 확보할 수 있는 사람은 마틴뿐이지만, 하층 흑인들의 지지를 확보할 수 있는 사람은 말콤뿐이라는 어느 흑인 지식인 모임의 이야기를 보도했다.

흑인들은 킹 박사와 말콤 엑스의 고결함을 느끼고 있으며 그들이 결코 자신들을 배반하지 않을 사람임을 알고 있기 때문에 두 사람을 존경한다. 말콤 엑스는 매수될 사람이 아니라고 생각하기 때문에 모든 흑인은 이 점을 알고 그를 존경하고 따른다. 그들은 말콤 엑스 또한 자기들처럼 밑바닥 출신이라는 사실도 알고 있기 때문에 그를 자신들의 동료로 느낀다. 말콤 엑스가 엄청난 역할을 하게 될 것이다. (말콤 엑스의 근거지안—필자 주) 북부의 도시로까지 인종투쟁이 확대되었기 때문이다. 킹 박사가 탁월한 지도력을 행사한 10년을 희생으로 바쳤다고 확신하게 된다면 어쩔 수 없이 자신의 사고를 수정해야 할 것이다. 이제 그가 택해야 할 길은 오직 하나 뿐이다. 그것은 말콤 엑스와 손을 잡는 일이다.[33]

1965년이 되었다. 말콤은 확실히 마틴과 같은 온건파들을 의식했다. 헤일리의 동생이 주 상원의원에 취임하자, 말콤은 헤일리에게 이렇게 당부했다.

> 동생에게 뒷골목에 버려진 우리 흑인들을 잊지 말라는 말을 전해주시오. 그리고 지금 당신 동생과 그 밖의 온건파 흑인들이 어느 정도 지위를 얻고 있는 것은 우리 같은 과격파의 활동이 있었기에 가능한 것이었다는 것도 기억하길 바란다고 전해주시오.

2월의 어느 날, 말콤은 흑인 학생들의 초청으로 앨라배마 주 셀마에 갔다. 당시 마틴은 감옥에 갇혀 있었다. SCLC의 목사들은 말콤을 만나 폭력 사태가 일어나지 않도록 해달라고 요청했다. 강연장에는 말콤의 옆자리에 마틴의 부인이 앉아 있었다. 말콤은 몸을 기울여 이렇게 말했다.

---

33) 〈뉴욕타임스〉 1964년 7월 29일. 말콤 엑스, 앞의 책 부록 알렉스 헤일리의 '뒷 이야기'에서 재인용.

내 이야기를 들은 후에 백인들이 마틴 루터 킹 박사의 제안을 훨씬 쉽게 받아들일 것입니다.

마틴의 부인은 처음에는 그 말의 의미를 알아듣지 못했지만, 말콤이 폭력 사태를 원하는 것이 아니라 사태의 평정을 원하고 있다는 사실을 마틴에게 전달하려고 애쓴 것 같다고 언론에 설명했다.

헤일리는 이 무렵 말콤이 여전히 많은 사람이 자신을 증오와 폭력이라는 예전의 이미지로만 기억하는 것에 답답해했다고 전했다. 민권운동을 하는 흑인들도 말콤이 자신들의 집회에 참여하는 것에 조심스러워했다. "세상 사람들은 나의 변신을 도대체 인정해주지 않소!"라고 말콤은 헤일리에게 하소연하기도 했다.

며칠 뒤인 2월 21일 오후 말콤은 뉴욕 할렘가의 오듀본 홀에서 흑인을 대상으로 연설하려고 강단으로 올라갔다. 대기실에 있던 행사 보조원에게 말콤은 이렇게 말했다.

오늘은 나가서 말하고 싶은 기분이 전혀 아니야. 난 우리 흑인들끼리는 서로 싸우지 말자고 이야기해야겠어. 긴장을 없애기 위해 우리가 계속 싸우고 대립하도록 만드는 것이 백인들의 책략이거든. 나는 이제 어느 누구와도 싸우지 않겠어. 우리가 여기에 온 목적은 그것이 아니야.

여자 보조원이 "저는 선생님을 충분히 이해할 수 있습니다."라고 답하자, 말콤은 이렇게 말했다.

누가 과연 진정으로 나를 이해할 수 있을까?

말콤은 무대에 올라 "아살라무알라아꿈As-salam alaykum[34], 형제 여러분!"이라고 인사했다. 제일 앞줄에 앉아 있던 흑인 남성 3명이 자리에서 일어나 품에서 총을 꺼냈다. 총소리가 났다. 사람들은 모두 비명을 지르며 땅바닥에 엎드렸다. 말콤은 뒤로 쓰러졌다. 한참 동안 총소리가 이어졌다. 모두 16발이었다. 말콤은 그 자리에서 사망했다. 마틴은 말콤에게 이런 조사를 남겼다.

말콤 엑스의 암살은 비극적인 사건이었다. 이 비극적인 악몽은 우리에게 폭력과 증오는 폭력과 증오를 낳을 뿐이며, "칼을 치우라."는 예수님의 가르침이 여전히 유효하다는 깨달음을 준다. 우리는 다른 의견을 가진 사람에게 폭력을 행사해서는 안 된다. 마음속에서는 원한을 품으라고 유혹

---

34) 이슬람교도 인사말. '당신에게 안전과 평화가 깃드시길'이라는 뜻.

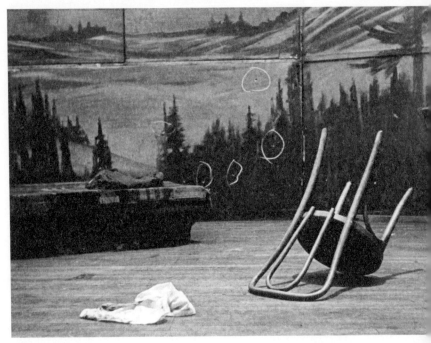

말콤이 총에 맞아 숨진 자리

하는 목소리가 끊임없이 들리겠지만, 우리는 원한과 증오는 숙명의 날을

향하여 전진하는 사람들이 감당하기에는 너무나 무거운 짐이라는 사실

을 깨달아야만 한다. … 말콤 엑스는 자신의 철학적 전제조건을 재평가

하고 비폭력운동과 일반적인 백인에 대한 경직된 태도를 개선해가던 중

에 비극적인 죽음을 맞게 되었다. 나는 이 점을 더욱 안타깝게 생각한다.

이것으로 마틴과 말콤의 논쟁이 끝난 것은 아니다. 마틴은 항상 백인의 폭력에 흑인이 폭력으로 대응하는 것은 사랑이 증오에 굴복하는 것이고 흑인에게 더 불리한 결과를 가져올 것이라며 인내해야 한다고 주장했다. 실제로 수많은 흑인이 마틴이 이야기한 '존엄성과 자존심에 대한 새로운 깨달음'을 얻고 비폭력 행진에 나섰다. 하지만 흑인민권운동을 겨냥한 공격은 여전히 이어졌다. 암살과 KKK의 횃불만이 아니었다. 경찰은 흑인 시위대를 진압하기 위해 경찰견을 끌고 왔고 소년들을 향해 최루탄을 쏘았다. '미국의 영혼이 일어나길' 기다리는 희망은 쉽게 상처받았고, 존엄성과 자존심은 곧 잘 무너졌다.

1965년 8월 11일 로스앤젤레스의 흑인 빈민가 와츠에서 폭동이 일어났다. 정부는 1만 4,000명의 방위군과 1,600명의 경찰을 투입했다. 34명의 흑인이 죽고 4,000여 명이 경찰에 붙잡혔다. 와츠의 건물은 잿더미로 변했다. 마틴은 폭동에 참여한 흑인 젊은이들을 만났다.

젊은이들 우리가 이겼습니다. 킹 박사, 여기서 꺼지세요.

마틴 어떻게 너희가 이겼다고 말할 수 있지? 흑인이 34명이나 죽었고, 동네는 폐허가 되었는데. 그리고 백인은 흑인의 폭동이 게으른 행동이라고 말하는데.

젊은이들 그들에게 주목 받았으니까요. 우리가 이긴 거죠.[35]

마틴의 투쟁 덕분에, 흑인은 이제 백인의 식당에 갈 수 있게 되었지만 식사를 할 돈이 없었다. 와츠에는 단 하나의 식수대가 있을 뿐이었고 흑인은 오로지 생존하는 것만이 목적이었다.

미국의 인종차별 현실을 다시 절감한 그는, 자신이 너무 쉽게 꿈을 이야기한 것은 아닌지 스스로에게 질문을 던졌다. 마틴이 동료에게 토로했다.

> 있잖소. 나는 이곳 사람들이 햄버거를 먹을 권리를 얻게 하려고 일했소.
> 하지만 이제는 햄버거를 사 먹을 돈을 벌 수 있게 해야 하오.

와츠 폭동을 계기로 마틴은 말콤이 보았던 도시 빈민가의 흑인들을 발견하게 되었다. 1966년 흑인민권운동 조직의 한 청년이 마틴에게 말했다. 또 한 명의 흑인 지도자가 비폭력 행진 도중 총에 맞아 쓰러진 때였다.

> 나는 이제 당신의 비폭력주의에 찬성하지 않습니다. 미시시피 백인놈이
> 나를 건드린다면, 나는 두들겨 팰 작정입니다.

---

35) 제임스 콘, 앞의 책, p.366.

남부의 흑인 청년들이 중심이 된 학생비폭력조정위원회Student Non-violent Coordinating Committee(이하 SNCC)의 집회에서는 "흑인이 힘을 가져야 한다."는 주장이 나왔다. SNCC는 말콤을 앨라배마에 초청했던 바로 그 단체였다. 흑인의 힘, 블랙파워Black Power는 이내 젊은 흑인 사이에 새로운 구호가 되었다. 그러나 말콤은 블랙과 파워라는 두 단어를 붙여 놓으면 흑인의 지배를 말하는 것처럼 들린다며 백인 우월주의와 똑같은 흑인 우월주의에 불과하다고 비판했다.

> 오랜 세월 동안 백인의 힘에 짓밟혀오면서 블랙이라는 말은 치욕스런 단어라고 생각해왔던 사람들에게, 이 구호는 엄청난 호소력을 가지고 있었다. 하지만 나는 블랙파워라는 단어는 부적절한 구호라고 생각했다. …
> 내가 신뢰하는 것은 구체적이고 현실적인 블랙파워다. 나는 인종주의적인 뉘앙스를 가진 블랙파워를 지지하지 않는다. 하지만 우리의 정당한 목적을 달성하기 위하여 정치, 경제적 힘을 모아야 한다는 의미의 블랙파워는 전폭적으로 지지한다. 선량한 백인들도 이런 의미의 블랙파워는 지지할 것이라고 생각한다.[36]

블랙파워라는 말 자체는 의미가 모호했다. 블랙파워를 외치는 젊은

---

36) 마틴 루터, 앞의 책, p.410~411.

지도자 스토클리 카마이클이나 랩 브라운은 분명 마틴과 같은 흑인 민권운동의 대열에 서 있었지만 그들의 태도와 말은 말콤에 더 가까웠다. 이들은 전략적으로 블랙파워라는 말을 모호한 상태로 놔뒀다. 어떤 이들은 말콤과 똑같은 뉘앙스로 블랙파워를 외쳤고, 어떤 이들은 마틴이 이야기하는 정치·경제적 단결이라는 뜻으로 블랙파워를 외쳤다. 결국 마틴도 블랙파워라는 말의 전략적 모호성을 받아들였다. 그는 블랙파워라는 말이 흑인의 평등을 넘어 흑인의 지배를 의미하는 듯한 부정적인 면이 있지만, 긍정적인 의미도 있다고 강조했다.

블랙파워는 흑인의 자부심을 높이려는 시도입니다. 힘이 필요하다는 점에는 의문의 여지가 없습니다. 힘 없이는 사회의 주류로 진입할 수 없습니다. 우리는 흑인이라는 사실에 부끄러움을 느껴서는 안 됩니다. 검은 것은 아름답습니다. 검은 피부는 너무나 아름답습니다.

블랙파워라는 말을 받아들이면서 마틴은 백인에 대한 실망감을 더 과감하게 표현하고, 흑인의 폭력을 이해한다는 견해도 드러냈다.

저는 미국의 흑인들이 폭동에 나선 것에 대해 전혀 유감스럽게 생각하지 않습니다. 흑인들의 폭동은 불가피한 것일 뿐 아니라 바람직한 것입니다. 흑인들이 이런 장엄한 소요를 일으키지 않았다면, 오랫동안 계속되어 온

탈법과 지연은 끊임없이 계속되었을 것입니다. 흑인들은 과거의 수동적인 태도를 벗어던지고 자유 쟁취를 위하여 미국 역사상 가장 창조적이고 용감한 투쟁에 나서고 있습니다.[37]

제임스 콘은 마틴의 예수상도 변화했다고 지적했다. 마틴은 마이애미의 흑인 성직자에게 한 연설에서 "예수는 백인이 아니었다."고 말했다. 심지어, 그는 흑인과 백인의 통합을 위해선 일시적으로 분리가 필요할 수 있다는 생각에까지 이르렀다. 그가 사망하기 열흘 전 랍비총회에 참석했을 때, 블랙파워와 흑인과 백인의 분리 주장에 어떻게 생각하느냐는 질문을 받고는 이렇게 대답했다.

통합에 대해 이야기하자면, 이 말이 지나치게 심미적이거나 낭만적으로 쓰인다는 점을 반드시 지적하고 싶습니다. 결국 여전히 백인이 지배하고 있는 권력 구조에 색깔을 더하는 정도에 그쳤습니다.

지금 필요한 것은 통합이라는 말을 정치 용어로, 권력의 분할로 받아들이는 것입니다. 통합을 정치적 용어로 볼 때, 우리는 진정으로 통합된 사회로 가기 위해서는 분리를 임시정류장으로 인식하게 됩니다. 많은 검둥이들이 그렇게 보고 있습니다. 분리가 궁극적인 목표가 아닙니다. 임시정류

37) 앞의 책, p.449.

장으로서 진정으로 통합된 사회, 권력이 나누어지는 사회라는 목표를 얻기 위해 협상이 이루어지는 어떤 임시정류장으로 보는 겁니다.

솔직하게 말씀드려야겠군요. 이런 관점에 저도 동의합니다. 통합 사회로 가기 위해 잠시 분리가 필요하다고 보이는 부분이 있습니다.
남부의 흑백통합 학교에서 그런 경우를 보았습니다. 흑백통합은 보통 검둥이들에게 아무런 힘도 주지 않은 채 이루어집니다. 오히려 분리되어 있을 때 가지고 있던 힘 있는 지위조차 박탈당합니다. 그래서 흑인은 협상력을 잃어버립니다. 전투적일 때보다 더 못하게 되죠.
우리는 권력 없이 통합되는 것을 원하지 않습니다. 권력 안으로 통합되어 들어가고 싶습니다. 이것이 제가 통합을 정치적 용어로 보고 분리가 임시정류장으로서 필요할 때가 있다고 보는 이유입니다.

말콤이 이때까지 살아 다시 한 번 마틴에게 초대장을 보냈다면, 이번에는 마틴이 기꺼이 그 곳으로 달려가지 않았을까?

흑인을 넘어 인간으로

흑인을 위한 말콤과 마틴의 투쟁은 수백 년에 걸친 미국의 흑인차별 역사를 청산하는 과정이었다. 그럼에도 둘 중 어느 누구도 용서라든지 처벌이라는 말을 하지 않는다. 흑인차별이 너무나 긴 역사 동안 제도적으로 이루어진 일이기에 누가 나서서 용서를 구하고 용서를 해야 하는지 분명하지 않지만, 과거청산의 과정에서 꼭 필요하다고 언급되었던 내용이 거의 눈에 띄지 않는 것은 왜일까?

미국의 신학자 도널드 슈라이버 2세는 그의 책 『적을 위한 윤리 - 사죄와 용서의 정치 윤리』에서 1865년 사우스캐롤라이나 찰스턴의 시온장로교회에서 열린 '유색인종대회'에서 2,000여 명의 참석자가 채택한 선언문을 소개했다.

> 미국에서 노예제도가 영원히 소멸됨에 따라, 이제 우리는 우리의 마음속에 노예 소유라는 범죄를 저질렀던 사람들에 대한 아무런 원한이나 증오도 품지 않으려 한다. 대신 우리는 협력의 오른손을 모두에게 내밀려 한다. 그리고 우리는 모든 사람들 사이에 일치와 평화와 형제애를 세우는 것을 우리의 특별한 목적으로 삼고자 한다.[38]

찰스턴 시온장로교회에 모인 이들의 태도는 100년 뒤의 마틴과 말

---

38) 《적을 위한 윤리 - 사죄와 용서의 정치 윤리》, 도널드 슈라이버 2세, 서광선 · 장윤재 옮김(이화여자대학교 출판부, 2001), p.373.

콤에게도 이어져 내려왔다. 마틴은 백인을 용서할 준비가 되어 있었다. 말콤도 말년에는 온 인류의 관점에서 백인의 범죄를 바라보고 그것이 백인 개개인의 죄가 아니라는 점을 이해했다. 오히려 미국의 백인 역시 그런 과거의 죄에 얽매여 있어서, 아무리 선한 백인이라도 미국 내에서는 인종차별적 태도에서 벗어나지 못하고 있는 존재라는 점을 말콤은 메카 순례를 통해 깨달았다.

말콤은 흑인 민족주의에서 출발했지만 이슬람을 통해 인류가 피부색에 상관없이 형제애를 나눌 수 있다는 것을 경험했다. 그는 이런 관점에서 베트남전쟁을 포함해 미국의 대외정책을 비판했다. 초기의 말콤은 "자신들이 자유를 얻기 위해 전쟁을 한 미국의 백인들이, 왜 흑인이 자유를 얻기 위해 폭력을 쓰는 것은 금지하는가?"라고 질문했지만, 말기의 말콤은 '자신들의 유익을 위해 타인에게 폭력을 쓰는 것이 미국의 죄악'이라고 고백했다. 뉴욕의 뒷골목과 감옥에서 시작한 그의 영적 여정이 마침내 보편적 인권의 지평에 다다른 것이다.

마틴은 거꾸로 흑인의 차별에 반대하는 것이 미국의 백인과 흑인 모두의 신성한 의무라는 태도로 흑인민권운동을 시작했다. 말기에 마틴은 미국 흑인의 비참한 현실 앞에서 흑백 통합의 목소리가 아니라 흑인의 목소리가 되기로 했고, 억압받는 자의 입장에서 그 역시 베트

1964년 백악관에서 린든 존슨 대통령과 대화를 나누는 마틴

남 전쟁에 반대하며 보편적 인권에 따라 미국을 비판했다.

이것은 미국의 흑인이, 흑인으로서는 역사의 피해자이지만 미국인으로서는 인류의 가해자라는 점을 스스로 고백한 것이다. 피해자이면서 가해자, 억압받는 자이면서 억압하는 자라는 자각이 미국의 흑인들에게 과거의 아픈 기억을 기꺼이 내려놓을 수 있는 힘을 준 것이 아닐까.

원한과 증오를 내려놓는다는 고백은 쉬운 것이 아니다. 프랑스의 지성 알베르 카뮈도 파리 해방 직후에는 '평화의 승리'를 찬양했다가, 불과 일주일 만에 '단호한 숙청'을 주장하지 않았던가. 마틴과 말콤은 분노에 자주 휩싸였지만 거기에 사로잡히지는 않았다. 검은 것은 나쁜 것이고 저열한 것이라는 수많은 저주를 뚫고, 검은 것이 아름답다는 고백을 내놓았다. 마틴과 말콤은 마침내, 자신들이 흑인이어서 흑인의 힘을 주장한 것이 아니라, 인간이기에 흑인의 해방을 주장한 것이라는 점을 인생 전체를 통해 입증했다.

마틴이 숨진 뒤에도 40년 뒤 흑인이 미국의 대통령에 오르기까지 적지 않은 성취를 거둔 것도, 흑인으로서가 아니라 인간으로서, 피해자가 아니라 가해자이기도 한 역사의 책임자로서 과거의 청산과 극복을 주장했기 때문에 가능한 일이었다. 마틴은 1963년에 펴낸 자신의 책 『사랑하는 힘Strength to Love』에서 이렇게 용서와 사랑을 설교했다.

왜 우리가 적들을 사랑해야 합니까? 미움에 미움으로 답하는 것은 미움을 더하기 때문입니다. 이미 별들이 사라진 밤에 깊은 어둠을 더하기 때문입니다. 어둠은 어둠을 몰아낼 수 없습니다. 빛으로만 가능합니다. 미움이 미움을 몰아낼 수 없습니다. 사랑으로만 가능합니다. 증오는 증오를 낳고, 폭력은 폭력을 더하며 냉정은 냉정을 불러옵니다. 파괴의 소용돌이 안으로 끌려갑니다. 예수가 "네 원수를 사랑하라."고 한 것은 우리에게 심오하고 궁극적인, 피할 수 없는 훈계를 주신 것입니다. 현대 세계는 적을 사랑하지 않고는 다른 방법으로 풀 수 없는 교착상태에 있지 않습니까. 증오가 증오를 불러오고 전쟁이 더 많은 전쟁을 만들어내는 쇠사슬을 끊어내야 합니다. 그렇지 않으면 우리는 파멸의 어두운 심연으로 떨어질 것입니다.

미움은 미움받는 이들의 영혼에 상처를 줍니다. 똑같이 미움은 미워하는 이에게도 상처를 줍니다. 마치 암세포처럼 미움은 인간을 망가뜨립니다. 아름다움을 추하다 하고 추한 것을 아름답다고 여기게 합니다. 진실과 거짓을 혼동케 합니다. 다른 백인과는 잘 지내는 백인이 흑인을 대할 때는 비이성적인 불균형을 보입니다. 미움이 마음에 있기 때문입니다. 심리학자들의 연구에 따르면, 우리 무의식에 일어나는 많은 이상한 증상과 우리 내면의 갈등은 많은 부분이 미움에 그 뿌리를 두고 있습니다. "사랑하지 않으면 죽는다."고 말합니다. 현대 심리학자들은 예수의 가르침을 이미 깨닫고 있는 것입니다.

인종 문제도 억압받는 이들이 적들을 사랑하는 능력을 기르지 못한다면 영원히 해결될 수 없습니다. 인종 차별의 어두움은 용서하는 사랑의 빛으로만 몰아낼 수 있습니다. 미국의 검둥이들은 300년 이상 낮과 밤으로 좌절과 참을 수 없는 불의의 무게에 짓눌려 왔습니다. 우리는 이를 똑같이 되갚아주고픈 유혹을 받고 있습니다. 그 유혹에 굴복한다면 우리가 추구하는 새로운 질서는 낡은 질서를 그대로 옮겨놓는 것에 불과할 것입니다. 우리는 힘 있게 또 겸손하게 사랑으로 미움을 대해야 합니다.

물론 이것은 비현실적입니다. 인과응보가 인생의 현실입니다. 그러나 그동안 우리가 현실적인 방법을 오랫동안 따라온 결과는 냉혹하게도 깊은 혼란과 혼돈뿐이었습니다. 이 시대는 증오와 폭력에 굴복해 망가진 공동체들로 어지럽습니다. 이 나라의 구원, 인류의 구원을 위해 우리는 다른 길을 가야 합니다.[39]

2013년 8월, 미국은 마틴의 연설 '나에게는 꿈이 있습니다.'의 50주년을 대대적으로 기념했다. 미국의 시사주간지 〈타임〉은 그의 사진을 표지에 싣고는 '국부'라는 제목을 달았다. 〈타임〉은 "단 한 구절로 마틴 루터 킹 주니어는 제퍼슨과 링컨처럼 근대 미국을 만든 인물의 대열에 들어갔다."고 썼다.

전미도시연맹National Urban League의 50주년 기념 리포트에 따르면, 지난 50년간 대학에 진학하는 흑인 학생 수는 세 배가 늘었고, 대학졸업생 수도 1963년에 비해 다섯 배가 늘었다. 흑인의 빈곤 비율은 23% 줄었

---

39) King Jr, Martin Luther (2012-11-06). A Gift of Love: Sermons from Strength to Love and Other Preachings (King Legacy) (Kindle Locations 818-850). Beacon Press. Kindle Edition.

고, 주택보유율은 14% 늘어났다.

하지만 흑인의 수입은 백인의 60%로 그 격차는 지난 50년간 겨우 7% 감소하는 데 그쳤다. 실업률은 흑인이 백인의 두 배로, 1963년에 비해 바뀐 것이 없다. 경찰의 법집행 과정에서 빚어지는 불평등이나 실질적인 투표권 보장 문제까지 감안하면, 50년 전의 인종차별 철폐를 위한 행진과 투쟁은 아직도 끝나지 않았다.

미국의 신학자 도널드 슈라이버 2세는 지구상에서 인간이 인간을 차별하고 억압하는 역사가 마틴과 말콤 이후에도 이어졌다며 "과연 미국과 지구상의 모든 나라에서 진정으로 새로운 미래를 향한 충분한 뉘우침과 용서가 일어날 수 있을까?"라는 질문을 던졌다. 말콤은 이 질문이 얼마나 답하기 어려운 질문인지 보여주었고, 마틴은 이 질문 속에 담겨진 희망이 사라져서는 안 된다는 점을 보여주었다.

한국의 여수 · 사건에

두 아들을 죽인 좌익 학생을

순천

관하여

용서하고 양자로 삼다

"그런데 그중에서 나에게
가장 무섭고 두려운 징벌의
장면을 말하라고 한다면,
보고 있는 아녀자들의 숨 막힐 것
같은 침묵과 자신들을 잡아 온
사람들 앞에 너무나도 조신하게
엎드려 있는 모습과 그들의 얼굴
피부가 옥죄어 비틀어진 것 같은
그 표정, 그리고 총살되기 위해
끌려가면서도 그들은 한마디
항변도 없이 침묵으로 차례를
기다리고 있다는 사실이었다."

— 〈라이프〉 칼 라이딘스 기자

〈사랑의 원자탄〉이란 영화가 1977년에 만들어졌다. 이 영화는 손양원 목사라는 이의 실화를 극화했다. 같은 제목의 책이 원작이다. 여수·순천에서 벌어진 1948년 10월의 군사 반란 사건[1] 당시, 두 아들을 죽인 좌익 학생[2]을 용서하고 그를 양자로 삼은 인물이 손양원 목사다. 두 아들을 죽인 이를 용서하는 것도 모자라 양자로 삼고 아들이라 불렀다는 사실 때문에 〈사랑의 원자탄〉이라는 제목이 붙은 것이다. 손양원 목사는 이후 6·25 전쟁 때 여수의 교회를 떠나지 않고 지키다가 숨졌다.

손 목사에게는 남은 가족들이 있었다. 그중 손동희는 손 목사의 큰딸이자, 여순사건 당시 숨진 두 아들 바로 아래 셋째 자녀였다. 1948년

---

1) 당시 사건이 제주도의 4·3 사건와 단독정부 수립 과정의 혼란 속에서 군인과 민간인들이 동족상잔의 토벌에 반발한 성격이었다는 것을 강조하는 이들은 '반란 사건'이라는 명칭보다는 '봉기 사건'이라고 부르는 것을 선호한다. 또 여기 가담한 군인들을 봉기군이라고 부르기도 한다. 최근에는 중립적인 용어로 '여수·순천사건'이라는 명칭이 주로 사용된다. 여기서는 당시 사건을 '여수·순천사건' 혹은 '여순사건'으로 부르고, 제주도 출동 명령을 거부하고 반기를 든 군인들을 기술적인 의미에서 반란군으로 부른다.
2) 손동희의 수기 〈나의 아버지 손양원 목사〉(아가페, 2011), 개정2판에는 '강철민'이라는 가명으로 표기돼 있으나, 여러 언론의 보도로 실명이 이미 공개돼 이 책에서도 실명을 쓴다. 안재선은 1979년 사망했다.

당시 16살 소녀였던 손동희는 특히나 큰오빠 동인을 무척 따랐다. 아버지 손 목사가 오빠들을 죽인 좌익 학생을 양자로 삼았으니, 동희는 두 오빠를 떠나보내고 하루아침에 원수를 오빠로 두게 된 처지였다.

손동희는 그 뒤 어떻게 살았을까. 또 살아남아 손 목사의 양자가 된 그 학생은 어떤 길을 갔을까. 손 목사는 어떻게 그런 선택을 할 수 있었을까.

아버지가 미웠습니다.

손동희는 이렇게 털어놓았다. 2013년 6월 부산에서 만난 손동희는 여든의 할머니가 되어 있었다. 자그맣고 여린 체구에 고운 인상이었지만 꽉 다문 입술과 깊은 눈매에서 혼란스러웠던 시간을 이겨낸 힘이 느껴졌다. 그는 오랫동안 아버지의 결정을 받아들이지 못했다고 말했다.

우리 오빠를 죽인 그가 기어이 내 오빠가 되었잖아요. 그는 아버지의 사랑을 독점했지만 나는 그렇지 못했어요. 그의 앞을 봐도 미웠고 뒤를 봐도 미웠고 걸음조차 꼴 보기 싫었어요. 하나님을 원망하고 아버지를 원망했지요. 아버지가 목사가 아니라 차라리 평범한 사람이었다면, 그렇게 우리 오빠들을 죽인 사람을 용서하지 않았을 것. 아버지가 그를 용서한 것이 두 오빠가 죽고 나서 정신이 홀딱 나가서 그런 것이 아닐까. 저런 놈은 죽어 지옥을 가도 더 지독한 뜨거운 지옥으로 갔으면 했지요. 나는 날이 갈수록 몸이 말라가고 정신도 쇠약해졌어요. 어쩌다 오빠를 죽인 그 사람과 마주치기라도 하면 고개를 획 돌려버렸으니, 지금 생각하면 그도 마음이 편하지 않았을 것 같습니다. 밤에 잠이 안 올 정도로 극심한 불면증에 시달렸어요. 헛것이 보이기도 했습니다.

65년이 지난 뒤, 손동희는 나에게 이렇게 말했다.

하지만 이제는 다 이해합니다. 사람들이 아버지의 마음을 기억해 주었으면 좋겠습니다.

그의 아버지 손양원 목사는 순식간에 아들을 죽인 이를 용서했지만, 그 딸 손동희에게는 그 사실을 받아들이는데만 수십 년이 걸렸다. 이제는 이해하고 원망하지 않는다고 했지만, 그래도 안재선의 이야기를 할 때에는 조금씩 말투에 긴장이 느껴졌다. 의지로는 미움과 증오를 극복했지만, 마음 한구석에는 아직도 감정의 찌꺼기가 남아 불편하게 만드는 듯했다.

2013년의 손동희

기독교에서는 손 목사와 두 아들을 순교자로 기념하고 있다. 큰아들 동인은 당시 24살, 둘째 아들 동신은 19살이었다. 동인은 순천사범학교(현 순천공업고등학교) 6학년이면서 기독학생회 회장이었다. 동신은 순천중학교 3학년이었다. 여수 애양원에는 이들의 묘소가 있고, 기념관이 있다. 매년 10만여 명이 이곳을 찾아와 죽은 이들을 기린다

손 목사의 두 아들이 여순사건 당시 좌익 학생에 죽임을 당한 것은 기독교 신앙 때문만은 아니었다는 주장도 있다. 여순사건을 연구한 역사가 주철희는 동부매일신문 2012년 5월 10일 자에 실린 기고문에서 이렇게 주장했다.

동인과 동신이 기독교인이라 해서 좌익 학생들에게 끌려 온 것만은 아니다. 당시 우익단체인 전국학생연맹(이하 학련)과 좌익단체인 민족통일애국청년회(이하 민애청)가 대립하고 있었으며, 순천의 상황은 매우 심각했다. 동인과 동신은 학련의 간부로 활동 중이었는데, 안재선[3]은 민애청 활동을 했던 것이다. 이러한 오랜 반목이 여순사건에서 폭발한 것이다.

주철희는 손 목사 아들의 죽음은 좌·우 학생들의 이념 대립으로 우익 학생이 숨진 사건이라고 보았다. 하지만 손동희는 자신의 책 『나의 아버지 손양원 목사』에서 당시 처형장에 있었던 윤순응 학생의 증언을 빌려 좌익 학생들이 자신의 오빠에게 이렇게 말했다고 적고 있다.

> 반동 새끼. 너 그 지독한 예수 사상을 끝내 고집할 테냐? 지금이라도 예수를 안 믿겠다고 하면 살려 주겠다. 그렇지 않으면 너는 이 자리에서 죽는다.[4]

아마도 우익 이념과 기독교 신앙이 명확히 구분되지 않는 시절이었을 것이다. '예수 사상'을 포기하라고 우격다짐하는 좌익 학생은 그에게 전향을 강요한 것이었겠지만, 동인과 동신에게는 배교하라는 유혹이었던 것이다. 손양원 목사는 일제강점기 신사참배를 거부해 감옥에 갇혔던 인물이다. 해방된 뒤에야 풀려났다. 그동안 동인, 동신, 동희 남매를 포함해 손 목사의 가족은 일본의 눈을 피해 뿔뿔이 흩어져 살았다. 그렇게 목숨을 걸고 신사참배를 거부했던 가족이었

---

3) 좌익 학생들의 동인과 동신의 처형을 주도한 인물. 동인과 동신의 부친인 손양원 목사가 그를 용서하고 양자로 삼았다.
4) 〈나의 아버지 손양원 목사〉, 손동희(아가페, 2011), p.213.

기에, 좌익 학생의 총부리 앞에서 굴복할 리 없었다.

손동희는 생전의 오빠들에게 전해 들은 이야기라며 당시 학생들 사이에서는 이념 대립이 극심했다고 했다.

> 그 시절에는 어른보다 학생이 더 격렬했다. 툭하면 두 패로 나뉘었다. 좌익은 공산당, 우익은 기독학생회가 대표적인 조직이었다. 자습시간만 되면 학생들 사이에 논쟁이 벌어진다. 너희가 옳다, 우리가 옳다 시비가 벌어지면 패러독스니 뭐니 온갖 논리가 나오다가 결국에는 주먹이 올라갔다.

> 순천만 그랬던 것은 아닐 것이다. 서울에서도 날마다 찬탁 반탁 시위가 벌어졌고, 대구에서도 혼란스러운 일이 있었다. 온 나라가 그렇게 나뉘어 싸웠다.

당시의 사회상을 생각하면 충분히 이해할 수 있는 일이다. 해방된 조국이 바로 서기를 바라는 마음이 뜨거웠던 청년 학생들은 저마다의 방법으로 애국하고 있었다. 순수했기 때문에 더 격렬했다. 신탁통치를 둘러싸고 좌우익이 벌인 대결은 학생들 사이에서 더욱 치열하게 벌어졌다. 애국심이 뜨거운 이들일수록 더 빨리 논쟁에 휩싸였다.

손동인이 다니던 순천사범학교 안에 기독학생회가 만들어졌는데, 동인은 여기에 회장으로 당선됐다. 순천중학교, 순천여자중학교, 순천농업학교와 매산학교 등 순천의 학교마다 기독학생회가 조직되어 만든 순천 연합 기독학생회에서도 손동인이 회장을 맡았다. 당시 학생들의 분위기를 보여 주는, 동신과 순천중학교 같은 반 친구였던 나제민(나덕환 목사의 아들)이 직접 쓴 글이다.

좌익 학생들은 좌익끼리 뭉쳐 다녔고, 방과 후에는 자기네끼리 모여 토론하고 사교 모임도 갖고, 좌익 서적도 나누어 보곤 했다. … 그들은 우리 기독 학생을 가리켜 '골수분자'라고 불렀다. 우익 학생도 학련을 조직해 모임을 가졌다. 좌익 학생들이 점차 힘으로 나오기 시작하자, 우익 학생들도 처음엔 주먹으로 대하다가 나중에는 서로들 손에 붕대를 감고 붕대 안에다 압정을 박아서 위협하며 다녔다. "누가 누구에게 얻어맞았다." "누가 누구를 구타했다."는 등의 소식이 학교에 가면 제일 먼저 접하는 소식이었다. 좌익 학생은 우리 기독 학생을 우익 학생으로 여겼다. 첫째는 그들에게 동조하지 않았고 둘째는 그들이 전개하는 사상에 항상 반발하여 맞섰기 때문이다. 3학년 1학기 때에는 자습시간에 한 좌익 학생이 성경을 인용해 가며 유물론을 주장해 동신이와 논쟁을 벌였다. 좌익 학생은 환경결정론에서 무신론, 자유의지론, 사회계급론, 자유와 핍박, 착취와 노동을 꺼냈고 기독 학생은 사랑과 용서와 화해, 박애와 평등, 속죄와 구원,

종교의 패러독스를 내세웠다.

어느 날은 좌우익 간 논쟁 끝에 격투가 벌어졌는데, 학생들을 말리러 온 선생들을 향해 좌익 학생은 우익 선생을 구타하고 우익 학생은 좌익 선생을 구타했다. 학생과 선생이 복도에서 뒤범벅되었고 유도하는 학생들은 연약한 선생을 창밖으로 내던졌다. 교무회의에서도 좌익 선생은 우익 학생 처벌을 요구했고, 우익 선생은 좌익 학생 처벌을 요구했다. 학생들은 등교를 거부하며 동맹휴학을 했다. 선량한 최복현 교장은 학생을 희생시키지 않으려 했지만 허사였다. 어느 날 아침 최 교장님은 괴한에게 학교 정문까지 끌려가 구타당한 후 시궁창에 내던져졌다. 간신히 생명은 구했지만, 최 교장은 사표를 내고 서울로 갔다. 좌우익 간의 싸움은 날로 심해져 여순사건이 터지기 직전까지 계속됐다.[5]

여순사건이 터져 동인과 동신이 숨진 1948년은 좌익과 우익의 대립이 절정에 이른 시기였다. 미 군정이 남한의 단독선거 실시를 발표한 것이 같은 해 3월 1일이었다. 전국에서 반대 집회가 이어졌다. 집회는 폭력 사태로 번져 경찰서와 미곡창고, 지방 관리나 유지, 민족청년단원 등이 습격당하는 사건이 빈번했다. 이때 총과 탄약이 탈

---

5) 앞의 책, p.217~220, 나제민의 글을 요약.

취되는 사례도 있었다고 한다. 5월 10일의 총선거까지 선거사무소 36개, 경찰관서 20여 개, 가옥 308채가 불타고 기관차 71대, 객화차 117대가 파괴됐고 총기 233정, 탄환 1,860발이 탈취당했다. 선거 공무원, 의원 후보, 경찰관, 공무원, 민간인 319명과 남로당 관계자 330명이 사망했다.

특히 순천에서는 삼일절 당일에 학생들까지 가담한 좌우익 간의 폭력 사태가 벌어졌다.

> 삼일절 기념식 행사를 마친 남로당원들이 주동이 되어 대대적인 데모 사태가 벌어졌다. 이와 때를 같이하여 순천중학교를 비롯 각 남녀 중학교의 민주청년동맹(이하 민청) 학생들이 '단독선거 반대' 구호를 외치며 거리로 쏟아져 나와 학련 학생들과 대치했다. 남로당에 선동된 농민 노동자들은 삽, 곡괭이, 몽둥이 등을 들고 순천중의 학련 학생들을 포위했다. 사고 현장에 긴급 출동한 경찰의 발포로 2명의 남로당원이 쓰러져 이날의 사태는 가까스로 수습됐다.[6]

---

6) 〈광복 30년-제2권〉, 금석학 · 임종명(전남일보사, 1975), p.20~22. 〈해방전후사의 인식 3〉, 황남준(한길사, 1987), '전남지방정치와 여순사건'에서 재인용

한국의 여수·순천사건에 관하여 367

4월 3일 제주도에서 군인들의 반란 사건이 터졌다. 5월 10일 제헌 선거가 진행되면서 사태는 더욱 악화됐다. 전라남도 내에서 곡성과 해남을 제외한 거의 전역에서 폭력 사태가 벌어졌는데, 이때 군중은 카빈총, 일제식 소총, 권총 등을 사용해 선거사무소와 투표소, 경찰서 등을 습격했다. 산악 지역에서 훈련을 받고 있던 남로당 조직까지 가담했다.[7]

전남 지역에서는 순천에서 가장 많은 테러가 벌어졌다. 5월 19일 새벽에 군중이 우익 대동청년단의 집과 마을 유지의 집을 습격해 청년 단원과 유지는 숨지고 집이 불타기도 했다. 당시 순천은 미군의 전술 부대가 진주하면서 우익계 인사들이 서울 바깥에서는 처음으로 한국민주당(이하 한민당)을 결성한 곳이었다. 해방 당시 사실상의 자치정부 역할을 했던 조선건국준비위원회(이하 건준)에서 우익이 한민당으로 빠져나가면서 남은 좌익계 인사들이 명칭을 인민위원회로 바꿨다. 우익과 좌익이 이렇게 따로 결집하면서 주변 지역보다 상대적으로 이념 갈등이 컸다.[8]

7) 앞의 글, p.442.
8) 앞의 글, p.435.

전남 동부 지역은 해방 초기부터 사회경제적인 조건 등의 이유로 우익 세력의 힘이 강한 지역이었다. 순천의 경우 우익 세력은 결집력이 매우 강했고 미군의 직접 주둔에 힘입어 전반적인 정치 상황을 지배하고 있었다. 반면 좌익 세력도 상대적으로 결집이 강해 주로 면 단위 이하에서 농민조합 등과 같은 조직을 통해 강력한 영향력을 행사했다. 따라서 순천의 경우 좌우익 갈등의 정도가 전남 동부 지역 가운데 상대적으로 높았다.[9]

동인, 동신이 겪은 학생들의 이념 대립은 이런 어른들의 갈등을 그대로 옮겨 놓은 것이었다.

8월 15일 이승만 정권이 출범했지만 서울에서 먼 곳은 여전히 건준 혹은 인민위원회가 사실상 자치정부 역할을 하고 있었다. 일제 경찰 경력자가 중심이 된 경찰과 광복군 등이 모인 국방경비대 사이의 충돌도 빈번했다.

또 토지개혁과 농업 관리가 늦어지면서 농민의 4할이 봄이면 식량이 떨어지는 이른바 보릿고개를 겪었다.[10] 1948년에도 7~8월 여수

---

9) 〈여수·순천사건 조사보고서-순천지역편〉, 진실화해위원회, p.511. 여수지역사회 연구소 홈페이지 참고. http://yosuicc.com
10) 황남준, 앞의 글, p.428. 1948년 전남 영암에서는 3월부터 6월까지 기아 군중이 식량창고를 습격하여 수집미(미군이 낮은 수매가격에 거둬들인 쌀)를 탈취하는 사건이 빈발했다.

지역에 식량배급이 이뤄지지 않았고, 여름의 수해로 이재민도 발생했다. 민심이 흉흉한 상황이었다.

군에서는 이 해 좌익 청년들을 대거 받아들였다. 해방 이후 국방경비대로 출발한 군은 미군정 아래에서 점차 군대의 면모를 갖춰 가고 있던 참이었다. 무장 독립투쟁을 준비했던 단체들을 국가적으로 흡수해야할 필요가 있었다. 단독정부 수립을 전후해 경찰력이 강화되면서 좌익 성향의 청년들이 경찰의 수배를 피해 군으로 들어가기도 했다. 여수에 주둔한 제14연대(이하 14연대)는 이 해 5월 창설됐는데, 이 때 전남 지역 일대의 청년들이 신원조회 없이 쉽게 입대할 수 있었다. 이들은 경찰을 향해서도 반감이 높았는데, 여순사건이 일어나기 1개월 앞선 9월 24일 구례군에서 14연대 사병과 경찰 사이에 충돌이 빚어지기도 했다. 이 때문에 10월 19일 사건이 터졌을 때 이를 또 하나의 군·경 충돌 사건으로 가볍게 여긴 이들도 있었다.

일반전보 출동 명령

10월 15일 혹은 16일. 여수 우편국에 일반전보가 도착했다. 수신자는 여수에 주둔하고 있던 14연대 연대장 박승훈 중령. 육군본부에서 보낸 이 전보에는 출동 명령이 담겨 있었다.

> 14연대 1개 대대는 1948년 10월 19일 화요일 20시에 여수항을 출발
> 하여 제주도 폭동을 진압하라.

군사기밀, 그것도 반란군의 진압을 위해 출동하라는 극히 민감한 사
안이 버젓이 일반전보로 하달된 것이다. 당시 국방경비대에 자체 통
신시설이 없어 불가피하게 전보를 이용했다.[11]

여수 우체국에 근무하던 한 남로당원이 이를 가로챘다. 육군본부의
명령을 담은 전보는 여수 인민위원장에게 전해졌다. 곧 14연대 내
좌익 성향의 장병들도 출동 계획을 알게 됐다. 연대장보다 먼저 상
부의 명령을 접수한 셈이다. 이들은 진압 명령을 거부하기로 했다.
국방부의 한국전쟁사 등에서는 이 때 14연대의 제주 출동 명령이 남
로당 상층부까지 전달돼 반란을 직접 지시한 것으로 묘사하고 있으
나, 이후의 역사학자들은 14연대 내 좌익 병사들이 자체적으로 반란
을 감행한 것을 남로당 지도부가 사후 승인한 것으로 파악하고 있다.

---

11) 〈여수 14연대 반란 – 여수·순천사건〉, 박윤식(휘선, 2011), p.24.

어쨌든 19일 저녁 반란은 일어났다. 병사들은 저녁 식사를 마치고 출동 명령을 기다리고 있었고, 간부들은 제주도로 떠나는 장교들의 송별회를 열고 있었다. "따다다다!" 총소리가 장교식당 주변에 울렸다.

개들을 소탕하고 여수로 진격이다![12]

반란을 지휘한 이는 인사과 선임하사 지창수 상사였고, 40명의 장교와 하사관들이 동참했다. 무기고와 탄약고를 점령한 반란세력은 비상나팔을 불어 출동을 기다리던 병사들을 연병장에 소집했다. 지창수는 여수 경찰이 일본 해군을 동원해 14연대를 포위, 공격하려 하고 있고, 이는 이승만 일당이 용인한 것이며, 군은 제주도에 가서 동족상잔을 할 이유가 없으니 경찰에 맞서 싸워야 한다고 주장했다. 또 겨레의 염원인 남북통일을 위해 북조선 인민군이 38선을 넘어 남진 중에 있어 우리도 인민해방군으로 북상해 대전에서 만나면 조국의 통일이 완성된다고 말했다.

이 때 하사관 2명과 사병 1명이 "경찰을 타도하고 제주도에는 안 간다 해도, 인민해방군은 안 된다."고 고함을 치다 그 자리에서 총살당

---

12) 앞의 책, p.27.

했다. 나머지 2,000여 명의 병사들은 그 자리에서 반란에 동참했다.

반란군은 즉시 부대 내에 숨어 있던 장교와 사병을 색출하고 여수 시내로 진출했다. 경찰과 심야에 총격전을 벌였다. 20일 새벽 1시 제주도 출동을 위해 여수항에 대기하고 있던 해군 함장이 해군 총사령부로 무전을 보냈다.

> 현재 여수읍은 불바다. 반도들은 약 400여 명. 경찰서는 방화로 연소 중.
> 수십 명의 연대 장교 및 하사관이 피살됨.

새벽 3시 30분, 반란군은 여수 경찰서를 점령했다. 동이 터오를 때는 이미 여수 시내 관공서와 은행, 신문사에 인공기가 내걸려 있었다. 이 때 인민위원회 인사들은 총과 칼로 무장하고 경찰과 그 가족, 우익 인사, 우익 청년단 간부들을 색출하고 있었다. 병력은 오전 8시 30분 여수에서 순천으로 가는 통근열차를 타고 순천으로 향했다. 1개 대대는 여수에 남아 시민들을 중앙동 광장에 모아 인민대회를 열었다.

동인, 동신과 동희, 그 아래 동생 동장(당시 12세), 동림(당시 8세)은 여수 애양원에서 나와 순천에서 함께 자취하며 학교를 다니고 있었다.[13] 마침 19일은 매산여자중학교의 가을 소풍날이었다. 소풍 장소가 애양원에서 가까운 신성포였고, 다음날이 쉬는 날이었다. 동희는 소풍 뒤 자취집에 가지 않고 애양원의 집으로 갔다.

여수 시내가 피로 물들던 20일, 손동희는 나환자 친구들과 바닷가에서 꼬막과 바지락을 잡으며 놀았다. 애양원은 여수 외곽에 위치한데다 나환자촌이어서 반란군의 발길이 이때까지 미치지 않았다.

21일 아침에야 학교에 기기 위해 신풍역으로 나갔던 손동희가 반란 소식을 접했다. 순천으로 가는 기차는 오지 않았다. 불안한 마음으로 집에 돌아오니, 순천에 있어야 할 동생 손동장이 대문 안으로 터벅터벅 걸어 들어왔다.

> 형님들이 부모님 걱정하신다고 가 보라고 해서 왔어요. 세상이 시끄러
> 워졌다고 했어요. 반란군이 못 지나가게 하는 걸 집에 가는 길이라고 사

---

13) 일제 강점기 손 목사의 신사참배 거부와 투옥으로 남은 가족이 뿔뿔이 흩어지면서 학교를 제대로 다니지 못했다. 동인은 소학교 3학년 때 역시 학교에서 신사참배를 거부하다 퇴학당했으나 나중에 창신학교를 간신히 졸업했다. 동신 역시 소학교 3학년 때 퇴학당했다. 동희는 아예 학교를 가지 않았다. 해방 이후 손 목사의 친구 나덕환 목사의 주선으로 손 목사의 자녀들은 학교에 편입 형태로 들어갈 수 있었고, 여수 애양원에서 50리 길인 순천의 학교를 다니기 위해 순천 시내에서 자취하고 있었다.
손동희, 앞의 책, p.176. 이하 손 목사 자녀의 여순사건 당시 행적은 손동희의 책과 진술을 중심으로 재구성하였다.

정사정해서 겨우 올 수 있었어요. 길거리 여기저기에 사람들이 죽어 있었어요.

이때 반란군은 이미 여수, 순천을 넘어 북쪽으로는 구례와 곡성, 서쪽으로는 벌교와 보성, 고흥, 동쪽으로는 광양까지 진출하고 있었다. 순천에서는 우익 인사 700여 명이 경찰서와 소방서 등에 끌려와 취조를 받고 있었다. 학생들도 동료, 선후배 학생은 물론 교사들과 가족을 경찰서로 끌고 와 취조했다.[14]

이날 저녁 애양원에도 한 대의 트럭이 달려왔다. 총칼과 죽창으로 무장한 학생들이 타고 있었다.

여기가 손양원의 집이지. 어서 나왜

손 목사는 이때 집에 없었다. 만약 이들과 맞닥뜨렸다면 두 아들과 같은 운명이 되었을지 모른다. 집을 한참 뒤지던 학생들은 손 목사를 찾지 못하자 다시 트럭을 타고 돌아갔다. 이때 한 학생이 손 목사의 아내에게 이런 말을 남겼다.

---

14) 박윤식, 앞의 책, p.53.

오늘 당신 아들 두 놈이 다 총살당해 죽었는데, 알고나 있소?

손동희는 두 오빠의 생사를 확인하기 위해 맨몸으로 순천을 향해 달려갔다. 기차는 물론 끊어졌고 도로에는 반란군이 탄 트럭들이 쌩쌩 달렸다. 당장에라도 누가 목덜미를 잡아챌 것 같은 두려움을 이겨내고 순천에 도착했을 때, 동희의 눈앞에 펼쳐진 광경은 참혹했다.

온 신작로 옆으로는 시체들이 산더미처럼 쌓여 있었고 개들이 그 시체들을 물어뜯고 있었다. 시내 전역에 피비린내가 진동을 했다. 시체 썩는 냄새와 피비린내가 섞여 내장까지 토해낼 것 같은 악취를 풍기고 있었다. 그 난리통에 시체 호주머니를 뒤져 시계며 금품을 꺼내 가는 사람들도 있었다. 알몸으로 엎어진 시체, 불에 탄 채로 전봇대에 묶인 시체, 온갖 형태의 주검들이 적나라하게 널려 있었다.[15]

자췻집의 문은 열려 있었다. 작은 마당에는 교복과 책, 가방과 사진, 동희가 오빠에게 짜준 목도리가 아무렇게나 널려 있었다. 바람마저 숨을 죽인 듯 모든 것이 정지해 있는 듯했다. 흙투성이가 된 막내 동생 동림이 밖에서 들어왔다. 얼굴에는 두려움이 가득했다. 뒤

---

15) 손동희, 앞의 책, p.198.

이어 같은 집에 살던 양 집사라는 이도 들어왔다. 동희는 이 모든 현실이 믿기지 않는 듯 멍해 있었다. 양 집사는 동희의 어깨를 잡고 흔들며 말했다.

동희야. 동인이하고 동신이는…….

시신을 찾다가 산모퉁이에 옮겨 놓았다고 했다. 외진 밭도랑에 가마니를 깐 채 두 오빠가 누워 있었다. 머리가 터져 온몸은 피투성이가 돼 있었다. 이마와 가슴에는 총알 자국이 뻥하니 뚫려 있었다. 동희는 이때서야 눈물을 흘렸다. 두 오빠의 시신 앞에 쓰러져 울던 동희는 하늘을 향해 소리를 질렀다.

하나님! 하나님은 그때 무얼 하고 계셨나요? 이 총알은 누가 만들었나요? 날아오는 총알을 막을 수는 없었나요? 이렇게 짧게 살다가 데려갈 것을 무엇하러 이 땅에 보내셨나요? 무슨 까닭에 오빠들의 죽음을 외면하셨나요? 내가 예수를 믿는가 봐요. 왜 죽였어요? 다시 살릴 수는 없어요?

큰오빠 동인이 25세, 작은 오빠 동신이 19세였다. 둘은 20일 자췻집에서 좌익 학생들에게 끌려 나와 집단 구타를 당한 뒤 순천 경찰서 뒤에서 총살당했다고 한다. 3명의 어린 동생이 제각기 피신해 있는 동안 두 오빠도 잠시 몸을 숨길 수는 없었을까. 동희는 자신의 회고록에서 당시를 이렇게 한탄했다.

> 5분이 문제였다. 단 5분. 그 짧은 시간 동안만 옆집에 피해 있었더라면 오빠들은 죽지 않았다. 그때 잠시 몸을 피했던 사람들은 다들 살아남았다. 순금의 두 오빠도 그 운명의 순간에 옆집으로 피신하여 지금껏 살아 있지 않은가. 왜 내 오빠들은 그렇게 피하지 못했을까.[16]

동인이 좌익 학생들이 찾아올 것을 예감하고도 자췻집에 머물렀던 이유를 짐작할 수 있는 사례가 있다.

일제강점기였던 1944년 1월 동인은 부친 손 목사가 갇혀 있던 청주 구금소에 면회를 간 적이 있다. 이때 면회 여부를 결정하는 구금소 간부가 "신사참배를 하겠나?"라며 동인을 회유했다. 이 간부는 신사참배가 국민의례일 뿐이라며 딱 한 번만 신사 앞에 고개를 숙이면 아버지를 만날 수 있게 해 주겠다고 했다. 아버지를 만나고 싶다는 열망에 청주까지 달려갔던 소년 동인은 결국 신사 앞으로 나아가 어물쩍 시늉을 했다. 신사참배를 했다는 확인서에 지장까지 찍었다. 그

---

16) 손동희, 앞의 책, p.231.

는 면회를 마치고 돌아오는 기차 안에서 "어떠한 경우에도 동방요배東邦遙拜[17]와 신사참배를 하지 마라."는 아버지의 편지를 읽고는 뒤늦게 자신이 잘못했다고 뉘우치며 기도를 했다. 지나가던 일본인 경관이 눈물을 흘리며 기도하는 소년을 보고는 무슨 연유인지 물었다. 소년은 자초지종을 숨김없이 털어놓고는, 오히려 경관에게 "신사참배는 국민의식이 아니라 종교의식이며 기독교 교리에 위배된다."고 항변을 했다. 경관은 그에게 집 주소와 이름, 나이를 물었다. 더 이상 거짓말을 하거나 피하면 안 된다고 생각했던 동인은 부친처럼 잡혀갈 것을 각오하고 당당하게 집 주소와 이름을 알려 주었다. 얼마 뒤 동인의 집에는 신체검사 통지서가 날아왔다. 징병 대상이 된 것이다. 징병을 당하면 매일 신사참배를 강요당할 것이다. 손 목사의 가족은 아들의 징병을 피하기 위해 뿔뿔이 흩어지는 길을 택했다.

이런 일을 겪었던 손동인이었고, 당시에는 순천 연합 기독학생회의 대표였기에 잠깐의 혼란이라도 피하기보다는 의연하게 겪어 내는 길을 선택했을 것이다. 그 길이 죽음으로까지 이어질 것을 처음부터 예감했는지는 알 수 없지만.

---

17) 동방요배. 동녘 즉 일본을 향하여 절하는 것.

군인들의 항명과 반란은 제주 4 · 3 사건처럼 당시 불안했던 치안 상황, 군대와 경찰의 대립, 이승만 단독정부 수립에 대한 불만, 궁핍했던 경제 상황 등이 겹치면서 삽시간에 전남 동부 일대에 확산됐지만 오래 가지는 못했다. 육군 총사령부는 21일 송호성 준장을 토벌전투 사령관에 임명하고 38선 경비 병력을 제외한 모든 출동 가능한 병력을 파악해 총 10개 대대를 투입했다. 이 가운데 초기에 투입된 광주 4연대 병력을 비롯해 마산 15연대, 군산 12연대가 오히려 반란에 가담했다. 이에 이승만 대통령은 22일 여수 지역에 계엄령을 선포했다.

반란군의 최전방이었던 구례, 곡성 지역은 22일 오전과 오후에 탈환되었고, 이날 오후 군산에서 출동한 12연대 2개 대대가 백인엽 소령의 지휘 하에 순천 탈환 공격을 시작했다. 밤새 이어진 전투 끝에 23일 오전 11시 진압군이 순천 시내에 진입했고 이날 오후 시가 소탕전을 완료했다.

여수 탈환은 시간이 걸렸다. 그야말로 배수진을 친 반란군은 끈질기게 저항했다. 23일 오전 9시 30분 부산에 급파된 전투함이 함대지 박격포 공격을 시작하며 상륙을 시도했으나 반란군의 저항으로 실패했다. 24일 송호성 진압군 사령관이 직접 장갑차 부대와 1개 대대 병력을 이끌고 여수 진입을 시도했으나 다시 실패했다. 25일 아침

진압군은 지리산으로 도피하는 반란군을 쫓던 최정예 부대 12연대 2개 대대 550명을 여수에 투입했다. 당시 호남 지구 전투사령부의 발표에 따르면, 이즈음 여수에는 반란군 200명 외에도 민간 무장세력까지 1만 2,000여 명이 진압군과 대치하고 있었다. 여수는 27일에야 탈환됐다. 반란군과 남로당원, 좌익 청년과 학생 등 살아남은 반란 주력 세력은 지리산 방면으로 도피했다. 이승만 대통령은 11월 1일 계엄령을 전라도 전체로 확대했다.

여순사건은 당시 한반도의 상황을 압축적으로 보여 주었다. 사회적으로 좌우 이념 대립, 경찰과 군대의 대립, 농민의 불만과 분단에 대한 저항이 한데 얽히면서 사건을 키웠다. 군인들의 항명으로 시작된 사건은 남로당과 좌익 성향의 청년과 학생들이 가담하면서 반란의 성격을 띠었다. 반란군이 장악한 지역에서 가장 널리 퍼진 선전 문구는 "38선이 터졌다!", "인민공화국 수립 만세!"[18] 였다. 이는 이념적인 구호라기보다는 분단에 반대하는 민족주의적 감정을 자극한 문구였다. 또 이승만 정권의 취약함이 그대로 드러난 사건이기도 했다.

정부가 여순사건 발생을 일반에 알린 것은 19일 밤 이후 이틀이 지

---

18) 황남준, 앞의 글, p.468.

폭도(오른쪽)와 양민(왼쪽)으로 나뉘어 진 주민들

난 21일이었다. 사건을 발표한 이범석 국무총리는 '이 사건은 정권욕
에 눈이 어두운 몰락한 극우 정객이 공산당과 결탁해서 벌인 정치적
음모'라고 주장했다. 공산당과 극우 정객이 결탁했다는 주장은 당시
이승만 대통령의 최대 라이벌로 단독정부 수립을 반대했던 김구 세
력을 지칭한 것이다. 이 총리는 다음날 '반란군에 고한다.'는 포고문
에서도 "반란군이 일부 그릇된 공산주의자와 음모정치가의 모략적
이상물이 되었다."고 비난했다. 김구는 사건이 진압된 27일 "나는 극
우 분자가 금번 반란에 참여했다는 말을 이해할 수 없다. 그들은 극

우라는 용어에 관하여 다른 해석을 내리는 자신만의 사전을 가지고 있는 것으로 보인다."고 이 총리의 주장을 반박했다. 또 30일에는 별도의 담화문을 발표했다.

우리는 일찍부터 폭력으로써 살인 · 방화 · 약탈 등 테러를 하는 것을 배격하자고 주장하였다. 금번 여수 · 순천 등지의 반란은 대규모적 집단테러 행동인바, 부녀, 유아까지 참살하였다는 보도를 들을 때에 그 야만적 소행에 몸서리 처지지 아니할 수 없다. 멀리서 듣고도 그러하니 현지에서 목격하는 자는 비참 격앙함이 그 극에 달할 것이다.

남과 남의 부모처자를 살해하면, 남도 나의 부모처자를 살해하기 쉬우니 그 결과는 첫째, 우리 동족이 수없이 죽을 것이요, 둘째, 외군에게 계속 주둔하는 구실을 줄 뿐이다. 이것은 우리의 자주독립을 좀먹는 행동이니 이로써 우리는 망국노의 치욕을 면하는 날이 없을 것이니, 반란을 일으킨 군인과 군중은 이때에 있어서 마땅히 여동勵動 · 동조하여 힘써 움직임된 감정을 억제하고 재삼 숙고하여 용감히 회오悔悟 · 돌이킴하고 정궤正軌 · 제자리로 돌아갈 것이어니와 현명한 동포들도 마땅히 객관적 입장에서 그 반란을 냉정히 비판하면서 이것의 만연을 공동방지할지언정 허무한 유언에 유혹되거나 혹은 이에 부화뇌동하지 아니하여야 할 것이다.

여러분의 기대와 탁부託付 · 부탁와 애국의 만분의 일도 보답하지 못하는 나로서 무슨 면목으로 여러분께 왈가왈부를 말하랴마는 금번 반란이 너무도 중대하므로 인하여 국가 민족에 미치는 손해가 또한 중대한 까닭에 그대로 함구만 할 수 없어서 피눈물로써 이와 같이 하소연하는 바이다. 동지 동포는 우리의 고충을 깊이 양해하고 동족상잔에서 동족상애의 길로 공동매진하기를 간절히 바란다.

김구가 여순사건을 두고 이 같은 담화문까지 발표한 것은 이 사건의 중요성을 보여 준다. 이승만 대통령은 자신의 정권이 출범한 직후 벌어진 군사 반란 사건이 민간까지 가담한 대규모 봉기로 이어진 것을 보고, 이를 철저히 진압하기로 했다. 즉 민심을 수습하고 피해 지역을 서둘러 복구하기보다는 자신의 권력을 굳히기 위해 부역자를 색출하고 처벌하는 쪽으로 사태를 몰고 갔다.[19] 여순 지역을 탈환한 군경이 가장 먼저 한 일이 반란군과 가담자를 색출하는 일이었다. 당시 주도자는 대부분 지리산으로 도주했기에, 남아 있는 이들은 주로 민간인 협력자였다.

여순사건은 또 남한 정부 수립 이후 역할 축소와 철수를 서두르던 미

---

19) 황남준, 앞의 글, p.468.

군을 붙잡아 두는 구실이 되었다. 이승만 정부는 11월 20일 국가보안법을 제정하고, 30일에는 국군조직법을 제정했다. 국가보안법은 당시까지 합법 정당의 지위를 누리던 남로당을 겨냥한 것이었고[20], 국군조직법은 북진 통일을 위해 육군과 해군을 각각 10만 명과 1만 명으로 설정했다. 이는 조선총독부가 한반도 전체를 통치하면서 배치했던 병력의 2배였다.[21]

여순사건은 미국의 한반도 전략에도 변화를 주었다. 이승만 정부에 치안과 군사 지휘권을 넘겨주고 철수하려던 미국은 여순사건을 계기로 이승만 정부의 기반이 예상보다 취약해 한반도가 공산화될 수 있다는 점을 인식하게 됐다.

> 여순 사건이 종료된 이후에도 좌익의 게릴라 활동은 제주도와 전라도 서
> 남부 지역을 중심으로 몇 달간이나 더 지속되었다. … 좌익 세력의 반란
> 과 폭동을 계기로 신생국인 대한민국을 조심스러운 눈으로 바라보던 미
> 국 정부는 이 국가가 생존하기 위해서는 안보를 담당할 수 있는 독자적
> 인 군사력이 필요하다고 판단했다. … 미국 정부는 신생 한국군이 장비,
> 훈련, 조직 등 거의 모든 측면에서 국가 안보를 책임질 수 있는 능력을

20) 박윤식, 앞의 책, p.102.
21) 〈대한민국 만들기 1945~1987〉, 그렉 브라진스키, 나종남 옮김(책과함께, 2011), p.55.

全南叛亂
李大統領談
不純輩徹底除去
反逆思想防止法令準備

불순분자 숙청을 지시한 이승만

보유하지 못했다는 것을 깨달았다.[22]

미국은 이 같은 상황 인식을 바탕으로 한국군과 경찰을 지속적으로 지원하기로 결정했다. 여순사건은 당시 한반도 상황의 축약판이었던 데다가, 대한민국이라는 신생 국가의 성격을 규정한 역사의 축약판이기도 했다.[23]

정부수립 65일 만에 여순사건을 겪은 대한민국은 그 뒤 군대 내 좌익 세력을 색출하는 작업에 착수했다. 2만 5,000명의 군인 중 5,000명이 조사 대상이었다. 11월 11일 박정희 소령도 남로당의 군사부장으로 적발돼 서대문 형무소에 수감되었다. 사형선고를 받은 박정희는 이듬해 1월 강제 예편을 당하고 이승만 대통령의 특사로 석방되었다. 이때 박정희는 200여 명의 남로당 명단을 제시하는 조건으로

22) 앞의 책, p.54.
23) 〈지배자의 국가, 민중의 나라〉, 서중석(돌베개, 2010), p.209.
"여순사건의 발발은 당대 '남한의 축소판'으로서의 성격을 보여 주고 있는데, 이 사건에 대한 이승만 정부의 대응 과정에서 극우 반공체제와 연결된 여러 현상이 나타난 것은 '현대사의 축소판'으로 대단히 중요하다고 할 수 있다. 또한 현대사 최대의 비극인 민간인 집단학살이 여순사건에서부터 본격적으로 시작되어 제주도로 이어져 한국전쟁에서의 민간인 집단학살과 함께 극우 반공체제 형성에 지대한 영향을 미쳤다."

2월에 무기징역으로 감형되고 파면, 급료몰수형 등을 차례로 받았다가 1950년 6·25전쟁 발발 이후 복직되었다. 박정희가 군사부장이었던 것은 분명하나, 군 내부에서 다른 구성원을 남로당으로 포섭한 적은 없다고 한다. 박정희가 남로당에 가입한 것은 1946년 대구 폭동 때 사망한 셋째 형 박상희의 장례 때, 형이 남로당 당원이었다는 것과 당의 군사부 총책 이재복이 따뜻한 인간미를 보여 주며 장례를 물심양면 돌봐 준 것에 감명을 받았기 때문이라고 한다.[24)]

이승만 정권은 국가보안법을 제정한 이후 '좌익사상에 물든 사람들을 사상 전향시켜 이들을 보호하고 인도한다.'는 명목으로 1949년 6월에 국민보도연맹(이하 보도연맹)을 만들어 좌익 전향자들을 관리하기 시작했다. 보도연맹 가맹자들은 이듬해 6·25 전쟁이 터졌을 때 전국에서 조직적으로 학살당했다.

이승만의 정치적 라이벌로 여순사건의 배후라는 모함을 받기도 했던 김구는 1949년 6월 26일 암살당했다. 신생국가 대한민국과 한반도의 진로를 놓고 좌익과 우익이 대결하던 구도는 점차 경찰과 군의 무력을 장악한 이승만 세력이 주도하는 반공 국가 체제 수립으

---

24) 박윤식, 앞의 책, p.199~201.

1945년 12월 임시정부 요인 환영회에 참석한 이승만과 김구

로 귀결되어 갔다. 전남 지방에 발령된 계엄령은 1950년 2월 5일에야 해제되었다.

2005년 대한민국 정부가 설립한 진실화해위원회가 여순사건의 진상 조사에 착수했다. 피해자들의 증언을 청취하고 각종 자료를 취합해 당시 군대와 경찰 등 정부에 의한 민간인의 피해 상황을 밝혔다. 2010년까지 조사를 펼친 진실화해위원회는 보고서에서 이렇게 밝혔다.

> 국가는 군인과 경찰, 공무원을 대상으로 전쟁 중 민간인 보호에 관한 법률과 국제인도법 교육을 실시하는 등 전시인권교육을 강화하는 것이 필요하다. 또한 국가는 초·중·고등학교 학생 등을 대상으로 평화인권교육을 강화하는 것이 필요하다.

북한은 여순사건을 '여순병란'으로 부르고 있으며, 당시 북한 정권이 사건에 개입했다는 주장은 부인하고 있다.

적에서 아들로

손양원 목사의 두 아들, 동인과 동신의 죽음이 애양원까지 알려진
것은 사건이 어느 정도 진정된 10월 25일이었다. 26일에야 애양원
의 나환자들이 화물차를 타고 순천에 가서 가매장된 동인과 동신의
시신을 운반해 왔다. 27일 치러진 장례식에서 손 목사가 참석자들의
애도사에 답사로 10가지 감사의 조건을 이야기했다.

첫째, 나 같은 죄인의 혈통에서 순교의 자식이 나왔으니 감사. 둘째, 허다
하게 많은 성도 중에 어찌 이런 보배를 주께서 하필 내게 맡겨 주셨으니
감사. 셋째, 3남 3녀 중에서도 가장 아름다운 두 아들 장자와 차자를 바
치게 된 나의 축복을 감사. …

두 아들의 주검 앞에서 오히려 감사하다는 이야기를 하던 손 목사는
급기야 이렇게 선언했다.

일곱째, 나의 사랑하는 두 아들을 총살한 원수를 회개시켜 내 아들 삼고
자 하는 사랑의 마음을 주신 하나님께 감사.

손 목사가 이 같은 결심을 하게 된 것은 사건 당시 마침 애양원 교회

에 부흥집회가 열려 강사로 초대받아 와 있던 이인제 조사[25] 가 그의 어깨를 치며 이렇게 말한 것이 계기가 되었다고 한다.

> 손 목사, 정신 차리시오. 우리가 과거 감옥에서 순교하기를 원했으나 하나님은 우리의 순교를 허락하지 않았소. 오늘 젊고 아름다운 두 아들을 순교의 제물로 바친 것이 그리도 아깝소? 슬퍼해야 할 일이 아니오. 더 좋은 천국 갔으니 오히려 기뻐할 일이오.

손 목사는 일제강점기 말기 세상의 종말이 다가왔다는 말세론에 기울었다.[26] 그는 애양원의 나환자들에게도 하나님의 나라가 곧 임하여 지상의 모든 질병과 고난이 사라질 것이고 이때 나환자들도 모두 낫게 될 것이라고 강조해 설교했다. 현대의 비기독교인들에게는 허황된 주장으로 비치겠지만, 당시 애양원에서 치료보다는 수용의 개념으로 거주하고 있던 나환자들, 일제의 압박에 시달리던 민중에게 손 목사의 메시지는 현실을 넘어설 힘을 주었다.[27] 손 목사는 또 천황제와 침략 전쟁에 비판적이었던 일본의 신학자 우치무라 간조의 책을 즐겨 읽었고 전쟁에 반대하는 평화적인 국가 수립을 강조하는

---

25) 조사(助事)는 목사를 도와 전도하는 교직이다. 이인제 조사는 손 목사의 평양신학 동기로 신사참배 거부로 함께 감옥 생활을 한 인물이기도 하다.
26) 〈한국기독교와 역사〉, 김승태(2011년, 제34호), p.238, '손양원의 초기 목회활동과 신사참배 거부항쟁'
27) 〈한국기독교와 역사〉, 최병택(2011년, 제34호), p.212, '손양원과 구라(救癩) 선교'

설교를 하기도 했다.

> 현대와 같은 하나님 여호와의 뜻에 반역하고 있는 천황 통치제의 국체를
> 멸망시키지 않으면 안됩니다.[28]

손 목사는 이런 말세론적 신앙, 평화주의적 신앙이 있었기에 신사참배를 거부하고 감옥에 들어갔던 것이다.[29]

두 아들이 죽어 슬픔에 잠겨 있던 손 목사에게 같은 출옥성도[30]인 이인제 조사의 말은 이 같은 말세론적 신앙을 일깨워 주는 목소리였을 것이다. 장례를 치르고도 1주일쯤 지난 뒤 동인과 동신을 죽인 주동자 안재선이 잡혔다는 소식이 들려왔다. 이미 아들을 죽인 이들을 품기로 마음먹은 손 목사는 밤을 새워 기도했다고 한다. 자신의 내면적 갈등, 그리고 사건에 가담한 자들을 즉결 처형하는 살벌한 사회적 분위기를 극복하기 위한 기도였을 것이다.

---

28) 〈손양원 목사의 생애와 사상〉, 이광일(손양원 목사 순교기념사업회, 1999), p.111. '손양원 목사 설교 제3집' 이광일 편 재인용.

29) 말세론과 천황비판론이 확산되는 것을 막기 위해 조선총독부는 한국인 목사들이 출애굽기나 요한계시록으로 설교하는 것을 금지하기도 했다.

30) 신사참배를 거부해 감옥에 있다가 해방을 맞은 기독교인들을 일컫는 말.

손 목사는 기도를 마치고 나오면서 만나는 교우마다 "안재선을 어쩌지, 안재선을 어쩌지."하면서 그들의 손을 붙잡고 눈물을 흘리면서 안재선의 처지와 그의 영혼을 생각하면서 슬픈 눈물을 흘렸다고 한다. 그 때 어떤 교우가 손 목사에게 대꾸하기를 "어쩌기는 어째요. 두 아들을 죽였으니 당연히 저도 죽어야지."라고 말을 하니까 손 목사가 대답하기를 "저 영혼이 불쌍해서 어쩌나. 내 아들들은 지금 죽어서 천국에 갔지만, 안재선은 지금 죽으면 지옥 갈텐데 저 영혼이 불쌍해서 어쩌나."라고 하면서 울었다고 한다.[31]

부흥집회 때문에 다른 지역으로 출타[32] 해야 했던 손 목사는 딸 동희에게 그 주동자를 사형장에서 빼내 오라고 부탁한다.

> 나는 지금 부흥집회 때문에 집을 떠나야 한다. 나 대신 네가 나덕환 목사님에게 다녀오너라. 네 두 오빠를 죽인 학생이 잡혔다고 하더구나. 그러니 네가 얼른 순천에 계신 나 목사님에게 가서 그 학생에게 매 한 대도 때리지 말게 하고 사형장에서 빼내 달라고 부탁해라. 그를 내 아들로 삼을 것이니 그 뜻도 잊지 말고 전해야 한다.

---

31) 이광일, 앞의 책, p.157~158.
32) 손 목사는 일제강점기 때부터 전국적으로 유명한 부흥사였다. 일요일에는 애양원 교회에서 설교를 했지만, 월요일부터 1주일간은 부흥집회를 인도하기 위해 밖으로 나가 있는 일이 아주 흔했다.

나덕환 목사의 아들 나제민은 손 목사의 죽은 둘째 아들 동신의 동기로, 군사 반란이 진압된 뒤 학련의 일원으로 좌익 가담자를 색출하는 일을 하고 있었다. 손 목사는 나 목사에게 부탁해 제민을 통해 주동자를 구하고자 했던 것이다.

아버지, 그게 무슨 말씀이세요? 그 말이 진정이세요?

이렇게 항변하며 되묻는 딸 동희에게 손 목사는 이렇게 말했다.

동희야. 내가 무엇 때문에 5년 동안이나 너희를 고생시키면서 감옥 생활을 견뎌냈겠니? 하나님의 계명을 지키기 위함이 아니었느냐? 그런데 그 학생이 안 잡혔다면 또 모르되 일단 잡힌 이상 모른척 할 수 없구나. 우상숭배를 하지 말라는 제1, 2계명이 하나님의 명령이라면 원수를 사랑하라는 말씀도 똑같은 하나님의 명령인데, 그 명령은 순종하면서 이 명령은 순종치 않는다면 그보다 더 큰 모순이 어디 있겠느냐? 원수를 사랑하라는 명령에 순종치 않으면 과거 5년간의 감옥살이가 모두 헛수고요, 너희를 고생시킨 것도 헛고생만 시킨 꼴이 되고 만다. 내가 여기까지 와서 넘어질 수 없다.[33] 동희야. 가만히 생각해 보아라. 그 학생을 죽여서 무슨 득

---

33) '넘어진다'는 표현은 사탄의 유혹에 넘어간다는 뜻이다.

이 되겠느냐? 그가 죽는다고 오빠들이 살아 돌아오겠느냐? 그를 살리고 그의 영혼을 구한다면 하나님의 명령에 순종할 뿐만 아니라 한 인간의 타락한 영혼을 구제해 준 보람도 느낄 수 있지 않겠느냐? 지금 시대가 바뀌었으니 보복이 반드시 뒤따를 것이다. 골육상살은 민족의 비극이고 국가의 참사인데 이 민족이 이래 죽고 저래 죽으면 누가 남겠느냐? 두 오빠는 천국 갔으나 두 오빠를 죽인 자는 지옥 갈 것이 분명한데 내 전도자로서 지옥 가는 그를 보고만 있으란 말이냐?

사건이 진압된 뒤 여수와 순천은 여전히 살벌했다. 사건 때와 다른 점이 있다면 가해자와 피해자가 바뀌었다는 점뿐이었다.

진압군은 14연대 반란군과 민간인을 구별하지 않았고, 민간인이 조금이라도 의심되면 사살했다. 미국 소식통들은 "정부군은 공산주의 봉기에 협력했다는 의심이 조금이라도 드는 사람은 사살하고 다녔다."고 보고했다.[34]

특히 동인과 동신이 숨진 순천은 여수나 다른 지역에 비해 좌익의 활동이 무자비했고, 보복도 그만큼 거칠었다.

---

34) 〈2008년 하반기 조사보고서 – 순천지역 여순사건 편〉, 진실화해위원회, p.524.

순천의 경우 23일 오전 약 5만 명의 읍민이 순천북초등학교 교정에 집결되었다. 먼저 40세 이하의 남자 중 군용 팬티를 입은 자, 머리가 짧은 자가 따로 분리되어 경찰, 대동청년단원, 학련 등에 의해 폭동군 및 부역자가 적발되고, 그다음 각 동네별 지방 유지와 우익 인사에 의해 부역자가 적발되었다. 부역자는 인민재판에 적극 참여한 제1급, 소극적 참여자인 제2급, 애매한 자인 제3급으로 분류되어 처벌 혹은 재심사를 받았다. 이 중 경찰은 악질적이라고 판단한 12명을 10월 25일 순천농림중학교 교정에서 총살했다.[35]

당시 순천농림중학교 3학년 학생이었던 김정만도 반란군의 보초를 서다 진압군에 붙잡혀 북국민학교로 끌려갔다. 팬티만 남기고 옷을 모두 벗은 채 학교 교정에 2~3일간 붙잡혀 있었다고 한다. 당시 학교에는 여럿이 총살당하는 듯 총소리가 난무했는데, 반란군에 가담한 혐의가 뚜렷한 이들을 진압군이 교실에서 끌고 나와 학교 운동장에 모여 있는 사람 중 동조자를 지목하게 했다. 끌려 나온 이들이 같이 가담한 이를 찾아내게 한 것이다. 이때 지목당하면 죽음을 면키 어렵다고 해서 이른바 '손가락총'이라고 불렸다. 당시 동인과 같은 순천사범학교의 학생으로 북국민학교에서 상황을 목격한 정영호

---

35) 황남준, 앞의 글, p.470.

(당시 20세)의 진술이 진실화화해위원회의 보고서에 인용돼 있다.

> 거기는 아주 지옥이었어요. 갔더니 사람이 많이 모여 있었어요. 카빈소총
> 으로 막 쏴 죽이더라고. 끌려온 사람한테 앉아 있는 사람 중 반란군 협조
> 자를 골라내라고 그러더니 지목당한 사람을 옆으로 끌고 가서 쏴 죽였어
> 요. 손가락질 지목을 당한 사람은 가차 없이 사람들 있는 앞에서 카빈소
> 총으로 쏴 버렸어요. 내 눈으로 그걸 봤어요. 군인도 있고 경찰도 있었어
> 요. 한 열댓 명 죽은 거 봤어요. 칡백나무 부근에서 쏴 죽여서 그 나무 아
> 래로 밀어 넣더라고. … 옆으로 지나가면서 이 사람이라고 하면 항의고
> 뭐고 없이 죽여 버리니까. 내가 얼굴이 안 알려져서 살아남은 거겠지요.[36]

미국 〈라이프〉의 1948년 12월 6일 자에 칼 라이던스 기자가 '한국의
반란'이라는 제목으로 쓴 기사에는 당시 상황이 이렇게 묘사돼 있다.

> 한쪽에서는 그 광경을 여자들과 아이들이 가만히 보고 있었다. 그런데 그
> 중에서 나에게 가장 무섭고 두려운 징벌의 장면을 말하라고 한다면, 보고
> 있는 아녀자들의 숨 막힐 것 같은 침묵과 자신들을 잡아 온 사람들 앞에
> 너무나도 조신하게 엎드려 있는 모습과 그들의 얼굴 피부가 옥죄어 비틀

---

36) 진실화해위원회, 앞의 글, p.526. 참고인 장영호 진술조서(2008. 7. 28.).

어진 것 같은 그 표정, 그리고 총살되기 위해 끌려가면서도 그들은 한마디 항변도 없이 침묵으로 차례를 기다리고 있다는 사실이었다. 한마디의 항변도 없었다. 살려 달라는 울부짖음도 없고 슬프고 애처로운 애원의 소리도 없었다. 신의 구원을 비는 어떤 중얼거림도 다음 생을 바라는 한마디의 호소조차 없었다.[37]

손 목사가 아들을 죽인 학생이 색출됐다는 소식을 들은 것은 장례식이 치러지고도 1주일쯤이 지난 뒤다. 사건이 19일 발생했고, 장례식이 27일이었으니 동희가 오빠를 죽인 이를 살리라는 심부름을 해야했던 날은 11월 초순이었을 것이다. 이때까지도 반란 가담자를 찾아내고 그 자리에서 처형하는 일이 이뤄지고 있었던 것이다. 이승만 대통령이 11월 4일 담화를 발표, "모든 지도자 이하로 남녀 아동까지라도 일일이 조사해서 불순분자는 다 제거하고 조직을 엄밀히 해서 반역적 사상이 만연되지 못하게 하며 앞으로 어떠한 법령이 혹 발포되더라도 전 민중이 절대복종해서 이런 비행이 다시는 없도록 방위해야 될 것"이라고 한 것과 무관하지 않을 것이다.

이런 상황에서 손 목사는 마치 일제의 신사참배 요구를 거부하듯이

---

37) 《불량국민들》, 주철희(교보문고 전자책), p.427, p.556 재인용.

사건 가담자에 대한 보복 처형을 거부했다. 일제의 탄압과 유혹을 이겨 낸 손 목사의 영성이 여순사건을 정치적으로 악용하려 했던 이승만 정권, 혹은 이념의 살육에 취해 있던 그 시대를 거슬러 용서와 사랑이라는 결단을 내리게 한 힘이었다.

그러나 이번에도 손 목사는 시대와 불화不和하였다. 딸인 손동희와 용서받은 자 안재선마저도 손 목사의 결단을 따라가지 못했다. 나 목사가 아들의 안내를 받아 좌익 학생들이 억류돼 있던 조선은행 옆 대하당으로 가서 그곳의 군인과 학생들에게 손 목사의 뜻을 전달했을 때 사람들의 첫 반응은 비웃음이었다. 오히려 "그런 말을 하면 목사님도 빨갱이라는 오해를 받는다."며 아예 입 밖에도 내지 말라고 충고했다. 며칠 동안 군부내로, 경찰서로, 지역 의원까지 찾아가 사정을 말했지만 누구도 그 말을 곧이듣지도 않고 실행하려고 하지도 않았다. 반란에 가담한 학생들이 처형장으로 끌려가기 위해 순천 시내의 팔왕카페라는 곳에 모여 있던 날, 나 목사는 결국 손동희를 불렀다. 군인들에게 직접 아버지의 뜻을 전하라는 것이었다.

팔왕카페에 간 손동희는 군인과 가담자 앞에서 용서를 이야기해야 했다. 자신의 의지와 아무 상관이 없는 일이었다. 손동희는 마지못해 이렇게 말한 뒤 눈물을 삼켰다.

서울에서 집회를 마친 뒤 참석자들과 기념사진을 찍은 손양원과 안재선

아버지가 두 오빠를 죽인 자를 잡았거든 매 한 대도 때리지 말고, 죽이지도 말라고 하셨어요. 그를 구해 아들 삼겠다고요. 성경 말씀에 원수를 사랑하라 했기 때문이래요.

손 목사는 안재선을 기독교인으로 만들 생각이었다. 집회를 가는 곳마다 그를 데리고 다녔다. 소문이 삽시간에 퍼졌다. 손 목사의 집회에 참석한 사람들은 호기심과 증오심으로 안재선의 주변을 맴돌며 눈을 힐끔거렸다. 집회가 끝나기가 무섭게 사람들이 우르르 몰려와 무슨 동물원의 원숭이 구경하듯 안 군 곁에 몰려들었다. 안 군이 몸을 피하면 또 사람들은 따라갔다. 손 목사도 민망한 노릇이라며 더이상 데리고 다니진 않았다. 손 목사는 안재선의 취직을 위해 여러 군데 부탁을 했지만, 사람들은 고개를 저었다. 여순사건 이후 국가보안법이 만들어지고 군과 사회에서 이른바 좌익사범을 색출하고 있었기에 다들 호기심만 있었지 직접 접촉하기는 꺼렸다. 안재선은 길을 가다 낯도 모르는 이들에게 멱살을 붙잡히고 얻어맞기도 했다.

반면 손 목사는 아들을 죽인 이를 용서했다는 사실 때문에 널리 추앙 받았다. 한번은 서울 남대문교회에 초청을 받아 부흥집회를 이끌기 위해 갔는데, 교회 게시판에 '세계 성자 손양원 목사님'이라는 포스터가 붙어 있었다고 한다. 손 목사는 그것을 보자마자 그 포스터를 떼지 않으면 설교를 하지 않겠다고 해 당장 철거하도록 하기도 했다.

헛소문까지 돌았다. 손 목사가 큰딸 동희를 안재선에게 시집보내기로 했다는 것이다. 소문이 난 이유는 안재선의 친부모가 은혜를 갚는 차원에서 손동희를 순천의 자기 집에서 돌보며 학교를 다니게 했던 사실 때문이었다. 손동희의 입장에선 오빠의 원수를 살려 주는 심부름을 한 것도 모자라 그와 한 집에서 살게된 셈이다. 안재선은 손 목사를 따라 전국의 집회를 다니느라 집에 없을 때가 많았지만, 어쩌다 그와 마주칠 때면 손동희는 황급히 고개를 돌려버렸다. 손동희의 마음속에서 도저히 수그러들지 않는 증오심을 어쩔 수 없었던 것이다. 그의 집에서 손동희는 몸과 정신이 말라 들어갔다. 결국 손동희는 순천을 떠나 서울로 전학을 갔다. 안재선은 손 목사의 알선으로 부산 고려고등성경학교에 입학했다.

손동희에게 안재선의 존재는 커다란 상처가 되었다. 게다가 그의 부친 손 목사마저도 6·25 전쟁 와중인 1950년 9월 28일 여수 미평과수원에서 인민군의 총에 맞아 숨졌다. 당시 48세였다. 손 목사도 두 아들처럼 전쟁 앞에서 피난을 가지 않고 애양원을 지키다 붙잡혔다. 당시 안재선이 손 목사를 찾아와 함께 피난하자고 간청을 했지만, 손 목사는 "교회가 싸움터로 변하고 남북이 갈라지고 지도자들은 나 몰라라 달아나니 이 나라가 소돔과 고모라가 될까 두렵다."며 애양원에 남겠다고 고집했다.

서울에서 전쟁을 겪고는 뒤늦게 부친의 사망 소식을 접한 손동희는 충격을 넘어 분노와 증오를 느꼈다.

내 눈은 충혈되어 독기를 뿜고 있었고 내 얼굴은 백지장처럼 창백했다.
내 가슴은 분노와 증오로 새까맣게 타들어갔고 내 머리는 난마처럼 얽혀 깨지듯 아파 왔다. … 내 가슴 속에는 시퍼런 독기만 남아 있었다. …

하나님! 이것이 예수 잘 믿은 공입니까? 하나님 말씀에 순종한 상입니까?
눈이 있으면 보세요. 귀가 있으면 들으세요. 입이 있으면 말해 보세요. 꼭
이렇게까지 하지 않으면 안 되었나요?

순교! 남들은 거룩하다고 다들 말하지만, 쳇! 그까짓 순교?

내 가슴은 돌처럼 굳어 버렸고, 내 머리는 어떤 이성적 판단도 거부했
다. 나는 한없는 회의 속에서 무작정 하나님만 원망했다. … 두 오빠의
죽음이 슬픔의 탄식이었다면, 아버지의 죽음은 독이 되어 내 온몸에 퍼
져나갔다.

그 시절 손동희는 비록 교회는 다녔지만 신의 섭리를 받아들이지 못
했다. 예배에 참석하고 피아노 반주를 하고 설교를 들었지만 마음속
으로는 늘 신을 향한 불만을 늘어놓았다. 껍데기만 교회에 앉아 있
었을 뿐이라고 손동희는 말했다. 밤에 베갯머리에 누우면 총소리가
들리고, 자신도 길을 가다가 어디서 날아온 총알에 맞아 죽을 것만
같은 공포에 시달렸다.

손동희가 느낀 공포는 그녀 혼자만 겪은 것이 아닐 것이다. 해방 이후의 혼란과 전쟁을 겪은 이들은 모두 크든 작든 이런 공포와 증오, 원망과 탄식을 가슴에 안고 살아야 하지 않았을까. 전쟁을 겪은 군인들은 외상 후 스트레스 장애에 시달리는 경우가 많다고 한다. 외상 후 스트레스 장애는 신체적인 손상과 생명의 위협을 받은 사고에서 심적 외상을 받은 뒤에 나타나는 질환이다. 사건이 한참 지난 뒤에도 기억이나 꿈, 환각 속에서 충격을 재경험하고 신체적인 증상까지 나타난다. 반대로 충격받은 당시의 기억을 잊어버리며 감정이나 신체 일부가 마비되는 경우도 있다. 둘 다 비현실적인 감정에 시달리면서 분노, 공포, 피해의식, 수치심에 시달리며 알코올과 약물에 중독되는 경우도 있다.

안재선의 행로도 순탄치 않았다. 부산의 신학교에 진학한 그는 과거를 뉘우치고 목사가 되기를 꿈꾸며 주말이면 북을 들고 부산 시내를 돌아다니며 교회에 나오라고 전도를 할 정도로 열성적이었다고 한다. 전쟁 당시에는 제주도에서 하사로 있으면서 군인과 피난민들이 만든 신광교회의 전도사로 생활하기도 했다. 그러나 사람들의 호기심과 한때 좌익에 몸담았던 경력은 그를 가만히 놔두지 않았다. 신학교에서도 그가 손 목사 아들의 처형을 주동했다는 사실을 전교생이 알 정도로 소문이 났고, 심지어 손 목사가 사망한 뒤에는 그가 손 목사를 죽였다는 헛소문까지 있었다.

손 목사의 사망에 충격을 받았던 안재선은 이런 헛소문에까지 시달리며 점차 사람들과 마주치는 것을 싫어하게 되었다. 교회에서도 귀퉁이에 앉아 있다 가곤 했다. 가끔 손동희를 비롯해 손 목사의 다른 자녀들과 만나면, "동생, 왜 그런 눈으로 날 쳐다봐?"라고 하곤 했다. 군 복무를 마친 뒤에는 신학교에 복귀하지 않고, 교회마저 떠나 버렸다. 안재선의 아들로 목사가 된 안경선은 당시 부친의 상황을 이렇게 전했다.

> 사실은 저희 친할아버지가 여수에서는 거상巨商이셨습니다. 아버지께서 여순사건에 가담하신 것은 꼭 사회주의 사상이라기보다는 당시의 남한 단독정부 수립에 반대하는 차원이 아니었나 생각해요. 어쨌든 손 목사님께 용서를 받고 신학교에 가셔서 무척 열심히 공부하셨다고 합니다. 빈민촌을 찾아가 공부방 교사도 했습니다. 유머러스한 신학도로 인기도 많았다는데, 여순 사건에 관련되어 손 목사님의 아들을 해쳤다는 얘기가 주변에 알려지자 시선이 싸늘해졌지요. 아버지는 평생 그 죄책감에서 벗어나지 못했습니다. 어찌보면 이 땅에서는 영원히 용서받지 못한 이방인이었던거죠.[38]

여수 애양원의 손양원 목사 순교기념관

신학을 포기한 안재선은 손 목사의 그늘을 벗어나기 위해 여수 앞
바다의 무인도로 들어가 양식업도 하고, 나중에는 서울 상계동에 정
착했다. 서울에서는 아파트 경비원으로 일했지만 1979년 암으로 세
상을 떠날 때까지 가족에게 애양원과 손 목사에 관한 이야기는 함
구했다고 한다.

1977년, 손 목사의 아내가 아파 누워 있었을 때 안재선이 부산까지

---

38) 2013년 10월 안경선 목사와 저자와의 대화 중.

내려와 병문안을 왔다. 하필 손 목사의 아내가 집에 없어, 안재선은 마루에 걸터앉은 채 잠시 고개를 숙여 기도만 하고는 가만히 앉아 있었다. 마루 위에 걸려 있는 동인과 동신, 두 사람의 사진을 넋이 나간 듯 쳐다보다가는 벌떡 일어나 무엇에 쫓기는 사람처럼 뒤도 돌아보지 않고 떠났다.

안재선과 손동희는 1979년에 다시 만났다. 손동희가 서울에 사는 동생의 집에 갔을 때, 그를 찾아온 것이다. 그때 안재선은 이미 편도선 암으로 죽음을 기다리고 있는 처지였다. 병든 안재선은 손동희가 앉아 있는 방에 들어오자마자 눈물부터 쏟았다. 그는 손동희에게 다가가 손을 내밀었다. 손동희도 그의 손을 잡았다. 손동희는 당시의 심정을 이렇게 표현했다.

> 나는 항상 안재선 씨에게 마음의 문을 열지 못하고, 오빠 죽인 원수를 용서하지 못했어요. "네 이놈 왜 죽였어. 왜 내 두 오빠 죽였어. 살려내! 아니면 네놈이 자살해라." 두 오빠 죽고 나서 정신이 홀딱 나갔지요. "저런 놈 지옥 가야 내 속이 시원할 텐데." 악담을 하면서 다니고, 그렇게 용서 못하고 이를 갈고 있었던 걸 안재선 씨는 다 알고 있었어요.
>
> 그때는 동생 집에 볼일이 있어서 서울에 왔다는 소식을 듣고 찾아온 거였

죠. 죽어 가면서요. 힘없는 몸을 간신히 이끌고 와서 나를 보자마자 눈물부터 쏟아 냈어요. 얼마나 울었는지 몰라요.

마지막으로 죽어 가면서 나타나 내 앞에서 울고 있는 걸 보니 불쌍한 마음뿐이었어요. 그렇게 미워했는데 나도 못 잊고 그 사람도 못 잊을 거예요. 지난날들이 영화필름처럼 눈앞에 떠올랐습니다.
그리고 마지막으로 "동희야, 나 지금 집으로 돌아가면 곧 하늘나라로 간다. 내 죽어서 천당에 가면 네 두 오빠에게 무릎 꿇고 사죄하겠다."하더군요.[39]

15일 뒤 안재선은 눈을 감았다. 그의 마지막 유언은, 큰아들 경선에게 "신학교를 가라."는 것이었다.

여수 애양원에는 손 목사와 두 아들의 죽음을 순교로 기리는 조형물과 기념관이 있다. 여순사건의 많은 희생자 중 이 3명의 죽음만을 크게 기리는 것을 탓하는 이들도 있다.

손양원은 행동이 부자유한 나환자들과 교회를 지키다가 체포, 총살되

---

39) 〈참평안〉, 평강제일교회, 2010년 9월호 평안인터뷰

었다. 이를 거룩한 순교라고 한다. 한 종교집단에서 칭하는 순교에 대해 왈가왈부할 것은 아니지만, 9월 28일 왜 죽어야 하는지도 모르고 죽은 130~150명의 사람에 대해서는 어떻게 불러야 할까. 그들도 모두 체포된 이유가 있었고, 억울한 죽음을 맞았다.

당시 미평 과수원(현재 둔덕동)에는 손양원 목사 순교지가 공원화되어 있다. 그리고 애양원에는 몇백 억 원을 들여 공원이 조성되었다. 기독교에서 보면 손양원의 죽음은 거룩했다고 한다. 그런데 거룩한 죽음을 앞세운 우상화 작업은 아닌지 염려스럽다.

여순사건과 6·25 전쟁을 겪으면서 전남 동부 지역에서는 최소한 1만 명 이상의 민간인이 학살되었다. 여수 지역에서만 해도 상상할 수 없는 사람들이 무고하게 학살되었다. 조그만 위령 비석 하나 세우는 데도, 이런저런 이유로 어려움을 겪었다. 하지만 손양원에 관련된 공원은 두 곳이나 있다. 몇백 억 원이 들어갔는지 모른다. 역사는 강자의 논리에 의해, 승리자의 논리에 의해 점령당했고 왜곡되고 있다.

국가권력에 의한 폭력이 난무했던 시기에 지역에서도 강자의 논리를 앞세워 역사는 조작되고 왜곡되었다. 집단적 힘을 이용하여 권력을 남용하고 있다. 이것이 폭력이 아니고 무엇이겠는가. 자기들이 설정한 공간에서 타인에 대한 배려는 전혀 존재하지 않고, 오로지 자기만의 주장이 옳다고 한다. 그 옳음을 실행하기 위해 집단적 힘이 동원되고, 타인은 불량 국민으로 취급한다. 국가권력만큼이나 지역사회에도 강자의 권력에 의해 폭력이 난무하고 있다.

함께 극복하고 치유하려는 노력보다는 집단적인 힘의 논리가 지역사회를 지배하고 있다. 힘없는 사람은 예나 지금이나 황량한 눈빛으로 먼 하늘만 쳐다봐야 한다. 그것이 현재 대한민국에서 벌어지고 있는 일이다.[40)]

흔히 역사는 승리자의 기록이라고 한다. 주철희의 주장 역시 손 목사가 안재선을 용서하고 받아들인 사건이 당시 반란에 가담했다가 살아남은 이들, 혹은 억울하게 반란 가담자로 몰려 희생당한 이들과 그 가족에게 고통을 주는 승리자의 역사가 되어 버렸다는 비판이다. 손 목사의 행동은 당시 사건의 피해자 입장에서 가해자를 품은 것이었지만, 이 사건이 위대한 순교로 신성시되면서 오히려 그 의미는 승리자와 패배자를 가르는 세속적인 것이 되어버린 역설을 지적한 것이다. 손 목사가 실천한 일은 용서와 화해의 이야기가 아니라 오히려 사건에 관련된 이들에게 낙인을 찍고 죄책감을 안기는 사건이 돼 버렸다.

---

40) 주철희, 앞의 책, p.511~515, p.566

이승만의 사과를 보도한 경향신문

    손동희와 안재선이 평생에 걸쳐 겪은 고통에서도 알 수 있듯이, 여
순사건의 현장에 있던 이들은 그 뒤의 역사 속에서 모두 희생자가
돼 버렸다. 승리자가 있다면 이 사건을 정치적으로 이용해 이익을
차지한 무리일 것이다. 그렇게 희생자와 승리자가 결정되는 과정에
서 용서와 화해를 받아들이기보다는 누가 이기고 누가 졌는지, 누
가 옳고 누가 틀렸는지를 가려내는 것에 더 열중한 이들이 바로 역
사의 가해자가 아닐까.

여순사건을 계기로 좌우합작론이나 중립국가론 같은 노선을 공격하고 반공 국가를 세운 이승만 대통령은 1960년 부정선거 끝에 4·19혁명으로 물러났다. 이화장에 칩거하던 이승만은 5월 29일 하와이로 떠났다. 2년 뒤 한국에 돌아오길 바랐던 이승만은 당시 중앙정보부장 김종필이 귀국을 위해서는 먼저 국민에게 사과해야 한다는 뜻을 전하자 다음과 같이 유감을 표시했다.

나도 역시 인간이고 인간으로서의 여러 가지 약점을 가지고 있는 만큼 나는 크나큰 부끄러움을 금할 수 없다. 그러나 나는 나의 나라를 좀 더 좋은 나라로 만들기 위해서 잘한 일이 많았으리라고 본다. 만일 내가 잘못한 일이 있다면 지금 이미 알려진 일이든 앞으로 역사가 밝혀줄 일이든 또는 선의에서 저지른 일이든 그에 대한 완전한 책임을 피할 도리는 없을 것이다. 나는 따라서 한국민에 대해서 심각한 유감과 슬픔을 표명하는 바이다.[41]

이승만의 사과는 마지못해 유감스럽다고 표현하는 선에 그쳤다. 그의 사과문에는 자신이 가해자로서 저지른 일들에 대한 책임감과 고뇌가 전혀 담겨 있지 않았다. 사과문을 보도한 경향신문 기사에

---

41) 경향신문 1962년 3월 17일. 1면 '잘못한 책임있다—이승만, 국민들에 사과'

는 "이승만 전 대통령이 한국 국민에게 사과하고 한국으로 출발할 것"이라는 내용이 담겨 있지만, 이승만의 이런 사과 아닌 사과는 오히려 국민적인 분노를 불러일으켰다. 사과 발표 다음날인 3월 18일 경향신문은 1면에 '이승만 씨를 귀국시켜서는 안 된다.'는 제목의 사설을 싣고 이렇게 주장했다.

> 노경으로 접어든 데다 병고 중인 그가 여생을 고국에서 보내려고 귀국한다는데 경로사상을 지닌 우리인들 측은한 심정이 없을 수 있겠는가 마는 이씨가 귀국을 결심하고 나서 발표했다는 사과장 내용을 볼 때 그는 어디까지나 스스로 범한 중대과오에 대하여 솔직하게 책임을 질 줄 모르는 비열한 정객이었다는 것을 새삼 느끼게 된다.

1995년 당시 공개된 외교문서에 따르면 박정희는 "이 박사의 사과문 발표와 상관없이 정부의 허가가 없는 한 귀국해서는 안 된다고 총영사에게 지시하라. 사과문을 발표했더라도 국민감정이 풀릴 시간적 여유가 필요하다."고 명령했다.[42]

이와 비교해 손동희가 끝내 안재선을 용서하고, 안재선이 그에게 용

---

42) 〈정치는 역사를 이길 수 없다〉, 김욱(개마고원, 2013), p.82.

서를 구한 것은 오랜 시간 동안의 고통과 고민 끝에 이뤄진 일이었다. 조용했지만 진심이 담긴 행동이었다. 잊혀버린 이야기를 되살려 내고 용서와 화해를 실천하는 것, 그것이 역사의 희생자가 진실로 승리하는 방법일지도 모른다.

한국
5·18 광주
운동에

광주트라우마센터,

의

민주화

관하여

국가폭력 피해자들의 아픔을 치유하다

"곪을 때는
애리고 쓰리고 아프죠.
그러나
그것이 완전히 곪아서
터져버리면 시원해 버리잖아요.
저도 처음에는 5·18 생각만 해도
눈물이 그냥 주르륵 흐르고
많이 울었잖아요.
그런데 요즘에는 예전처럼
눈물을 많이 흘리지 않습니다.
그만큼 성숙되고 있다는 느낌을
받았어요."

—윤다현

광주트라우마센터를 소개하는 책자에 이런 문구가 적혀 있었다.

5·18 광주민주화운동 관련자들의 고통은 지금도 계속되고 있습니다.

광주광역시 치평동에 있는 광주트라우마센터는 국가로부터 생명의
위협을 받는 폭력 사건을 경험한 이들의 정신적 상처를 치유하기 위
해 2012년 10월 18일 문을 열었다. 센
터장 강용주는 5·18 당시 18살 고교생
으로 마지막까지 총을 들었던 인물이
면서 최연소 장기수였고 현역 의사다.
그는 광주트라우마센터를 이렇게 설명
했다.

남아공이나 아르헨티나 등 대량학살이 있
었던 나라에서는 과거청산을 하면서 국가
폭력 희생자들을 위한 치유센터를 만들었

강용주 광주트라우마센터 대표

습니다. 하지만 우리나라는 기념관 만드는 과거청산은 했지만 인간의 고통에 중심을 두는 사람 중심 과거청산은 하지 않았습니다. 과거청산에서 가장 중요한 것은 피해자의 상처를 치유하는 것임에도 피해자를 중심에 두지 않았습니다. 너무 늦었지만 이제라도 국가폭력 피해자들의 아픔을 치유하기 위해 광주트라우마센터가 설립됐습니다.[1]

광주광역시의 2013년 조사에 따르면, 광주 시민의 43.2%가 "5·18 광주민주화운동을 생각할 때 매우 강한 정서(분노, 슬픔, 죄의식)를 느낀다."고 답했다. 5·18 민주유공자와 가족의 41.6%가 외상 후 스트레스 장애를 경험한다는 조사 결과와 비슷한 수치다. 광주 시민 전체가 집단 트라우마를 겪고 있는 셈이다. 강용주는 "5·18 당시 광주는 해방의 공동체였지만, 또 한편에서는 트라우마 공동체라고 할 수 있다."며 "우리에게 국가는 궁극적으로 나의 생명과 안전을 지켜줄 거라는 믿음이 있는데, 국가폭력 피해자는 믿고 의지할 수 있는 최후의 보루로부터 배반당하고, 가혹행위를 당하고, 고문과 학살을 당한 이들이다. 이들에게는 국가에 대한 신뢰 회복이 무엇보다 중요한데, 이를 위해서 국가 공동체를 비롯해 광주 공동체의 특별한 관심과 애정이 있어야만 한다."고 강조했다.

---

1) 〈5·18 민주화운동 트라우마 치유를 위한 5월 심리치유 이동센터〉, 광주트라우마센터 소책자

1980년 5월 18일 광주, 한 철없던 고3 학생이 금남로의 제과점에서 여학생들과 그룹미팅을 하고 있었다. 밖에서 시끌벅적한 소리가 나 내다보니 대학생들의 데모였다.[2]

강용주가 바로 그 고3 학생이었다. 미팅 현장에서 대학생들과 공수부대의 싸움을 지켜본 그는 다른 고교생들과 함께 21일 모여 함께 싸우기로 했다. 막상 21일이 되자 광주에는 싸움이 없었다. 집에 돌아오던 강용주는 전남도청 앞에서 물을 마시고 빵을 먹는 시민군 그리고 전투복을 입고 서 있는 군인을 발견했다. 그는 군인에게 물을 떠주며 "전두환이 나쁘지, 이 사람들이 무슨 죄냐."고 했다. 그날 오후, 도청 스피커에서 애국가가 울려 퍼졌고, 그 노래가 멈추자 군인들은 시민을 향해 총을 쏘았다. 강용주는 "광주 시민을 향해 총을 쏜 군인들에게 물을 떠다 준 내 자신을 용서할 수 없었다."고 말했다. 까까머리 고교생 강용주는 항쟁 마지막 날 총을 들고 YMCA 건물을 지켰다. 그러나 계엄군이 도청을 점령하는 것을 보고는 무섭고 두려워 총을 버리고 도망쳤다. 그때의 기억을 강용주는 이렇게 떠올린다.

1980년 5월 26일 나는 도청앞 YMCA 건물 안에 있었는데 밤 9~10

---

2) 〈정치는 역사를 이길 수 없다〉, 김욱(개마고원, 2013), p.224.

시부터 다음날 새벽 2~3시까지 긴 시간 동안 내게 남은 기억이라곤 형광등 불빛처럼 창백한 기억밖에 없다. 다른 것은 없고 그저 그렇게 멈춰 있다. 내 안의 방어기제가 작동해 그 순간의 기억들을 지워 버린 것 같다. '내 영혼에 금이 가버렸구나' 라는 것을 느꼈다. 18살짜리 고3이 그 이후의 생을 살아가기에는 너무나 힘들었다. 30년이 지난 지금도 나는 내 영혼이 쨍하고 금가는 소리를 들은 그때에 갇혀 살고 있다.[3]

강용주의 옥중서신을 엮은 책 『깊은 물에 큰 배 뜬다』에는 18살의 강용주가 겪은 일이 좀 더 자세히 기록되어 있다.

5월 26일은 비가 내렸어요. 오후 2시쯤 열린 시민대회는 사람들이 눈에 띄게 줄어들었어요. 비가 오는 도청 앞에서, 분수대 위에 올라간 연사들은 피의 절규를 토하면서 오늘 밤만 견뎌 내자고 호소하는데, 뒤에서는 한 사람, 두 사람씩 소리도 없이 빠져 나갔지요. 집회가 끝났을 땐 애초 모인 사람의 절반쯤 남았을까 싶었어요. 사회자는 오늘밤 광주를 지킬 사람은 YMCA로 나와 달라고 했어요.

물기 머금은 아스팔트를 걸어올 때 했던 생각은 서글픔과 서러움이었어

3) 프레시안 2012년 7월 20일 '최연소 비전향 장기수, 그의 마르지 않은 눈물' 한림국제대학원대학교 정치경영연구소

5·18 광주민주화운동 당시 시민군과 시민

요. 이 땅의 민주주의가 이대로 쓰러지고 말지 모른다는 분노는 없었어

요. 그렇지만 싸워야 한다는 생각만은 머릿속을 떠나지 않았지요. 이길 수

있다는 자신도 없었구요. …

집에 와서 밥을 먹은 후 교련복을 챙겨 입었지요. 양말도 튼튼하게 신고

요. 그런 나를 어머니는 놀란 눈으로 보시더군요. …

YMCA 체육관에 들어갔더니 사람들이 몇 십 명 와 있더군요. … 잠시

후 우리는 무기 한 자루씩 나누어 가졌어요. 대개 칼빈하고 M1이었는

데 내 것은 칼빈에 자동 · 반자동 조절을 할 수 있는 레버가 달린 것이었

지요. …

공수부대에 끌려가는 젊은 부부

도청 안에서는 격렬한 총 소리가 났어요. 드르륵 드르륵 하는 소리만이 울리고 간혹 '땅' 하는 소리도 섞였고요. 콩 볶는 듯한 총소리는 도청 안에서 나는데, 내가 지키던 분수대 쪽으로는 아무도 안 보였고, 사격신호도 안 왔어요. …

날은 점점 밝아왔어요. 도청 옥상에 서 있는 계엄군의 모습이 뚜렷해졌어요. 도청 안에서는 시민군들이 머리에 손을 얹고 나오기 시작하더군요. 그걸 보는 순간 모든 게 끝났다는 절망감이 들었어요. 그와 함께 걷잡을 수 없이 두려워졌고요. 온몸이 사시나무 떨리듯 떨렸어요. 그때부터는 살아야 한다는 본능이 나를 지배하기 시작하더군요. …

탱크 굴러가는 소리가 들려오고 나는 두려움과 살아야겠다는 본능으로 뒷걸음치기 시작했어요. 사촌형을 화단 아래 남겨두고 총도 버려둔 채 도망쳤지요. …

그런 나를 보고 함께 도망쳤던 애가 "그렇게 무서워하는 놈이 왜 싸우 겠다고 나왔느냐?"고 윽박지르더군요. 그때는 그 말이 서운하다거나 부 끄럽게 생각되지 않았어요. 그런데 그 말이 두고두고 내 가슴을 찌르더 군요. …

난 말이죠, 다시는 동지를 저버리고 혼자 살아남지 않겠다고 했는데, 살 아남은 자의 부끄러움을 결코 거듭 반복하지 않겠다고 다짐하고 다짐했 는데, 또 다시 그 부끄러운 짓을 하게 되더군요.

남산 가서 조사 받을 때, 동지를 범 아가리에다 가져다 바쳤거든요. "매에 는 장사가 없는데.", "이미 다 드러났는데 버티면 나만 손해다.", "누구라 도 이런 조건이면 어쩔 수 없을 것이다."는 핑계를 하면서 말이죠. 어쩌면 그게 나의 당시 모습과 더 부합되는 진실인지도 모르죠.

강용주가 남산에 가서 조사를 받았다는 것은, 1985년 유학생 간첩단 사건에 연루되어 국가안전기획부(이하 안기부) 남산 지하실에 끌려 가 30여 일 동안 수사를 받으며 고문을 받은 사건을 말한다. 그때의 경험이 남긴 트라우마를 강용주는 이렇게 말했다.

제가 처음에 감옥살이를 했던 게 서울구치소, 지금 서대문 독립공원이거 든요. 무슨 일이 있어서 서대문 독립공원만 들어가면 숨이 막혀요. 그리고 제가 살았던 방으로 걸음이 떨어지질 않아요. 그래서 남산도 될 수 있으면 안 쳐다보게 되는데요. 제가 남산을 두 번 갔습니다. 한 번은 2004년 안기부가 내곡동으로 이사한 다음 남산 안기부 터를 유스호스텔로 만들겠다고 했어요. 그곳은 고문 학살 인권유린의 현장인데 그건 말도 안 된다. 그것은 기억해야 할 일이지 망각하거나 훼손하거나 묻어 버릴 일은 아니다. 그것 때문에 남산이 어떤 곳인지 증언하기 위해 갔었고요. 그 이후로는 안 가다가 2011년 김근태 의장께서 고문 후유증으로 돌아가시고 나서 방송프로에서 그때 저더러 남산 안기부를 가라고 하더라고요. 그래서 가서 여기가 내가 고문당한 장소라고 설명을 하는데 거기서 무너지는 거에요. 거기서 눈물이. 고문이란 그런 거죠. 그 사람 영혼에 고통의 각인을 찍어 놓는 국가의 폭력적 행위입니다.[4]

국가라는 거대한 집단이 한 개인에게 가한 폭력. 그 상처는 개인과 개인 사이에 벌어진 폭력과는 비교할 수 없는 정신적 충격을 남긴다. 광주트라우마센터의 집단상담에 참여한 이들은 33년 전에 겪은 일들을 지금도 반복해서 경험하고 있다. 다음은 집단상담을 진행한 정혜신 정신과 전문의가 밝힌 상담 내용 중 일부다.

---

4) CBS라디오 '김미화의 여러분' 2012년 7월 17일 인터뷰

새벽에 잠을 깨 화장실에 갔다 와서 제자리에 누우면 1980년 당시 YMCA 앞에서 총 맞고 이렇게 해서 쓰러졌던 그 현장, 27일 새벽에 군인들이 총 쏘는데 쓰러진, 맞고 쓰러진 시민들, 이게 보이면서 깜짝깜짝 놀라서 다시 잠을 깹니다.

형체도 없는데. 무엇인가 내 목을 짓누르고 가슴을 밟고 이러한 형체 없는 것들. 어디선가 뚜벅뚜벅 군홧발 소리가 나는 현상을 겪습니다.

총을 맞는 순간에는 깜짝 놀라서 소리 지르다가 소리 질러서 제가 못 일어나고, 소리는 지르면서 제가 깨어나지 못할 때가 있어요. 그땐 막, 아들이 깜짝 놀라서 자다 말고 와서 흔들어서 깨우면 꿈이고.

전두환이, 노태우가 법정에서 무죄 선고를 받는 꿈을 꿨어요. 그리고 저는 다시 폭도로, 제가 쫓기는 입장이 됐어요.

저녁이 두려워요. 항상. 정말 밤이 두려워. 아마 그럴 거에요. 혼자 있다는 게, 버려져 있는 느낌이 두려워요.

여섯 살인가 일곱 살이 된 아이가 그때 울면서 도청으로 들어왔더라고요. "애기야 너 왜 우냐." 그랬더니 "엄마 아빠 잃어버렸는데 좀 찾아 주세요."

그래요. 나는 어떻게 할 수 없으니까 나이 드신 분한테 맡겼는데, 그 아이가 죽었을까 살았을까. 그런 생각이 자꾸 떠올라요.

친구가 제 옆에서 대검에 대여섯 차례 찔렸어요. 제가 업고 전남대 병원에 뛰어갔는데 못 깨어나고 죽었어요. 그애 얼굴이 눈앞에 선해요. 그애는 눈이 나보다 커요. 쌍꺼풀은 선하게 보여서 그냥 사람 쳐다보면 그 눈으로 빨려들어갈 것 같을 정도로 그렇게 착했어요. 지금도 5·18 때마다 그 친구가 생각나고 괴롭죠. 그래서 술을 많이 먹죠. 아마 수면제를 나만큼 많이 먹은 사람 없을 겁니다.

5·18 광주민주화운동은 세계에서도 모범적인 과거청산의 사례로 꼽힌다. 가해자였던 이들이 법정에 서서 처벌을 받았고, 미흡하나마 진상규명을 위한 정부의 노력이 있었으며, 피해자와 유공자, 그 가족에 대한 정부 차원의 보상도 이루어졌다. 그런데도 여전히 5·18의 생존자들이 트라우마에서 벗어나지 못하는 이유는 무엇일까. 강용주의 대답이다.

김대중, 노무현 정부 시절을 이어오며 지속적으로 과거청산을 해왔지만, 가장 중요한 문제가 결여되어 있었다. 그것은 바로 희생자의 관점으로 보는 것이다. 우리나라도 가입되어 있는 '고문방지협약'의 제14조에

는 고문 피해자들에게 배
상과 보상뿐만 아니라 가
능한 한 완전한 재활수단
을 받을 권리를 보장한다
고 규정되어 있다. 완전한
재활이란 정신적, 육체적,
사회적 복귀를 의미한다.

교련복을 입은 학생을 겨눈 군인들

우리보다 먼저 과거청산
을 했던 남아공, 칠레, 그
리고 아르헨티나 등이 작성한 보고서에 따르면 가장 아쉬웠다고 하는 내
용 중 하나가 국가폭력을 겪은 당사자와 그 가족의 치유 문제에 소홀했다
는 점이다. 우리나라는 이 나라들보다 늦게 과거청산을 했음에도 피해자
들의 육체적, 정신적 상흔을 치유하려 하지 않았다.[5]

광주트라우마센터에서 2013년 4월 공개한 한 생존자의 이야기 속
에서, 5·18을 겪은 이들이 최근에는 광주라는 지역 안에서도 또 다
른 소외를 겪고 있다는 사실을 발견했다. 53세 박천만의 이야기다.

---

5) 프레시안 2012년 7월 20일 인터뷰

안녕하십니까. 만나서 반갑습니다. 저는 박천만입니다. 혹시 5·18 사진에서 빨간 추리닝 입은 청년을 기억하십니까? 그 청년이 바로 저 박천만입니다. 그때 집사람이 도청에 가면 큰일난다고 제 옷을 모두 감춰 버렸습니다. 그런데 제가 처남 빨간 추리닝을 몰래 입고 도청으로 갔습니다.

 도청 안에는 서로 얼굴도 이름도 모르는 사람들이 광주를 지켜야 한다고 모여 있었습니다. 마지막 날, 오늘 밤 공수부대가 쳐들어 온다고 선포를 했습니다. 그중에서 둘인가 셋인가 제외하고 나머진 다 죽음을 선택하더라고요. 말이 그렇지 저라고 목숨이 소중하지 않았겠습니까?

얼마 있다가 공수부대가 총을 갈기면서 쳐들어 왔습니다. 내 옆에 있던 사람들은 하나둘씩 총 맞아 쓰러지고, 뒤에는 피가 흥건하게 고여 있었습니다. 그 순간 2층까지 쭉 뻗은 나무가 보였습니다. 저는 그 나무를 타고 내려왔습니다. 내려와 보니 나무는 화창한데 동료들이 시체로 있더라구요. 그리고 바로 상무대 영창으로 끌려갔습니다. 거기서 군홧발로 차이고 총으로 머리고 허리고 사정없이 맞았습니다. 그 뒤로 몸 자체가 말을 안 들어요. 그 때 맞은 귀가 너무 시끄럽고 한쪽은 들리고 한쪽은 아예 안 들립니다.

저는 그렇게 살았습니다. 그런데 살았다는 것 자체가 고통이었습니다.

1980년 5월 도청이 생생하게 떠오르고, 가슴이 벌렁벌렁 뛰고, 떨리면서 막 열이 올라옵니다. 그때마다 사는 것 자체가 싫고 사람 자체도 싫었습니다. 가족도 싫어서 돌볼 생각조차 못했습니다. 동네 사람들하고도 접촉조차 하기 싫어서 집에 사람이 오는 것 같으면 산으로 도망가서 혼자 멍하니 먼 봉우리 보면서 살면 뭐하나 왜 살까 생각하다가 그냥 죽어야지 하고 자살을 시도했습니다. 콧구멍 양쪽을 막고 살충제를 막 마셔버렸어요. 얼마나 마셨는가 모르는데 사람들이 내 옆에 있더라구요. 그 뒤로도 아무 정신없이 살았습니다. 그러다 보니 생활이 말이 아니었습니다. 그래서 우리 큰애를 고아원에 보내려고 했습니다. 그런데 그것을 아이가 기억하고 있더라고요. "왜 나를 고아원에 보내려고 했어요?" 하는데, 가슴이 찢어지는 것 같더군요. "어려워서 그랬다."하고 5·18 이야기는 차마 못했습니다.

지금도 잠자는 것이 무섭습니다. 잠을 자면 무엇이 딱 와서 목을 짚어요. 악을 쓰려고 하는데 악이 안 나오고, 몸을 움직이려고 해도 움직여지지도 않습니다. 꿈속에서 막 몸부림치고, 악쓰고 그러다가 일어나요. 일어나서 내가 악쓰는 소리를 못 들었냐고 하면 못 들었다고 그래요. 그러면 진짜 미워요. 사람이 죽었는지 모르고 잠만 잔다고 죄 없는 집사람만 야단칩니다.

얼마 전 제가 치과 치료를 받았습니다. 치과에 누워 있는데 동기들이 생각났어요. 내가 꼭 죽은 시체 같은 기분이 들었습니다. 서로 이름도 모르고 성도 얼굴도 모르는데도 그냥 죽은 내 동료들 얼굴이 떠올랐어요. 그 사람들이 나한테 꼭 이렇게 말하는 것 같았어요. "살아있으면 살아있는 보람이 있어야 되는 것 아니냐?" 누군가는 그때의 상황을 있는 그대로 밝혀야 되는데 이대로 죽으면 아무 의미 없다는 생각을 했습니다. 그래서 죽고 싶은 마음을 이겨 내려고 도청 가서 그때 그 나무한테 물어봤습니다.

"너희들, 그때 본 장면을 한번 말해 봐라."

그런데 아무 말이 없더라고요.
이렇게 80년 5월 멈춰버린 내 고통, 내 이야기, 내 삶을 지금까지 아무한테도 말을 못했습니다. 우리가 있어서 광주가 있지 우리가 없으면 어떻게 광주가 있었겠습니까? 광주 사람들조차도 우리를 욕하니까 애들한테도 그때 당시를 말 못해요. 부끄러워요. 어디 가서 떳떳하게 말도 못하고 말해 봐야 뭐해요? 별 관심도 없고, "그 때 당시 그렇게 했으면 지금 뭐요?" 라고 하면 뭐라고 설명도 못해요. 5·18 피해자들 보상금 많이 타고 연금도 타고 있다고 알고 있더라구요. 저는 보상금 타서 밀린 병원비, 빚 갚고 나니 아무 것도 없었습니다.

고문으로 몸은 망가졌지, 국가유공자라고 받은 보상금은 하루아침에 날
아가 버렸지, 하루하루 살아가는 것이 힘들기만 했습니다.[6]

5·18 광주민주화운동의 생존자가 광주 안에서도 떳떳하게 자신을
이야기하지 못하고 심지어 보상금과 연금을 타고 호의호식하는 것
으로 알려지면서 질시를 받는다는 이야기는 낯설었다. 62세의 윤다
현도 같은 경험을 털어놓았다.

안녕하세요? 윤다현입니다. … 1980년 5월 저는 아버지 산소를 돌아보
기 위해 고향으로 내려가던 중 잠시 광주를 들렀습니다. 그러다 계엄군에
맞서 폭행당하는 시민들을 구하려다 체포되어 고문을 받았습니다. 8·15
사면으로 풀려났지만 제 삶은 엉망이 되어버렸습니다. 약혼녀가 있었는
데 경찰들이 찾아와 '빨갱이 살인자'라고 해서 파혼 당했고, 8남매인 저의
형제간들을 매일 같이 협박하고, 직장에서 파면까지 시켜버렸습니다. …

우리가 세금을 낼 때는 국가가 우리를 지켜줄 것이라고 믿기 때문입니
다. 그런데 그 세금으로 총을 사서 국민을 안전하게 보호해야 할 군인들
이 적도 아닌 국민을 무자비하게 죽이고, 정신병자, 빨갱이로 몰았습니

6) 광주트라우마센터 2013년 4월 3일 보도자료 〈집단상담 결과 발표회〉

영화 〈화려한 휴가〉   영화 〈26년〉

다. 그 생각을 할 때마다 화가 치밀어서 머리가 깨질 것처럼 아프고 잠이
안 옵니다. 그래서 저는 30년 동안 정신과 약을 먹었습니다. 그렇지만 아
무리 병원이란 병원을 다녀도 그 순간뿐이지 나아지지 않았습니다.

저는 생업으로 택시운전을 했습니다. 제 차를 탄 손님에게 "국민들 세금
가져다가 5·18 유공자들 다 퍼주고 있다."는 말을 참 많이 들었습니다.
그때마다 광주 시민조차도 5·18 광주민주화운동을 모르고 있다고 생각
하니 참으로 서운하고 괴로웠습니다.[7]

"국민세금으로 5·18 유공자들 다 퍼주고 있다."는 식으로 국가 보상금을 받은 이들과 받지 못한 이들 사이의 괴리감은 단지 몇 명만 체험한 것이 아니다.

그나저나 5·18 그만 좀 우려먹었음 쓰겄다(웃음). 처음에는 너무나 동경했는데, 인자 너무 짜증들을 내고 싸우고 데모를 하니께. … 내가 볼 때는 돈도 웬만치 묵을 만큼 묵은 거 같애. 근디 왜 그렇게 뭣을 못하게 딱 저러고 버틴가 몰라. 한도 없제. 정부도 어느 정도 풀어 줘야 살제. 내가 볼 땐 무척들 받아먹었드만. 인자 어느 정도만 하고 과감하게 좀 했으믄 좋겄어. 우리 동네에다 탑도 세워 주고 했으니께. 근디도 지금도 끝이 없드만. 바라는 것이. 5·18 행사하는 데는 안 가.[8]

5·18 끝나고 보상이 나오니까 사람들이 이상하게 변한 거 같아요. 좀 그런 것도 안 좋고 그렇더라고. 근데 사람들은 대부분 누가 일했고 안 했고를 어느 정도 다 알죠. 5·18 때 자기네들도 나름대로 고생은 했겠죠. 근데 지금 보면 아니에요. 너무 그 물질 앞에, 정말 5·18이 물질로 변해야 될까. 그런 거 보면 정말 마음이 아프고 좀 그래요.[9]

---

7) 광주트라우마센터 2013년 4월 3일 보도자료 〈집단상담 결과 발표회〉
8) 〈광주, 여성―그녀들의 가슴에 묻어 둔 5.18 이야기〉, 광주전남여성단체연합(후마니타스, 2012), p.87.
5·18 광주민주화운동 당시 광주 대인시장에서 닭을 팔다 시민군에게 음식을 제공한 곽근례 씨의 구술 증언.

이런 현상을 광주트라우마센터의 김준근 운영지원팀장은 이렇게 설명했다

> 광주가 그동안 5·18이 있었던 곳으로 민주화운동의 성지와 같은 느낌을 받지만, 희생자와 생존자들에게 국가 차원의 보상이 되기 시작하면서, 항쟁 관련자와 관련자가 아닌 사람으로 나뉘어 버렸다. 사실 5·18로 직접 다치거나 숨진 희생자도 있지만 사실은 광주 시민 전부가 다 유공자이고 희생자이자 생존자인 셈인데, 이렇게 나뉘어지니 어떤 사람은 얼마를 받았느니 하는 이야기들이 떠돌기 시작했다. 사실은 유공자로 인정된 이들 중에서도 극소수를 제외하고는 적은 금액의 보상금을 받았을 뿐인데, 연금을 받았느니 어쩌니 하는 이야기들이 나오면서 오해가 생겼다. 이 일로 생존자들은 또 한 번 상처를 받았다.

이런 현상은 5·18 이후 시간이 지나면서 생존자들이 받아온 고통은 잘 알려지지 않은 상태에서 보상금이 지급됐다는 일만 부각되면서 빚어진 일이다. 생존자들의 고통이 알려지지 않은 것은 5·18의 진상이 제대로 규명되지 않고 당시의 가해자들이 제대로 사과하지 않은 까닭도 있다. 고통받는 이야기를 좋아하는 사람은 없다. 누구나

9) 앞의 책, p.252, 5·18 광주민주화운동 당시 요한병원 상담사로 일하며 시민군을 도왔던 정숙경 씨의 구술 증언.

외면하고 싶어진다. 그런데 누가 누구를 얼마나 고통스럽게 했는지, 왜 그랬는지 실체가 제대로 알려지지 않은 상태에서는 고통을 이야기하는 것이 훨씬 더 어려운 일이다. 심지어 함께 사건을 겪은 광주 안에서도 시간이 지나면서 그런 경험의 차이가 커져버린 것이다. 정신과 의사 정혜신은 이를 피해자들에게 가해진 또 다른 심리적 충격이라고 표현했다.

> 왜 철 지난 얘기를 계속하느냐 하는 생각이 있다고 했는데, 해결이 안 났으니 할 수밖에 없는 거죠. 그런데도 주변 사람들이 그런 반응을 보이는 것은 2차 외상을 주는 것이라 할 수 있어요. 외상 후 스트레스 증후군은 1차 외상과 2차 외상으로 나누는데, 1차 외상은 5·18을 직접 겪으면서 남은 상처라 할 수 있죠. 그런데 간신히 목숨을 부지해서 살아남은 사람이 믿을 만한 지인이나 친구에게 자신의 상처를 이야기할 때, 그 친구들이 그런 반응을 보이게 되면 2차 외상을 받게 된다는 거죠. 개인을 무너뜨리는 데는 1차 외상보다 2차 외상이 더 결정적입니다. 지금 사회에서 보이는 지겹다는 반응들이 이 사람들한테는 비수같이 꽂혔을 것이고, 결국 이들의 삶을 더 비참하게 만들 가능성이 있다는 거죠.[10]

---

10) 앞의 책, p.337, 광주전남여성단체연합 2012년 2월 28일 좌담회.

이런 상황에서 5·18의 생존자들은 어떻게 그 상처를 극복할 수 있을까. 치유를 위한 용서와 화해가 가능하기나 할까. 2013년 9월 광주트라우마센터를 찾아 희생자들의 심리적 치료를 담당하는 조희현 치유팀장을 만나 이런 의문에 답을 구했다. 심리학자인 그는 기독교인이었다. 생존자들의 처지를 성경에 등장하는 사건과 인물에 자주 비교했다. 인터뷰 내용은 독자의 이해를 위해 표현과 문장을 다듬었다.

질문 용서와 화해는 우리 사회가 지금 겪고 있는 갈등을 극복하기 위해서 꼭 필요한 일이라고 생각합니다. 사실 종교에서도 용서에 대해 이야기를 합니다. 틱낫한이나 달라이 라마 같은 불교계의 스님도 용서와 화해에 관한 책을 썼고, 기독교에선 "우리에게 죄지은 자를 용서하여 준 것 같이 우리 죄를 용서하여 주소서."라고 기도하라고 가르칩니다. 그런데, 5·18 생존자분들에게 용서나 화해라는 것이 현실적으로 가능한가요.

답변 용서라는게 참 어려운 부분이더라구요. 광주트라우마센터에서, 또 여기 오시는 분들께 용서는 큰 이슈 중 하나에요. 사실 이분들께는 섣불리 용서를 말하면 반감이 생길 정도에요. 저는 개인적으로 기독교가 말하는 용서, 우리가 용서하는 것이 맞다고 믿지만, 현실적으로는 교회가 이 부분을 좀 더 세심하게 잘 정리해야 할 부분이 있다고 봅니다. 종교적인 용서라는 것 나쁘게 말한다면, 하나님의 힘으로 원수를 용서하는 사람도 있지만, 사실 그런 경우는 쉽지 않잖아요. 보통 사람은 그냥 용서라는 것을 쉽게 말해서 '미워하지 말아야지.'하고 자기 힘으로 용서하려고 하거든요. 사실 그런 경우에는 솔직하게 분노하는 사람보다 더 상태가 안 좋아집니다. 종교에서 말하는 용서는 높은 단계인데 어떤 점에서 준비가 되지 않은 사람에게 그런 높은 차원의 용서를 강요한다면, 그 사람이 눈물 흘리며 용서한다고 말할 수 있을지는 몰라도, 나중에 가서는 처음부터 솔직하게 욕하고 화낸 사람보다 더 심각한 상태가 됩니다.

질문 어떻게 심각해집니까?

답변 사람이 감정을 오랫동안 억압하게 되면 신체에 나타나게 됩니다. 암 질환이 나올 수도 있구요. 심장병도 나옵니다. "나는 신앙이 있으니 용서해야만 돼."라고 자신에게 강요하지만 마음으로 진짜 용서가 되는 것이 아니라면, 그 마음 속의 고통은 더 심각해질 수 있습니다. 용서를 안 하면 신앙적으로 죄책감이 들고, 인간적인 속마음으로는 용서가 안 되고 그러니 더 힘들지요.

미국 스탠퍼드 대학교에는 용서 프로젝트라는 워크숍이 있다. 1998

년 프레드 러스킨의 연구팀이 재학생 중 55명을 선발해 6주간 용서하는 방법을 배우도록 해 상담심리학적인 측면에서 용서가 가능한지, 또 용서가 실제로 건강에 영향을 미치는지 실험했다.[11] 이 실험의 성과를 용서를 통한 치료 프로그램으로 개발한 것이 용서 프로젝트다. 이를 운영하는 러스킨 박사는 그의 저서 『용서Forgive for Good』에서 인간이 자신에게 심리적 상처를 준 과거의 사건을 떠올릴 때 몸에 생기는 반응을 이렇게 설명했다.

언젠가 받은 상처에 생각이 이르면 우리 몸은 마치 위험에 처한 듯 반응한다. '맞서 싸우느냐 도주하느냐'라는 반응이 우리 몸에 즉시 떠오르는 것이다. 이때 몸에서 방출되는 화학 성분은, 공격에 맞서 싸우든가 아니면 도주함으로써 위험에 대처할 수 있도록 몸을 준비시키는 역할을 한다. 이 성분은 스트레스 호르몬으로 알려져 있다. 불편한 느낌을 주어 우리로 하여금 위험에서 빠져나올 대책을 강구하게 할 목적으로 고안된 호르몬이다.

이 스트레스 호르몬은 신체의 변화를 통해 우리의 주목을 끈다. 심장 박

---

11) 스탠퍼드 대학교 용서 프로젝트 홈페이지. http://learningtoforgive.com/research/effect-of-forgiveness-training

동 수를 높이고 혈관을 수축시킨 결과 혈압이 올라간다. 간은 담즙을 혈류로 쏟아 부어, 혈액을 과도하게 잃을 경우에 대비한다. 동시에 소화 상태를 변화시키고 근육을 수축시키기도 한다. 호흡이 약해지면서 눈앞의 문제를 처리할 수 있도록 감각이 예민해진다. 소화가 일시적으로 중지되고, 혈류는 몸의 중심부로 방향을 바꾼다. 그러면 우리는 초조하고 불편한 느낌을 갖게 된다.

이 불쾌한 몸 상태의 책임을 우리는 주로 상처를 준 상대방에게 돌린다. 그러나 그럼으로써 탓 돌리기 게임으로 접어들게 되고, 그 결과 오랜 기간을 마치 덫에 치인 사람처럼 무기력하게 보내게 된다.

자포자기하거나 기만당한 일에 집착하며 생각에 잠겨 있을 때 우리가 몸에 느끼는 스트레스야말로 우리로 하여금 울화를 이겨내기 어렵게 만드는 이유가 된다.[12]

여순사건을 겪은 손동희와 안재선이 대인기피증과 울화증을 오랫동안 앓았던 것도 이와 같은 현상일 것이다.

---

12) 《용서》, 프레드 러스킨, 장현숙 옮김(중앙M&B, 2003), p.60~61.

질문 실제로 5·18 생존자 중에서 트라우마 때문에 신체적으로 고통 받는 경우를 보았습니까?

답변 유가족 중에 신실하신 기독교인이 계신데, 남편분이 5·18 때 돌아가셨어요. 그 분은 교회도 열심히 다니시는데 대인관계를 하기가 참 힘드셨어요. 사실 애들 키우느라 자기 생활 없이 살았는데, 신앙의 힘으로 버텨 오셨지만 너무 힘들어 정신과 약도 복용했습니다. 여기 광주트라우마센터에 와서 미술치료를 받으셨는데, 여기서 자기 이야기를 처음으로 하면서, 남편에게 고맙다는 말을 하게 되었어요. 당신 덕분에 여기까지 왔다고.

저도 신앙인으로서 개인적인 상처를 신앙의 힘으로 해결하려고 하는데, 막상 잘 안 되더라구요. 겉으로는 웃고 있지만, 속으로는 그 문제를 가지고 있는 거죠. 겉으로는 웃지만 속으로는 안 되니까 바리새인[13]처럼 되는 거죠. 그런 면에서 기독교인들이 어떤 면에서는 더 문제가 있어요. 용서해야한다는 강박관념이랄까요. 그런 점 때문이죠.

---

13) 예수 시대에 등장한 유대교의 3대 교파 중 바리새파에 속한 이들. 바리새파는 당시 가장 크고, 영향력이 강했던 분파인데 율법과 관습을 중시해 금식이나 정결에 관한 의식을 철저히 지켰다. 율법을 지키지 못하는 이들을 불결하다고 규정하고 비판했다. 예수는 바리새파를 향해 회칠한 무덤이라고 비판했다. 겉은 단정하나 속은 썩었다는 뜻이다.

조희현 팀장은 구약성경에 등장하는 다윗과 시므이의 관계를 예로 들었다.

고대 이스라엘의 첫 번째 왕이었던 사울을 제거하고 왕위에 오른 인물이 다윗이다. 사울의 친척이었던 시므이라는 청년이 다윗을 향해 반역자라고 비난하고 저주를 퍼부으며 돌을 던졌다. 다윗의 신하가 그를 죽이려 했지만, 다윗은 "하나님의 뜻으로 나를 저주하는 것이라면 그를 죽일 수 없다. 오히려 저주 받는 나의 모습을 하나님이 보고 은총을 내려주길 바란다."며 용서를 베풀었다. 그런 다윗이 훗날 죽음을 앞두고 아들 솔로몬에게 유언을 남길 때에는 "시므이를 칼로 죽이지 않겠다고 내가 하나님 앞에 맹세하였지만 그는 죄가 없는 자가 아니다. 너는 지혜가 있으니 시므이에게 무엇을 행해야할지 알 것이다. 그의 백발이 피 가운데 땅 속 지옥으로 내려가게 하라."고 언급했다. 솔로몬은 시므이를 죽였다.

답변 다윗이 우리에게 귀감이 되는 인물인데도 이런 것을 보면, 용서와 심판은 따로 있는 것이에요. 성경도 이런 관점에서 많이 고민해 볼 여지가 있어요. 요즘 사회가 상처에 취약하잖아요. 그런 사람들이 교회에 오게 돼요. 그들에게 상처를 아물게 해 주는 역할을 교회가 해야 하는데, 무조건 용서하라고 한다면, 그게 되는 사람도 있지만 대부분은 안 된다는 걸 현장에서 보았어요.

질문 앞에서 언급하신, 오랫동안 남편이 떠난 상처를 가지고 살아오신 그 분은 이곳에서 치유가 되셨나요?

답변 솔직히 말씀드리면, 완전한 치유는 불가능하다고 봅니다. 우리가 어떻게 인간의 상처를 해결해 주겠어요. 여기서는, 그 분이 짊어진 짐이 10이라면 3~4를 덜어주는 것이죠. 나머지 부분은 아무리 유능한 상담자가 와도 할 수 없는, 인간의 손을 떠난 부분입니다. 하지만 그 3개의 짐만 덜어 주는 데 성공한다면, 생존자들은 굉장한 힘을 얻습니다. 그 힘이 나머지 6~7의 문제도 해결할 수 있는 발판이 될 수 있습니다. 그런 발판 하나를 마련해 주는 것이 여기 광주 트라우마센터가 하는 일입니다.

여기서 하는 것은 첫 번째로 안전하고 신뢰 받는 환경 속에서 생존자들이 자신이 겪은 고통, 그 이야기를 하게 하고, 그것을 같이 가슴 아파하면서 들어주는 것이에요. 이것만 해도 어떤 분들께는 답답한 심정이 탁 트이게 됩니다.

같은 1도여도 99도에서 물을 끓게 하는 1도가 있잖아요. 여기서 조금만 짐을 덜어줘도 약을 줄일 수 있고 죽으려던 분들이 살 수 있는 거죠. 아무리 종교적으로 수양이 된 사람이라도, 자신에게 문제가 있으면 그런 종교적인 관념까지 왜곡됩니다.

질문 종교적인 신앙으로는 용서나 화해의 문제가 해결이 안 됩니까?

답변 저는 이렇게 생각해요. 결국 트라우마를 극복하는 최고 수준의 심리적 결정은 상황을 받아들이는 것입니다. 도저히 받아들일 수 없는 상황을 수용한다는 것은 쉽지 않은 일입니다. 그 힘은 굉장한 것입니다. 그런 힘을 줄 수 있는 훌륭한 길이 바로 종교의 가르침입니다. 신앙을 가진 이들은 어디서 난데없이 매 한 대를 맞더라도 그 속에도 신의 뜻, 섭리가 있을 것이라고 생각하고 수용을 합니다. 이것이 사실은 심리학적으로는 굉장히 높은 단계의 능력입니다. 그런데 이것을 교회에서는 여기까지 이르기 위해 필요한 노력을 다 생략하고 '너는 이 상황을 받아들여라.' 이렇게 결론부터 말한단 말이지요. 어찌 보면 운명으로 수용하는 분들도 계신데, 그런 분들은 상대방에 대한 분노가 더 적어요.

신앙이라는 것은, 자신에게 닥친 일이 무슨 이유인지 모르지만 하나님의 메시지가 있다고 받아들이는 것이잖아요. 그렇게 하나님이 허락한 일이라고 받아들인다고 해서 물론 분노하지 않는 것은 아니지만, 훨씬 줄어들죠. 상대방이 한 일을 개인적인 차원에서 원망이나 분노로 반응하는 게 아니라 하나님과의 관계 속에서 조금 더 타자화해서 바라보기 때문에 분노의 감정에 압도당하지는 않는 것입니다. 폭력적인 사건 때문에 겪는 고통의 기간도 훨씬 짧아지구요. 그것이 신앙의 큰 힘이에요. 하지만 아무리 신앙인이라고 해도, 처음부터 그런 수용의 자세를 요구할 수는 없다는 거죠.

조희현 팀장은 여기서 성경에 나오는 또 다른 사건을 예로 들었다. 고대 이스라엘 왕국에 아합이라는 왕과 그의 아내 이세벨, 여기에 맞선 엘리야라는 예언자의 이야기다.

왕비 이세벨은 다른 민족 왕의 딸로 이스라엘에 시집온 이방 민족이었다. 이세벨은 유대 민족의 신 여호와 대신 바알과 아세라라는 자기 민족의 신을 숭배하는 풍습을 이스라엘 민족에게 강요한다. 이 때 예언자 엘리야가 바알과 아세라를 섬기는 제사장 850명과 대결해서 승리한 뒤 이들을 모두 죽였다. 이 소식을 들은 이세벨은 보복으로 엘리야를 죽이려 했다. 엘리야는 이세벨이 보낸 자객을 피해 도망가면서 자신의 신세를 한탄했던 것 같다. 구약성경 열왕기상에는 엘리야가 도망가다가 로뎀나무 아래에 이르러 여호와 앞에 "나를 죽여 달라."고 기도하다가 잠들었다고 기록되어 있다. 잠든 엘리야에게 여호와는 천사를 보내 숯불에 구운 떡과 물을 먹여 힘을 얻게 했다.

조 팀장은 '그때 신이 먼저 한 일이 말씀으로 가르치거나 율법을 논하는 게 아니라 먼저 먹을 것을 주고 어루만져 기운을 북돋운 것'이라며 상처 받은 사람에게는 곧장 용서를 말하고 강요하는 것이 아니라 이렇게 위로하고 치유하는 단계가 필요하다고 강조했다.

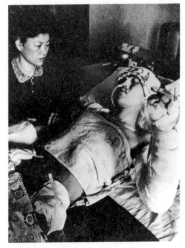

5·18 광주민주화운동 당시 전남대 병원

답변 상처 받은 사람에게 위로와 치유의 단계를 생략하고 용서부터 말한다면 너무 잔인한 것이죠.

질문 용서라는 단어를 사실 사람이 사람에게 이야기하기가 참 어려운 것이 사실입니다. 오죽하면 신도 그렇게 했을까요. 그러니 사실 용서라는 게 피해자가 먼저 깨달음을 얻든지 결단을 해야만 가능한 일이지 누가 강요할 수 없는 일이지 않습니까. 그런데 또 앞에서 말씀하셨듯이 피해자 자신을 위해서라도 용서는 꼭 필요하잖아요. 어떻게 해야 폭력의 피해자, 폭력을 견디고 살아남은 생존자가 상황을 수용하고 용서까지 이르게 할 수 있을까요?

답변 사실은 굉장히 어렵죠. 쉬운 게 아니죠. 제가 광주트라우마센터에서 국가폭력 피해자를 상담하다보면, 이분들이 왜 이렇게 힘들어할까 연구하게 됩니다. 그러다보면 이유가 정리되는데 그 고통의 원인 중 하나는 죽음을 목격하는 것이구요, 그보다 더 힘든 것은 사실 수치심입니다. 5·18을 겪은 분들 중에 자살한 분들이 많고, 지금도 자살의 충동을 느끼는 분들이 많은 것은 단순히 죽음을, 죽임의 폭력을 눈으로 직접 목격했다고 해서 그렇게 죽고 싶어하는 게 아닙니다. 같은 죽음의 폭력을 경험하더라도 교통사고를 당한 분들은 인간에게 직접 폭행을 당했을 때보다 심리적인 상처를 극복하고 일상으로 복귀하는 기간이 더 짧습니다. 회복이 더 빨라요. 인간이 인간에게 직접 무자비한 폭력을 당하면, 피해자의 깊은 내면에 수치심이 생깁니다. 그 때문에 분노가 생기고 죽고 싶은 마음까지 듭니다. 이 부끄러움, 수치심을 어떻게 다루느냐가 트라우마를 극복하는 일에서 매우 중요한 작업입니다.

저희가 상담하다보면, 결국에 이런 말씀을 하는 분들이 계십니다. "선생님은 안 겪어 보셨잖아요." 솔직히, 그런 이야기 앞에서 저희는 할 말이 없어요.

상처 받은 이들이 겪는 부끄러움과 그 앞에서 선 사람들의 무력감은 "내 힘으로 폭력을 막지 못했다."는 죄책감과도 연결된다. 인간은 죄책감에 빠져서는 생존할 수가 없다. 이 때문에 문제의 원인을 외부에서 찾으려 하는데, 이것이 무력감을 더욱 부추긴다. 외부에 있는 문제의 원인은 생존자들이 직접 해소하기가 거의 불가능하기 때문이다. 스탠퍼드 대학교의 러스킨 박사는 이런 현상을 역시 심리학적으로 설명했다.

> 우리 마음을 상하게 한 사람을 생각할 때마다 기분 나빠하다 보면 그것이 어느새 습관이 되어버리고, 급기야는 우리 자신이 보다 더 강력한 다른 사람의 희생물이 된 듯 느끼게 된다. 스스로 매우 기분 나쁜 상태에 있음을 마음과 몸으로 끊임없이 기억하면서 무력감이 생긴다. 우리 몸의 이와 같은 정상적인 보호 반응을 우리를 공격한 사람의 탓으로 돌린다면, 그것은 우리의 큰 실수다. 이 실수로 인해, 문제를 해결할 수 있는 열쇠가 우리 손에서 빠져나와 다른 사람 손으로 들어가 버린다.[14]

이 지점에서 심리학과 종교, 그리고 정치가 나뉜다. 상담심리학자인 러스킨 박사는 생존자들이 겪는 수치심과 무력감을 극복하기 위한

---

14) 프레드 러스킨, 앞의 책, p.65.

방법으로 개인적인 차원의 용서를 제시하고, 이를 위해선 마음의 평정을 찾는 수행을 해야 한다고 처방한다.

> 용서해 가는 과정에서 우리의 자존감도 함께 성장한다. 내적으로 강해지면서, 무엇이 우리에게 문제가 되고, 되지 않는지를 스스로 분별할 수 있게 되는 것이다. 용서하기는 했어도, 고통스러운 기억을 잊은 것은 아니었다. 다만 자신을 더 이상 희생자로 기억하지 않았다. 고난을 이겨낸 생존자가 바로 거기 서 있었다. …
> 용서는 강함을 보이는 행위다. 자신의 느낌을 알고 말로 표현하고 남에게 이야기할 수 있는 강한 사람만이 용서할 수 있다. 자신의 마음이 상했음을 분명히 하고도 그 때문에 부끄러워하지 않는 사람만이 용서할 수 있다. 이러한 행동은 남들에게 용기를 주는 좋은 본보기가 된다.[15]

러스킨 박사는 용서를 연습함으로써 완전한 용서가 가능하다고 한다. 그의 용서는 가해자의 사과나 사회적 조건의 개선과는 무관하다.

> 용서란 평화의 느낌이다. 어떤 마음의 상처가 자기하고만 관계된 문제가 아님을 인식하기 시작할 때, 자기 느낌에 대해 스스로 책임지려고 마음

---

15) 프레드 러스킨, 앞의 책, p.127~128.

먹을 때, 지나온 이야기를 하면서 피해자가 아니라 씩씩한 주인공으로 자신을 그려낼 수 있을 때 우리 마음 안에 들어서는 평화로움이다. 바로 지금, 바로 여기서 경험하는 평화의 느낌, 그것이 다름 아닌 용서인 것이다. 과거는 한 조각도 변화시킬 수 없다. 그러나 현재라면 문제가 다르다.[16]

조희현 팀장은 수치심을 극복하는 방법으로 성경에 등장하는 예수의 십자가 사건을 제시했다.

십자가 사건은 단순히 육체적인 고통이 아니라 정신적 고통에 관한 것이죠. 성경에 예수가 죽은 순간 심장이 터졌다고 하잖아요. 육체적 고통이 아니라 정신적 고통으로 숨졌다는 것이죠. 〈패션 오브 크라이스트The Passion of The Christ〉[17], 그 영화에서 보여준 예수의 육체적 고통 그것이 십자가의 핵심이 아닙니다. 사실 육체적 고통으로 따지면 더 극심한 아픔을 겪은 사람도 많아요. 예수가 십자가에서 가장 힘들었던 것은 수치심이에요. 창조주인 예수가 십자가에서 자신이 창조한 피조물에 불과한 인간에게 뺨을 맞습니다. 심지어 인간이 그의 얼굴에 침을 뱉고, 많은 사람들 앞에서 옷을 다 벗기기까지 합니다. 그건 우리가 볼 때는 충격이에요. 트

---

16) 앞의 책, p.121.
17) 2004년 개봉된 영화. 예수가 십자가에 달려 죽기까지의 과정을 성경 기록을 바탕으로 지극히 사실적으로 묘사했다. 특히 십자가 사형장까지 올라가는 길에 채찍질을 당하는 등 예수의 수난을 생생하게 보여주어 논란이 되었다.

5·18 광주민주화운동 희생자들

라우마에요. 이런 상황에서 인간이라면 수치심 때문에 죽어요.

그런데 하나님의 아들인 예수가 그런 끔찍한 경험을 했다는 것에서 인간은 오히려 희망을 보는 것이지요. 십자가의 예수를 보면 수치심을 어떻게 극복해야 할 것인지 답이 보입니다. 평범한 우리는 뺨 맞을 땐 안 맞으려고 하는데, 예수는 달라요. 발버둥치지 않고 당당하게 의연하게 뺨을 맞습니다.

폭력 앞에서 사람이 치욕을 느끼고 부끄러움을 느끼는 이유가 무엇입니까? 뺨 맞은 것? 옷 벗긴 것? 그런 폭력 그 자체보다 그 과정에서 그것을 받아들이는 내 모습이 더 부끄러움이 됩니다. 폭력 앞에서 비굴해진 나의 모습, 그게 더 큰 수치심을 만듭니다. 엄밀히 말해서 부끄러움은 폭력적인 상황이 만든 것이 아니라 피해자가 그 폭력 앞에서 어떤 자세로 어떻게 받아 들이냐에 더 크게 좌우된다는 거죠. 그런 점에서 예수가 십자가에 달려서 그 모든 고통을 의연하게 받아들인 것은 굉장한 것입니다.

우리가 살다보면 수치스러운 상황을 피할 수 없잖아요. 그런 상황에서 내가 어떻게 대처하나, 나의 철학을 지키고 의연하게 받아들이느냐 아니냐에 따라서 후유증이 달라져요. 우리는 그걸 피하려 발버둥치다 결국에는 '그 사람 때문에, 그 놈 때문에' 라고 하는데 사실은 타인의 존재나 타인의 폭력이 우릴 부끄럽게 하는 게 아니에요. 생존자들이 겪는 우울증, 죽고 싶은 마음은 그 상황에서 자신의 모습을 떠올릴 때 자꾸 부끄러운 모습으로 기억이 나서 그래요. 자존감이 떨어지게 되고, 왜 내가 시키는 대로 했을까, 왜 막지 못했을까, 왜 도망쳤을까 하는 질문을 자신은 피할 수 없으니까요.

사실 죽음이 눈앞에 있는 폭력적인 상황에서 자기를 지키는 것은 어렵잖아요. 그런 고통과 아픔을 토로하는 분들에게 "저라도 그런 상황에서는 어쩔 수 없었을 겁니다." 이렇게 들어주고 받아주는 것이 저희의 역할인 것 같습니다.

그것도 사실은 쉽지 않습니다. 5·18이라는 사건이 33년이 지났는데, 이 분들이 지금도 고통을 받습니다. 그 분들 중에는 의사들에게 반감 가진 분들도 계세요. 너무 힘들어서 의사를 찾아가는데, 그 의사들이 고통의 원인은 들어보려고도 하지 않고 약만 처방해 주니까, 생존자들 입장에서는 자신의 고통을 말로 털어놓을 수만 있어도 고통이 덜어질 수 있을 것 같은데 의사들은 그걸 안 해 준다는 것이죠. 사실 의사들의 문제가 아니라 현대의학이 그렇게 약품의 처방으로 문제를 해결하는 쪽으로 발전을 해 온 것일 뿐인데, 이런 상황을 겪는 생존자들은 33년 동안 혼자 끙끙 앓아 온 거죠. 사실 가슴 아픈 이야기죠.

서남대학교 법학과의 김욱 교수는 역사적 사건의 청산을 정치인의 사과 문제와 연결해 고찰했다.

만약 당시의 광주가 전두환에게 야만적인 학살을 무기력하게 당하는 것으로 끝났다면 이 땅의 파쇼세력은 이후에도 역사적 정의에 대한 추호의 두려움도 없었을 것이다. 하지만 그들에게 굴복할 수 없었던 시민군은 자신들의 목숨을 역사의 제단에 바치고 도청에서 산화했다. 그리고 그 희생은 학살자들에게 역사적 정의에 대한 두려움과 양심을 일깨워주고 역사의 영원한 자산이 됐다. …

우리는 왜 사죄 없는 용서가 무의미한지를 알아야 한다. 그것은 단지 편집증적 집착 때문이 아니다. 만약 역사의 죄인이 사죄하고 참회 속에서 살아간다면, 그리고 그 참회를 부정하는 세력이 없다면, 굳이 그를 처벌하지 않더라도 역사의 진보는 이루어지는 것이다. 하지만 그가 사죄하지 않는다면, 그래서 그를 두둔하는 세력이 제멋대로 발호한다면, 역사

는 자신의 힘을 보여주지 않으면 안 된다. 이는 역사적 정의의 생사에 관한 문제다.[18]

러스킨 박사가 제시한 심리학의 처방이나 조희현 팀장이 말한 종교적 해결책이 개인적인 차원의 용서라면, 김욱 교수가 역사적 정의를 내세우며 가해자, 즉 역사의 죄인이 사죄하고 참회해야 한다고 한 것은 사회적 차원의 용서와 화해를 위한 처방 혹은 조건이라고 할 수 있다. 김욱 교수는 사회적 차원의 사죄와 참회 절차 없이 개인적인 차원의 용서나 화해만 강조하는 것은 오히려 문제 해결에 역행할 수 있다고 지적했다.

> 사죄 없는 용서 이데올로기가 우리의 의식을 지배한다면 어쩔 수 없이 '기억의 힘'을 소진케 할 것이라고 믿는다. 그리고 정의가 무엇인지에 대한 기억의 전쟁에서 불가피하게 패배할 수밖에 없을 것이라고 믿는다. 세상이 무엇을 잘못했는지를 모르는데 무엇을 용서하고, 무엇이 정의인지를 어떻게 규정하겠는가?[19]

개인적인 해법과 사회적인 해법은 함께 만날 수는 없을까? 서로 교

---

18) 김욱, 앞의 책, p.92~93.
19) 앞의 책, p.235.

차할 수는 없을까? 거대한 권력의 폭력 사건을 한 사회가 극복하는 것이 과거청산이라면, 그 과정은 우리가 지금까지 살펴보았듯이 아주 지난한 작업이다. 그 시간 동안 오히려 피해자인 생존자와 유족은 고통 속에 머물고 가해자가 책임을 계속 외면하는 일을 우리는 목격해왔다. 정혜신 박사는 개인적인 고통을 푸는 과정과 진상의 규명이 별개가 아니라고 설명했다.

> 어떤 증거 서류보다도 한 인간의 삶으로 돌아와서 그 내면의 고통을 보는 것이 중요하다는 거죠. … 질문을 던지다보면, 본인이 겪은 경험, 무력감, 억울함, 분노, 모멸감, 수치심, 이런 것들이 나오기 시작하죠. 저는 그런 것들이 규명이 되어야 사건의 실체가 분명해진다고 생각해요. 왜냐하면 그 느낌 때문에 망가졌고 무너졌고 지금의 삶이 이렇게 된 것이거든요. … 이런 삶의 언어를 놓치면서 자꾸 거대 담론의 언어로 정리하면 본질로 들어갈 수 없다는 겁니다.[20]

> **질문** 5·18을 직접 겪지 않은 사람의 입장에서 드리는 질문인데요, 그 일이 일어난 지 33년이 지났는데도 왜 생존하신 분들의 상처는 사라지지 않는 겁니까?

---

20) 광주전남여성단체연합, 앞의 책, p.349.

이 질문에는 인터뷰에 함께 한 김준근 조직운영팀장이 답했다.

답변 일반인들이 그렇게 이야기해요. 30년도 넘어서 70~80 먹으면 이
만한 우울증 다 있지 않느냐. 엄밀하게 과학적으로 따지면, 이분들
의 고통이 5·18의 그 사건 때문인지 그 뒤의 삶의 과정에서 생긴
건지 알 수 없지요. 그러나 인간이 가진 고통 중에서 핵심적인 것은
다른 인간에게서 받은 고통인데, 그 중에서도 그 가해자가 살아 있
는 사건은 그 아픔이 계속 살아 있고 아물지 않고 잊혀 지지 않는
것이죠. 또 다른 측면에서 5·18 생존자가 겪은 고통은 개인적인 문
제가 아니라 사회적인 사건에서 발생한 아픔인데, 그 사건이 해결
되지 않고 있으니 아픔이 계속 되는 거죠. 5·18이 동아시아에서는
과거청산의 모범이라고 해요. 진상규명과 가해자 처벌, 피해자 보
상까지 다 이루어졌다는 점에서 그렇다는 것이죠. 그런데 정작 생
존자들은 아직 진상규명이 안 됐다고 생각해요. 그러니 아픔이 계
속 이어지죠. 가해자는 생존해 있고, 그들이 꼭 5·18이 아니라 다
른 사건에서도 자기 책임을 인정하지 않았어요.

전두환은 1980년 5월 광주에서 일어난 일을 어떻게 생각하고 있을
까. 1987년 국민의 투쟁으로 대통령 직선제로 헌법이 바뀌었고 이듬
해 국회의원 선거에서 여소야대 정국이 된 뒤 제5공화국에 청문회(이

하 5공 청문회)가 시작됐다. 전두환은 1988년 11월 23일 연희동 집 응접실에서 방송 카메라 앞에 서서 사과 해명문을 발표하고 백담사로 떠났다. 전국에 생방송된 그의 목소리는 이러했다.

지난 9개월 동안을 피나는 반성과 뼈아픈 뉘우침 속에서 지냈습니다. 저는 딱하게도 침묵을 지키는 것이 겸손한 자세이며 그것이 그냥 사죄로 통할 것이라고만 알았습니다. 그런데 그것이 잘못이었습니다. 여러분의 분노와 질책이 날로 높아가는 소용돌이 속에 침묵만을 지킬 수 없다는 것을 깨닫고 오늘 이 자리에 서게 된 것입니다. …

무엇보다도 1980년 5월 광주에서 발생한 비극적인 사태는 우리 민족사의 불행한 사건이며 저로서는 생각만 해도 가슴이 아픈 일입니다. 이 불행한 사태의 진상과 성격은 국회 청문회 등을 통해서 밝혀질 것으로 생각됩니다만 그 비극적인 결과에 대해 큰 책임을 느끼고 있습니다. 또한 그 후 대통령이 된 뒤에 그 상처를 치유하지 못했던 점을 깊이 후회하면서 피해자와 유가족의 아픔과 한이 조금이라도 풀어질 수 있다면 어떤 일이라도 마다하지 않겠습니다.

전두환은 그러나 1년 뒤 국회 앞으로 끌려나왔다. 1989년 12월 31일 5공 청문회를 마무리 짓는 마지막 퍼포먼스로 전두환의 국회 출석이 실행됐다. 백담사에서 1년간 칩거한 그는 국회에서 마치 국정연설을 하듯이 당당하게 말했다.

광주사태는 10·26 이후 지속된 극심한 사회혼란의 연장선상에서 발생한 지극히 불행한 사태였다고 생각합니다. 저는 사태 발생 당시 정보의 총체적 책임자로서 초기 단계에는 쌍방 간에 경미한 충돌이 있었으며 상황이 점차 악화되어 계엄사령부에서 무력진압을 계획 중이라는 정보 보고를 들은 바 있었으나 이처럼 엄청난 비극으로 확대되리라고는 상상도 하지 못했습니다.

당시 광주 일대는 중앙정보부, 보안사, 경찰 등의 정보기관들이 모두 시 외곽으로 철수하고 있는 상황이었으므로 정보책임자였던 본인도 필요한 정보를 충분히 갖지 못하였고 현지 주둔부대인 광주 계엄분소에서 계엄사에 보내는 보고를 통해 파악할 수 밖에 없었던 극히 혼미한 상황이었습니다. 이러한 정보부재의 상황을 보완하기 위해 보안사에서는 서울에 있던 광주출신의 한 장교가 자진해서 현지에 잠입, 단편적 정보를 계엄사를 통해 보내오기도 하고 또 당시 보안사의 간부를 현지로 실정 파악을 위해 파견하기도 하였으나 여러 가지로 정확한 상황판단에는 미흡한 점이 많았습니다. 이처럼 제한된 정보에 기초하여 본인은 무력진압에는 신중을 기하는 것이 좋겠으며, 시민을 상대로 한 사태수습을 군 작전개념으로 한다는 것은 현명하지 않다는 정보책임자로서의 의견을 계엄사의 지

5·18 광주민주화운동 당시 전남도청 앞

휘관들에게 전달한 바 있습니다.

결과적으로 커다란 인명 피해를 낸 이 비극적 사태의 원인에 대하여 본

인은 무어라 한 두 마디로 단정 지어 말씀드리기는 매우 어려운 문제라

고 생각해 왔습니다. 당시 계엄 하에서 광주사태 이전에 서울 등지에서도 각종의 시위가 있었으나 평온을 되찾은 반면, 유독 광주에서만 그러한 비극이 발생했던 이유는 정확한 분석이 어렵다고 생각합니다. 다만 본인은 당시의 정보책임자로서 이 사태가 초동진압 단계에 있어서의 계엄군의 강경진압과 일부 출처를 알 수 없는 악의에 찬 유언비어에 자극받은 일부 시민들의 과격시위가 그 직접적인 원인이 된 것이 아닌가 하는 판단을 하고 있습니다.

다음으로는 당시의 군 부대파견 및 작전 지휘에 대해 말씀드리겠습니다. 당시 광주사태와 관련된 계엄업무는 전국적인 계엄업무의 일환으로서 계엄사령관이 주재하는 계엄관계란 일일회의에서 보고되고 논의되어 추진된 것으로 알고 있으며, 중앙정보부장서리인 본인은 그 회의에는 참석하지 않았습니다. 따라서 그 어떤 군 지휘계통상의 간섭을 할 수 있는 위치에 있지 않은 본인은 군의 배치, 이동 등 작전문제에 대해 관여한 사실이 없으며, 당시의 계엄사령관 이희성 장군은 그분의 강직한 개인적 성품으로 보아도 지휘선상에 있지 않은 본인이 군 작전에 개입하는 것을 용납하지 않았을 것입니다.

당시에 본인이 파악한 바로는 공수부대는 5·18 계엄확대조치의 일환으로서 광주뿐만 아니라 서울, 대전, 전주 지역에도 파견된 것으로 알고 있습니다. 즉 전북 익산군 금마면에 주둔하고 있던 제7공수여단 병력을 광주, 전주, 대전에 각각 300여 명 규모의 일개 대씩 파견하였고, 서울지역 8개 대학에도 6개 여단 병력 9,600여 명을 배치한 것으로 알고 있습니다. 따라서 계엄군의 증강은 광주지역에서만 이루어진 것은 아니며 광주지역에 특별한 상황을 예상하여 투입된 것은 더더욱 아니었다고 생각합니다.

왜 현지 지휘관의 요청이 없었음에도 불구하고 부대를 파견, 배속했느냐 하는 의문에 대해서는 기본적으로 군 지휘의 이해부족에서 제기된 의문이 아닌가 생각됩니다. 군 작전상 부대의 파견과 배속 등에 관한 지휘 권한은 상급 지휘관의 고유 권한이며 필요하다고 판단 시에는 현지 지휘관의 요청이 반드시 필요한 것이 아닙니다. 광주사태 당시의 현지 주둔군은 후방예비사단으로서 사실상 당시의 상황 수습에 필요한 병력이 충분하지 못했으리라고 판단될 뿐 아니라, 상부의 추가 병력 배치를 반대했다는 것은 들은 바도 없으며 있을 수도 없는 일입니다.

또한 당시 지휘체제가 이원화되지 않았나 하는 의문이 제기된 것으로 압니다만, 이 또한 일반적 군의 상식으로는 있을 수 없는 일이라 생각합니다. 어떠한 부대라 하더라도 일단 타 부대에 작전 배속이 되면 그 배속을 받은 지휘관은 즉각적으로 그 부대를 장악해서 지휘할 책임이 있으며, 그

이후의 모든 작전상 승패에 대해서도 책임을 져야 하는 것입니다. 비록
당시의 현지 지휘관이 군 경력 상 특수부대에 대한 지휘 경험이 전무하여
원활한 작전 수행에는 차질이 있을 수 있다는 점에는 이해가 갑니다만 배
속된 부대가 현지 지휘관의 지휘통제에 불응했다는 주장은 군문에서 오
랜 세월을 보낸 본인으로서는 이해가 가지 않습니다.

전두환의 국회 발언은 계엄군의 발포를 자위권 행사라고 묘사하는
대목에서 "양민 학살이 자위권 발동이냐."는 야당 의원들의 항의로
중단됐다. 전두환이 5·18에 자신이 전혀 책임이 없다고 주장하는데
도 연희동의 응접실에서, 백담사에서, 여의도 국회의사당에서 갖가
지 퍼포먼스를 해야 했던 것은 결국 당시의 일을 기억하고 싸워온
국민들이 있었기 때문이었다. 1987년의 민주화 투쟁으로 헌법까지
바꾼 상황에서 전두환도 카메라 앞에 서서 무슨 퍼포먼스든 해야 했
던 것이다. 김욱은 비록 정치인들의 사과와 책임회피가 되풀이된다
고 해도 바로 이런 국민들의 기억 때문에 정치적 퍼포먼스가 이루
어지는 상황 자체가 바로 역사의 전진이며, 아무리 정치가 권력자의
이익을 위해 이루어지는 듯해도 이런 역사의 힘을 거스를 수는 없
다고 지적했다.

가해자(의 지지자)와 피해자(의 지지자)의 총체적인 힘 관계가 사과를 하

고 안 하고의 기본적인 문제는 물론 그 사과의 질적 강도까지도 결정한다. 예컨대 '어느 정도 선에서' 사과를 할 것인가를 결정한다. 정치적 사과라 할지라도 인간적 양심에 따른 고뇌가 끼어들 여지가 전혀 없다고 말할 수는 없을 것이다. … 정치적 사과는 정치적이므로, 정치적 압박이 사과의 정도를 결정하는 주된 요인이라고 보는 것이 사태를 이해하는 첩경이다. 이것이 정치적인 가해자에 맞서 피해자도 반드시 정치적이 되어야 하는 이유다.[21] …

우리는 사죄를 이끌어내기 위한 힘을 길러야 한다. 그 힘의 근원은 기억이다. 그리고 기억의 힘이 곧 역사의 힘이다. 기약은 없었지만 역사의 힘은 기어이 정치의 사죄를 요구하고 받아냈다. 앞으로도 그럴 것이다. 그 사죄가 역사의 아픈 상처를 치유할 때까지.[22]

조희현 팀장에게 다시 물었다.

질문 전두환이 죽으면 생존자들이 겪고 있는 이 고통이 해결됩니까.

답변 안 돼요.

질문 그럼 어떻게 해야 해결이 될까요.

답변 사실 좋은 기회를 놓쳤지요. 갑작스럽게 용서랄까, 사면이 되어 버

21) 김욱, 앞의 책, p.12~13.
22) 앞의 책, p.236.

린 것이에요. 여기서 우리가 생각해야할 게 용서했으면 처벌을 하지 않아야 하느냐하는 문제입니다. 피해자가 받은 정신적 상처를 치료하는데 아주 중요한 부분이 가해자 처벌입니다. 가해자가 처벌을 받아야 피해자가 자신에게 느끼는 죄책감이 좀 줄어요. 성폭력 사건이 대표적인 사례입니다.

5·18의 가해자로 지목된 전두환에 대한 역사의 심판은 1989년 12월 31일 자정을 넘겨 국회의사당에서 60여 명의 경호원에 둘러싸여 검은 승용차를 타고 연희동으로 떠나면서 끝나는 듯했다. 1993년 7월 19일 정승화 등이 12·12 군사반란 사건을 검찰에 고발한 것도 이듬해 "12·12는 명백한 군사반란 행위였다. 그러나 불필요한 국력 소모의 우려가 있다."라는 이유로 기소유예 처분으로 끝났다.

5·18 생존자들이 전두환 등을 내란죄로 처벌해달라는 고소를 했다. 검찰은 1995년 7월 18일 5·18 사건 수사 결과를 발표하면서, 신군부가 5·18을 강경 진압하는 과정에서 무고한 양민이 사살됐고 비상계엄 확대와 국보위 활동은 전두환의 정권 장악 의도에 따라 당시 최규하 대통령의 사전 지시 없이 추진됐다고 결론을 내렸다. 하극상, 즉 쿠데타였다는 것이다. 검찰은 하지만 "성공한 쿠데타(내란)를 처벌할 수 없다."는 논리를 내세워 관련자들을 불기소 처분했다. 정치

권, 학계, 시민사회가 거세게 검찰을 비판했다.

이 해 10월 19일 박계동 민주당 의원이 국회에서 노태우 비자금 계좌를 폭로했다. 노태우가 구속되면서 당시 김영삼 대통령은 11월 24일 5·18 특별법 제정을 수용한다고 발표했다.

1995년 7월 있었던 검찰의 불기소 처분에 대한 헌법 소원 3건이 헌법재판소에 제기되었는데, 이 해 11월 27일 헌법재판소는 5·18 내란 사건 불기소 처분에 대한 헌법소원 사건에 대한 평의회를 열고, 검찰의 공소권 없음 결정은 부당하다는 결론을 내렸다. 12월 15일 헌법재판소는 성공한 쿠데타도 형사 처벌될 수 있다고 밝혔다. 검찰은 12·12 및 5·18, 비자금 사건에 대한 재수사에 나섰다. 12월 3일 검찰은 전두환을 안양교도소에 수감했다. 1996년 8월 26일, 전두환은 1심 재판에서 사형선고를 받았다. 노태우는 22년 6개월의 징역형을 받았다.

1997년 9월 김대중은 "화해라는 것은 잘못한 사람이 잘못했다고 사과해야 이루어지는 것이지만 용서는 다르다."며 "그분들이 반성하는 모습을 보이지 않는다고 우리도 똑같이 대응할 수는 없다는 생각이 들었다."며 전두환, 노태우의 사면을 약속했다. 5·18 관련 단체가 거세게 항의하자, 김대중은 이렇게 항변했다.

죄는 미워해도 사람은 미워하지 않는다는 게 나의 소신과 철학이다. 사람마다 입장이 다른 만큼 나는 용서할 테니 당신들은 하지 않으면 될 것이 아니냐.[23)]

질문 당시 대통령 선거를 앞두고 있긴 했지만, 어쨌든 김대중 후보는 5·18의 최대 피해자 중 한 명인 입장에서 자신이 그 같이 해결하는 게 맞다고 어찌 보면 어려운 결단을 한 것이지 않습니까.

답변 그런 면도 있겠지만, 5·18의 피해자가 김대중 대통령만 있었던 게 아니죠.

김준근 팀장이 다시 설명을 덧붙였다.

답변 당시의 사면과 복권이라는 것이 피해자와 가해자 사이에 어떤 사회적인 합의가 이뤄져서 진행된 것이라기보다는, 정치적으로 합의된 것이죠. 가해자들이 자신들이 치명적으로 잘못했다고 사과한 적이

---

23) 한겨레 1997년 9월 9일 27면 '5·18단체 김대중 총재 항의방문' 권복기 기자

없잖아요. 형식상 재판을 받고 처벌을 받았지만. 그런데 그마저도 정치적으로 되돌린 셈이 된 것입니다. 전두환이 죽고 안 죽고가 문제가 아니라 전두환으로 상징되는 가해자 세력이 진정한 반성을 보여야 다음 작업, 이를테면 치유와 화해, 용서 같은 차원으로 넘어갈 수 있는 것입니다.

질문 안타까운 게, 가해자는 대부분 잘 살고 있는데 피해자는 계속 고통받는단 말이에요. 억울하지 않습니까? 마음으로라도 놓아주고, 좀 편히 사시는 게 좋지 않겠습니까?

답변 또 한 번 성경을 예로 들어봅시다. 다윗 왕이 자기 부하 장수의 아내인 밧세바를 탐한 사건이 있었지요. 다윗은 밧세바 때문에 결국 장수를 최전방에 보내 죽게 합니다. 이 때 나단이라는 예언자가 다윗을 비난합니다. 그러자 다윗 왕은 즉시 자신의 잘못을 인정하고 용서를 구했습니다. 하나님도 용서를 했어요. 그런데 용서를 받은 뒤에도 다윗과 밧세바는 형벌을 받습니다. 그들이 부정하게 잉태한 자녀가 죽습니다. 용서는 용서고, 형벌은 형벌이에요. 용서했다고 재판이 없는 것은 아니에요. 결과적으로는 그런 처벌을 통해서 다윗도 더 좋은 사람이 되었죠. 자신의 잘못을 깊이 뉘우치고 슬픔 속에서 더 나은 아비가 되리라는 결심을 합니다.

버스를 바리케이드로 삼아 전남도청을 지키는 시민들

전두환도 차라리 더 가혹한 처벌을 받았다면 더 좋은 사람이 되었을지 모르죠. 생존자의 입장에서도 용서할 기회를 잃어버린 셈입니다. 사법적 절차가 서둘러 마무리된 게 상처가 되어버린 겁니다. 심지어 지금도, 전두환을 죽이고 나도 죽어버리고 싶다고 하는 사람도 있어요. 아직도 불안해 하는 사람도 있어요. 마치 성폭력을 당한 사람이 낯선 남자를 두려워하는 것과 비슷해요. 트라우마의 증상이죠. 나이 드신 분들도 그래요.

고문 피해자들을 만나다 보면 인간이란 어떤 존재인가 생각을 하게 됩니다. 일상에서는 겪기 어려운 큰 고통을 겪은 분들을 치유하기 위해서는 인간 영혼의 바닥, 그 끝까지 밀고 들어가야 하는 상황이 많으니까요.

듣는 사람들도 힘이 들거든요. 굉장히 고생을 많이 하게 돼요. 다른 사람의 문제를 듣다 보면 똑같은 심리적 부담이 나에게도 올 수 밖에 없는 것 같아요. 게다가 한 개인으로서는 어떻게 그 고통 받는 분들을 도울 수 있는 방법이 없고 공감할 수 있는 길이 없잖아요. 이 부분은 그래, 어차피 내 손으로는 해결할 수 없는 문제야, 그런 마음을 가져야 탈진이 안 돼요. 내가 내 힘으로 어떻게 해야 하나, 이렇게 접근하기 시작하면 해결이 안 됩니다. 결국 상담하는 사람까지 탈진하게 되죠. 세상 일이 계획대로 되면 보람이 있지만, 이건 안 그래요. 좀 나아진 것 같다가도 또 나빠지고, 마음이 평안을 찾는 것 같다가도 다시 괴로워합니다. 그런 모습을 계속 보다 보면 상담하는 우리도 마음의 힘이 소진됩니다. 치유, 이것은 내 힘으로 되는 것이 아니라는 것을 계속 느껴요. 그 한계를 인정해야 해요.

사회적인 공감대도 상당히 중요합니다. 우리가 아무리 애써 치유를 해도 5·18을 두고 언론에서 또 빨갱이니 뭐니 그러면 그 힘든 작업이 순식간에 수포로 돌아갈 정도에요. 5·18 때 북한군이 왔다는 둥 그런 말이 이 분들을 광장히 자극하고 흥분을 불러일으킵니다. 국민 중에 적은 수라도 그런 이야기를 하고 이를 언론이 또 확대재생산하면, 생존자가 받는 상처는 굉장히 커요. 건강한 사람은 한대 맞아도 농담으로 받아들일 수 있지만, 아픈 사람은 훨씬 더 아프잖아요. 이분들이 그래요. 어떤 면에서 광주트라우마센터를 찾아오시는 생존자 개개인을 치유하기 위한 노력보다 5·18 생존자들을 희생자가 아니라 우리 사회의 민주주의를 이루는데 자신을 바친 분으로 인정하는 사회적인 공감대를 가꾸는 일이 훨씬 더 중요합니다.

스탠퍼드 대학교의 러스킨 박사는 용서를 훈련하는 한 방법으로 히생자에서 영웅으로 이야기를 고쳐 쓰는 해법을 제시했다.

> 희생자란, 마음에 상처를 입고도 이를 되받아칠 힘이 없거나 자신의 생각
> 과 감정을 조절할 수 없는 사람을 이른다. 반면 영웅은 온 힘을 다해 장애
> 를 극복할 뿐 아니라 어떤 역경에도 결코 굴복하지 않는다. 자신의 인생
> 을 이야기함에 있어 이 희생자의 관점에서 영웅의 관점으로 옮겨가는 긴
> 여정이 바로 용서다. 이야기의 중심이 이제는 더 이상 울화가 아니라 당
> 신 자신이 되는 것이다.[24)

자신을 희생자가 아니라 영웅으로 이야기하는 것이 용서로 가는 한
방법이라는 설명은 미국 상담심리학자다운 개인적인 해결책이다.
과거청산의 과정은 개인적인 차원을 넘어서는 것이기에, 희생자가
고통을 딛고 자부심을 회복하는 과정과 마찬가지로 사회적으로 그
들의 고통에 공감하고 그 가치를 인정하는 수준까지 가야할 것이다.
정혜신 박사는 5·18의 생존자에게 이렇게 적용했다.

> 아까 5·18 당시 총을 든 남자들이 '장렬하게 전사했다.'는 표현을 하셨는
> 데, 저는 장렬하게 전사한 사람은 하나도 없다고 생각해요. 한 인간으로

---

24) 프레드 러스킨, 앞의 책, p.216.

돌아가서 생각하면 얼마나 무서웠을까, 얼마나 공포스러웠을까, 얼마나 불안했을까 하는 생각이 먼저 들죠. 그런 공포와 불안 속에서 죽은 건데, '장렬하게 전사했다.'고 정리되는 거죠.

문제는 그런 표현이 역으로 살아남은 사람들에게 죄의식을 심어 준다는 거에요. '다른 사람은 장렬하게 죽었는데, 나는 비겁하게 살아남았다.' 는 생각이요. 그게 아니라 다 같이 두렵고 불안했고 공포를 느꼈던 인간이었던 거죠.

그러니까 우리가 그 인간의 실체를 알면, 살아남은 사람도 스스로를 그렇게까지 가혹하게 단죄하지 않았을 텐데 하는 느낌이 들어요. … 자신의 두려움이나 공포, 불안에 대해 이야기할 수 있는 기회를 줘야 비로소 치유가 시작된다고 봐요. 그런 이야기가 나와 줘야 그렇게 만든 자들이 얼마나 잔혹한 인간인지 그 실체를 정확히 볼 수 있고, 그자들을 단죄할 수 있다는 생각이 들어요.

6·25이나 제주 4·3, 여순사건, 5·18 모두 아직도 해결이 안 됐다고 생각하는 것은 우리가 사람한테 '마음'이 있다는 것을 간과하고 있기 때문이라고 봅니다. 돈으로 보상했다고 하는데, 돈으로 보상하는 것은 가장 손쉬운 거죠. 오히려 보상을 받았는데도 치유되지 않는 자기 자신을 더 못

견딜 수 있고, 또 보상을 못 받은 사람들도 마음이 편치 않죠. 마음의 상처가 치유되지 않았기 때문에 5·18이 갖고 있는 경이로운 측면, 자랑스러운 경험을 인지할 심리적 여유가 없다고 생각해요. 아직은 그런 단계에 들어설 수가 없는 거죠.[25]

조희현 팀장은 "외상 후 스트레스 장애라는 말도 있지만, '외상 후 성장'이라는 말도 있다."고 했다. 인간이 감당하기 힘든 큰 고통을 겪으면서 내면의 힘이 무너지고 일상으로 돌아가는 길을 잃어버린 사람도 있지만, 반대로 그런 고통이 인생의 전환점이 되는 사람도 있다. 고통과 상처를 통해 인간과 사회, 역사와 영혼에 대한 더 깊은 깨달음을 얻게 되는 경우다. 죽음의 고통에 직면하면서 또 다른 의미로 사람이 달라지는 것이다.

빨간 트레이닝복을 입고 5·18에 참여한 박천만은 자신이 고통 받아온 이야기 끝에 이런 경험을 들려주었다.

어느 날 어디서 전화가 왔습니다. '트' 뭐라고 하는데 어렵기도 하고 만나자고 하는데 왜 만나자고 하는지 궁금하기도 했습니다. 그런데 한 번, 두

25) 광주전남여성단체연합, 앞의 책, p.358.

번 만나면서 내가 변하기 시작했습니다.

이제는 화도 안 내려고 노력하고, 면도를 잘 안 하는데 광주트라우마센터 가는 날이면 면도도 합니다. 그리고 운동화는 만 원짜리 사서 신고 그랬는데 얼마 전에는 거금 2만 원을 주고 멋진 운동화도 샀습니다. 제가 그날의 민주화를 위해서 싸운 사람인데 초라한 모습을 보이면 안 되잖아요.

생전 처음으로 나를 인정해주고 대우해주는 광주트라우마센터 선생님들이 제 든든한 빽인데 멋지게 보이고 싶었습니다. 그리고 주변 사람들한테 자랑하고 싶고 따뜻한 내 마음을 보여주고 싶어졌습니다. 그래서 나 자신에 대해 신경 쓰게 되고 나라는 사람, 박천만을 사랑하자는 마음이 조금씩 생기기 시작했습니다.

이 자리에 모이신 여러분, 저의 소원은 사랑하는 내 딸에게 한 달에 한 번이라도 마음껏 고기도 먹이고, 손자 옷 한 벌 망설임 없이 사주고, 아픈 우리 집사람 병원비 걱정 없이 병원에 데려가는 것입니다.

여러분께서 혹시라도 5·18 때 사진을 보게 되면 빨간 추리닝 입은 사람이 박천만이다, 민주화를 위해 싸운 멋진 사람이라고 말해주세요. 그러면 제가 내 아들, 딸에게 아빠가 5·18 국가유공자라고 떳떳하게 말

수 있을 것 같습니다. 저도 앞으로는 저를 믿어주고 지지해주는 여러분들을 생각하면서 5·18 유공자로서 부끄럽지 않도록 당당하게 살겠습니다. 그리고 여러분들을 항상 지지하고 응원하는 따뜻한 이웃으로 살아가겠습니다.

5·18로 파혼을 당하고 택시운전을 하는 윤다현은 자신의 입에 붙은 "내일 죽어도 원이 없다."는 말에 새로운 의미를 붙였다.

나는 내일 죽어도 원이 없다. 항상 그런 생각을 가지고 산 사람이기 때문에 죽음이 전혀 두렵지 않았어요. 요즘에는 나보다 더 아픈 사람도 있고, 나보다 더 괴로운 사람도 있었는데 '내가 너무 자만하지 않았는가?' 하는 반성도 해보게 되고, '앞으로는 내 삶을 어떻게 살 것인가?' 그런 생각이 내 머릿 속에 와 닿아요. '어떻게 세상을 살면 좋겠는가? 우리보다 더 안 좋은 사람들을 위해 봉사하고, 봉사하면서 보람을 느끼고, 그렇게 사는 것이 제일 현명한 생각이 아니겠는가?' 그런 생각을 하면서 옛날 같이 죽어버리자는 생각은 사라진 것 같아요.

곪을 때는 애리고 쓰리고 아프죠. 그러나 그것이 완전히 곪아서 터져 버리면 시원해 버리잖아요. 저도 처음에는 5·18 생각만 해도 눈물이 그냥 주르륵 흐르고 많이 울었잖아요. 그런데 요즘에는 예전처럼 눈물을 많이 흘리지 않습니다. 그만큼 성숙되고 있다는 느낌을 받았어요. …

저는 가끔 망월동에 있는 친구를 찾아갑니다. 그 친구 앞에 서면 그 때 같이 죽을 걸, 왜 죽지 못하고 나는 살았나 하는 마음 때문에 괴로웠습니다. 그러나 이제는 우리 기억 속에 남아 있는 그분들, 그 영혼들을 치유하는 그런 역할을 하고 싶습니다. 이제 저와 같은 상처를 입은 동지들, 회원들에게 좋은 역할을 하고 싶습니다. 이것을 '상처 입은 치유자'라고 하는데 저는 그냥 상처 입은 피해자였지만 그 상처를 성찰하고, 고백하는 과정 중에 치유자가 되는 것이지요. 피해자가 아니라 치유자로서의 삶. 이것에 제가 찾은 새로운 삶의 의미입니다. 그리고 저는 이제 그 길 위에 서 있습니다.

희생자에서
영웅으로

2013년 8월 30일 아침이었다. 출근길에 서울 여의도 보훈회관 앞에 한 대의 트럭이 서 있는 것을 보았다. 이른 아침이었지만 군복을 입은 노인들이 분주하게 움직이고 있었다. 이 분들은 과거 6·25 전쟁과 베트남 전쟁을 겪은 이들이다. 어제의 참전 용사들은 결연한 표정으로 실제 사람 크기로 만든 허수아비 인형 2개를 트럭에 실었다. 통합진보당의 이정희 대표와 이석기 의원의 인형이었다. 군복 입은 이들과 허수아비를 실은 트럭은 어디론가 바삐 떠났다.

그 이틀 전 국가정보원은 통합진보당의 이석기 의원이 당 내 혁명조직RO에서 내란을 모의했다는 혐의를 제기했다. 언론은 이석기 의원이 RO라는 이들과 이런 이야기를 나눴다고 보도했다.

오는 전쟁 맞받아치자. 시작된 전쟁은 끝장을 내자. 어떻게? 빈손으로?

전쟁을 준비하자. 정치 군사적 준비를 해야 한다.

우리가 자주된 사상, 통일된 사상, 미국 놈을 몰아내고 새로운 단계의 자

주적 사회, 착취와 허위 없는 그야말로 조선 민족 시대의 꿈을 만들 수

있다. 그 꿈을 2013년 하나의 주장이 아니라, 하나의 물리적 힘으로 한

두 사람의 발언과 결의가 아니라 전국적 범위에서 새로운 미래를 구축

하기 위한 최종 결전의 결사를 하자는 것이다. 이 또한 얼마나 영예롭

지 않은가.

이런 이석기 의원의 발언은, 보훈회관에 모인 이들에게는 과거 총구를 맞댔던 공산군의 재현이었을 것이다. 누가 시키지 않아도 이른 아침에 모여 인형을 만들어 짓밟으며 규탄하지 않고서는 그 충격과 분노를 견디기 힘들었을 것이다.

통합진보당의 이정희 대표는 9월 4일, 문제의 모임이 '정세 강연과 토론회'였을 뿐이었다면서 '전쟁', '혁명' 같은 말이 오갈 정도로 심각했던 이유를 이렇게 설명했다.

이 심각한 우려의 배경에는 한국전쟁 전후 예비검속과 보도연맹사건으로 20만 명이 살해된 역사적 사실이 있었습니다. 당시 진보적 활동을 했던 사람들은 전쟁이 나자마자 예비 검속되어 집단살해 되었습니다. 정전

협정 백지화 이후 한반도 전쟁 위기가 매우 심각해진 상태에서 행해진 올 3월 독수리훈련과 키 리졸브 훈련 중에 통합진보당 경기도당 건물 옆 골목에 1개 소대 병력의 군인이 배치되고 사무실이 있는 6층까지 여러 명의 군인들이 엘리베이터를 타고 올라온 일이 있었다는 것이 이 토론 자리에서 알려졌다고 합니다. 군이 정당 사무실에 배치된 것은 당연히 전쟁 상황에서 보호하기 위해서였을 것입니다. 그러나 전쟁이 나면 마땅히 모든 국민이 군과 경찰의 보호대상이 되어야 하건만, 진보적 인사들은 가장 먼저 군경에 의해 예비 검속되어 집단 살해당한 것이 차마 믿고 싶지 않은 너무나 고통스러운 한국 현대사였습니다. 2012년 대선을 앞두고 진보당에게 가해진 종북 색깔론 공격과 백색테러 위협의 현실은, 진보당 당원들에게 전쟁의 상흔을 쉽게 잊을 수 없도록 했습니다.

좌와 우 모두 현재의 사건 속에서 반세기 전 과거의 공포와 충격을 떠올렸다. 그리고 실제로 전쟁처럼 받아들이고 행동했다. 스탠퍼드 대학교 용서 프로젝트의 러스킨 박사의 설명대로라면, 아직도 용서를 하지 못하고 마음 속의 격정과 공포, 불안과 원망에서 벗어나지 못한 것이다. 집단적으로 외상 후 스트레스 장애를 앓고 있으면서도 그것을 모른 채 자신들이 가지고 있는 과거의 기억을 매우 진지하게 현재진행형의 현실로 인식하고 있다.

이것이 대한민국의 현실이다. 용서가 과거에서 놓여나는 과정, 고통의 희생자가 아니라 고난을 이겨낸 생존자로서 스스로 내적인 힘을 회복하는 과정이라면, 우리는 아직도 용서에서 한참 멀리 있다.

이 책의 제목은 '적과 함께 사는 법'이다. 책의 본론을 읽기 전에 결론부터 읽는 사람에게는 싱거운 이야기일지 모르겠지만, 적과 함께 사는 법은 없다. 우리는 적과 함께 살아가야만 할 뿐이다. 가족을 죽이고 자식을 빼앗고 마을을 불태우고 차별하고 억압해 온 사람과 한 하늘을 이고 살아야 한다. 그러기 위해선 용서의 기술을 배워야 한다. 공존의 방법을 터득해야 한다. 그것이 폭력과 폭력의 악순환, 원망과 울화의 대물림을 끊는 길이다.

과거청산 또한 마찬가지다. 지나간 역사의 숨겨진 사실을 밝혀내고 잘잘못을 가려내는 일, 또 가해자를 처벌하고 피해자에게 보상하고 명예를 회복하는 일은 과거청산의 끝이 아니라 시작일 뿐이다.

서울대학교 서양사학과 안병직 교수는 전 세계의 과거청산 사례를 두루 연구한 끝에 과거의 진상을 규명하는 것보다 과거에서 받은 상처를 치유하고 성찰과 관용의 태도를 얻는 것이 더 중요하다고 강조했다.

과거청산은 단순히 처벌과 단죄를 통해 심리적 카타르시스를 얻으려는 시도가 아니라 오히려 성찰과 관용을 통한 미래 지향적인 노력으로 이해해야 한다. 즉 과거청산은 가해 및 피해 당사자뿐 아니라 한 사회 전체가 자기 정체성을 모색하는 과정에서 끊임없이 부딪치고 애도해야 할 문제로서 불행한 과거사의 진상과 책임 규명의 차원을 넘어 그 상처를 치유하고자 하는 노력을 반드시 포함해야 한다. 그리하여 과거청산이 진정한 의미는 과거 성찰에 있다 할 것이며, 과거청산 작업은 궁극적으로 과거 규명보다 과거 성찰의 측면에 더 비중을 두어야 할 것이다.[1]

과거청산은 기억의 전쟁이다. 지난 역사에서 무엇을 기억할 것인지, 누구의 관점에서 역사를 기록할 것인지 결정하는 장이 바로 과거청산의 토론장이다. 나는 여순사건이나 5·18 광주민주화운동과 관련된 자료를 찾는 과정에서 좌파와 우파의 관점에 치우쳐 역사를 정리한 무수한 자료를 접했다. 여순사건의 경우, 어떤 학자는 분단을 반대한 군인과 시민이 봉기한 사건이라고 주장했고, 어떤 학자는 숙청 위기에 처한 좌익 군인들이 저지른 무모한 반란이었다고 했다. 5·18 역시 어떤 이들은 지금도 거기에 불온한 사상의 색채를 씌우려 하고 있고, 어떤 이들은 평범한 인간의 한계를 초월한 영웅적 사건으

---

[1] 〈세계의 과거사 청산〉, '과거청산, 어떻게 이해할 것인가?', 안병직 외(푸른역사, 2005), p.35.

로 추켜세우려 한다.

이 책에 기록된, 또 기록되지 않은 더 많은 역사의 비극은 대부분 하나의 이념, 하나의 체제만이 인간에게 행복을 줄 수 있고 다른 생각은 용납할 수 없다는 태도에서 비롯되었다. 지나간 역사를 어느 한 진영의 승리, 어느 한 체제나 이념의 승리로 재구성하려고 한다면 그것은 대립과 갈등, 폭력의 역사적 비극을 다시 되풀이하는 일이 되기 십상일 것이다.

역사가 모든 것을 기록하는 재현의 장이 아니라 사건을 서술하는 이야기의 장이라면, 우리는 어쩔 수 없이 기억을 선택해야 한다. 그렇다면 어느 한쪽의 이념에 서서 대립과 갈등을 되풀이할 일이 아니다. 역사 속에 희생된 사람들, 역사의 고통을 감수한 사람, 바로 그 사람들의 이야기를 되살려 기억해야 한다. 대립과 갈등을 넘어설 미래가 바로 고통과 비극을 견뎌낸 그 사람 속에 있기 때문이다. 우리에게 용서라는 기술이 필요한 이유, 적과 함께 살아가는 방법을 터득해야 하는 이유가 여기에 있다. 돌아보기도 싫은 지긋지긋한 과거의 고통을 다시 돌아보고 청산하려는 작업이 왜 필요한지도 바로 여기에서 그 이유를 발견해야 할 것이다.

물론 역사는 한 개인의 일이 아니기에 어느 한쪽이 마음을 고쳐먹는 것만으로 일이 바로잡히는 것은 아니다. 가해자의 사죄와 진상 규명도 필요하고, 다시는 그런 일이 벌어지지 않도록 하겠다는 공동체의 약속도 필요하다. 그러나 그 작업은 승리자와 패배자를 가려내는 작업이 아니라, 역사의 생존자들이 겪은 고통을 응시하고 그 속에서 새로운 희망을 길어 올리는 일이 되어야 한다. 안병직 교수가 이야기한 '역사의 성찰'이 지칭하는 것도 바로 이것일 것이다.

이 책에 기록된 과거청산의 역사는 모두 20세기 후반에 인류가 경험한 사건들이다. 독자들 역시 나처럼 남아공, 캄보디아와 아르헨티나, 프랑스와 미국의 이야기 속에서 한국과 비슷한 상황을 발견했을 것이라 믿는다. 우리만의 갈등, 우리만의 고통, 우리만의 비극과 착각이라고 생각했던 일들이 사실은 우리와 비슷한 시기에 이른바 선진국과 후진국을 막론하고 모두 비슷하게 경험했다는 점이 내게는 인상적이었다. 우리의 아픔이 인류의 보편적인 경험이었다는 것, 우리의 고민이 인류가 함께 고민하고 있는 문제라는 사실이 왠지 모르게 위안이 되었다. 지구는 흉터를 가진 생존자들의 별이었던 것이다. 이 책을 읽은 독자들도 같은 위로를 받았으면 좋겠다.

과거청산 작업은 몇 번의 청문회와 재판으로 완료되지 않는다. 과감한 숙청을 했던 프랑스는 20세기 후반부터 다시 과거청산 작업을 되돌아보며 역사를 새로 쓰는 작업을 하고 있다. 이 책에 서술하지 않았지만 독일 역시 마찬가지다. 아직 분단이라는 가장 큰 역사의 과제를 해결하지 못한 한반도는 더 말할 것도 없다. 늘 새롭게 쓰고 다시 고쳐 쓰는 것이 과거청산 작업이다.

역사의 고통은 지금도 진행중이다. 증오심과 복수심이 아니라 합리적 비판과 성찰을 얻기 위해, 화해와 공존의 미래를 만들기 위해 우리는 수도修道의 과정에 있는지도 모른다. 이 고통스러운 역사를 외면하지 않고, 역사가 준 아픔을 품으며 인류 모두에게 줄 진주를 빚고 있는 이들을 위해 기억하며 이 책을 끝맺는다.

참고 문헌

『세계의 과거사 청산』 안병직 외 10인 • 푸른역사

서울대학교 사학과에서 프랑스, 스페인, 독일, 러시아, 아르헨티나, 칠레, 남아공, 알제리의 과거청산 사례를 연구한 프로젝트의 성과물을 대중적으로 정리한 책이다. 서울대학교 인문학 연구원 역사와 기억 홈페이지에서도 찾을 수 있다. http://past.snu.ac.kr

『용서 없이 미래 없다』 데스몬드 투투 • 홍성사

투투 대주교가 직접 쓴 남아프리카공화국 '진실과 화해 위원회'의 기록한 책이다.

『Rabble-rouser for Peace』 John Allen ∘ Randomhousebook

저널리스트가 쓴 투투 대주교의 평전이다.

『현장은 역사다』 정문태 • 푸른 숲
『아시아의 오늘을 걷다』 유재현 • 그린비

캄보디아, 베트남, 미얀마 등 동남아의 현대사를 현장에서 기록한 책이다.

『자백의 대가』 티에리 크루벨리에 • 글항아리

캄보디아 전범재판 1호 두크의 법정을 기록한 책이다.

『Searching for Life: The Grandmothers of the Plaza de Mayo and the Disappeared Children of Argentina』 Rita • 버클리대 출판부

아르헨티나 오월광장 할머니들의 이야기를 당사자의 증언 중심으로 엮은 책이다.

『비시 신드롬』 앙리 루소 • 휴머니스트

가장 철저한 과거청산 사례로 알려졌던 프랑스의 숙청이 모순투성이라는 사실을 고발한 책이다.

『맬컴X vs 마틴 루터 킹』 제임스 콘 • 갑인공방

말콤X와 마틴 루터 킹의 생애와 사상, 종교적 역정까지 비교한 책이다. 말콤X와 마틴 루터 킹의 자서전도 각각 번역되어 있다.

『해방전후사의 인식-3』 황남준 외 • 한길사

이 책에 수록된 황남준의 '전남지방정치와 여순사건'은 여순사건을 연구하는 여러 학자들이 기초자료로 삼은 글이었다.

『광주, 여성』 광주전남여성단체연합 기획 • 이정우 편집 • 후마니타스

평범한 여성의 입장에서 겪은 5·18항쟁을 구술기록한 책이다.

『용서』 프레드 러스킨 • 중앙M&B

용서라는 이름을 단 책들이 시중에 여러 권이 있지만, 종교적 관점을 배제하고 심리학의 최신 연구성과를 중심으로 실용적인 워크숍 자료까지 수록하고 있어 가장 참고가 되었다.

『정치는 역사를 이길 수 없다』 김욱 • 개마고원

용서와 화해의 문제를 철저히 정치와 역사의 관점에서 파고든 책이다. 이 책이 없었다면 5·18과 트라우마의 문제를 정리하는데 훨씬 많은 시간이 걸렸을 것이다.

**사진
출처**

머리말

Danjaq, LLC, United Artists Corperation, Columbia Pictures Indus-
tries, Inc. • 위키피디아 • 경향신문, 2009년 5월 30일 • 한겨레신문, 2009
년 5월 30일 • 중앙일보, 2009년 5월 30일 • 조선일보, 2009년 5월 30일

과거청산의 현대사 I

South African History • 위키피디아 • South African History Online •
South African History Archive • 남아공국영방송국(South African Broad-
casting Corporation) • The Desmond Tutu Peace Center • 남아공국
영방송국(South African Broadcasting Corporation) • 미국공로학회 • 진
실화해위원회

과거청산의 현대사 II

국민일보, 2009년 4월 11일 • 국민일보, 2010년 7월 27일 • Beyond the
Killing Fields (http://beyondthekillingfields.com) • The History Place
(http://historyplace.com) • The Killing Fields Museum • Extraordi-
nary Chambers in the Courts of Cambodia • Extraordinary Chambers
in the Courts of Cambodia • Extraordinary Chambers in the Courts
of Cambodia • 투올슬램 대학살 박물관 • 투올슬램 대학살 박물관 • 투올슬
램 대학살 박물관 • Extraordinary Chambers in the Courts of Cambodia

과거청산의 현대사 III

오월광장 할머니 모임 • 오월광장 할머니 모임 • 오월광장 할머니 모임 • 오월광
장 할머니 모임 • 오월광장 할머니 모임

과거청산의 현대사 IV

World War II Database • 미국의회도서관 • 위키피디아 • Florida Center for Instructional Technology • 위키피디아 • 위키피디아 • 위키피디아 • 위키피디아 • 서울대학교인문학연구원

과거청산의 현대사 V

미국의회도서관 • How Do We Remember Malcolm X (http://brother-malcolm.net) • 위키피디아 • 위키피디아 • 위키피디아 • 위키피디아 • 위키피디아 • 위키피디아

과거청산의 현대사 VI

김지방 • 이경모 • 동아일보, 1948년 11월 5일 • 한국사진기자회 • 손동희 • 국민일보 • 경향신문, 1962년 3월 17일

과거청산의 현대사 VII

광주트라우마센터 • 민주화운동기념사업회 • 5·18기념재단, 나경택 • 5·18기념재단, 김녕만 • ㈜기획시대 • 청어람 • 5·18기념재단, 김녕만 • 5·18기념재단, 김녕만 • 5·18기념재단, 나경택 • 5·18기념재단, 황종건